CB081211

Teorias do Direito Administrativo Global e *Standards*

Teorias do Direito Administrativo Global e *Standards*

DESAFIOS À ESTATALIDADE DO DIREITO

2020

Otavio Venturini

ALMEDINA

TEORIAS DO DIREITO ADMINISTRATIVO GLOBAL E STANDARDS
DESAFIOS À ESTATALIDADE DO DIREITO
© Almedina, 2020

AUTOR: Otavio Venturini
DIRETOR ALMEDINA BRASIL: Rodrigo Mentz
EDITORA JURÍDICA: Manuella Santos de Castro
EDITOR DE DESENVOLVIMENTO: Aurélio Cesar Nogueira
ASSISTENTES EDITORIAIS: Isabela Leite e Marília Bellio

PREPARAÇÃO E REVISÃO: Paula Brito Araújo e Lyvia Félix
DIAGRAMAÇÃO: Cláudia Lorena
DESIGN DE CAPA: Roberta Bassanetto

ISBN: 9786556270951
Outubro, 2020

Dados Internacionais de Catalogação na Publicação (CIP)
(Câmara Brasileira do Livro, SP, Brasil)

Venturini, Otavio
Teorias do direito administrativo global e standards : desafios à estatalidade do direito / Otavio Venturini. -- 1. ed. -- São Paulo : Almedina, 2020.

Bibliografia
ISBN 978-65-5627-095-1

1. Direito administrativo 2. Direito administrativo - Brasil 3. Direito empresarial 4. Direito empresarial - Legislação - Brasil I. Título.

20-42133 CDU-35(81)

Índices para catálogo sistemático:

1. Brasil : Direito administrativo 35(81)

Maria Alice Ferreira - Bibliotecária - CRB-8/7964

Este livro segue as regras do novo Acordo Ortográfico da Língua Portuguesa (1990).

Todos os direitos reservados. Nenhuma parte deste livro, protegido por copyright, pode ser reproduzida, armazenada ou transmitida de alguma forma ou por algum meio, seja eletrônico ou mecânico, inclusive fotocópia, gravação ou qualquer sistema de armazenagem de informações, sem a permissão expressa e por escrito da editora.

EDITORA: Almedina Brasil
Rua José Maria Lisboa, 860, Conj.131 e 132, Jardim Paulista | 01423-001 São Paulo | Brasil
editora@almedina.com.br
www.almedina.com.br

AGRADECIMENTOS

Este livro é o resultado de um percurso investigativo movido por uma inquietude pessoal em terreno desconhecido e repleto de encruzilhadas, no qual não seria possível encontrar um caminho para transpassar os seus obstáculos não fosse o apoio de algumas pessoas, a quem deixo os meus mais sinceros agradecimentos.

À minha orientadora, professora Michelle Ratton Sanchez Badin, por ter-me acolhido como seu orientando, se dedicado intensamente à minha orientação e me concedido plena liberdade para produzir. Além da deferência ao seu notório conhecimento e à sua produção acadêmica, inclusive no campo do direito administrativo global, fica o exemplo do que é ser verdadeiramente professor.

Agradeço também com especial carinho à professora Maria Paula Dallari Bucci, que ao longo do desenvolvimento da pesquisa apontou caminhos fundamentais para que eu pudesse chegar ao resultado final.

Ao professor Mario Gomes Schapiro, pelas valiosas indicações de leitura no campo do direito público e por gentilmente ter composto minha banca de mestrado. À professora Maíra Rocha Machado, pelas recomendações metodológicas sempre pertinentes e pelo diálogo atencioso durante a minha entrevista de seleção para o mestrado. Ao professor Dimitri Dimoulis, pela atenção especial e pelas sugestões sobre a versão final do trabalho. Devo também registrar os meus agradecimentos aos professores do programa de mestrado acadêmico em Direito e Desenvolvimento e à própria FGV DIREITO SP, que me proporcionou todo suporte institucional necessário para o desenvolvimento de minhas atividades de pesquisa.

Aos amigos Bruno Fagali e Lucas Pedroso, pelo auxílio e convivência benfazeja durante o processo de escrita. À Bia Pereira, pelo apoio profissional e compreensão com as minhas atividades acadêmicas. E à Renata Gonçalves, pela dedicação incondicional e companheirismo nas horas mais difíceis.

Por fim, e com receio de cometer alguma injusta omissão, quero agradecer a todos aqueles que de alguma maneira me ajudaram nessa surpreendente caminhada, a qual, por todos os desafios, me trouxe a confirmação dos conhecidos versos do poeta espanhol Antonio Machado: "*no hay camino, se hace camino al andar*".

APRESENTAÇÃO

Em fronteiras fluidas, as novas linguagens do Direito

Este é um livro novo e também inovador. Sua riqueza está na audácia de Otavio Venturini em evidenciar a instabilidade das fronteiras com as quais costumamos, durante mais de século, a pensar o Direito. Trata-se das abaladas fronteiras físicas dos espaços políticos dos estados que nos proporcionaram uma noção de Direito, do que é a ordem jurídica nacional e a internacional; da fusão de fronteiras entre o público e o privado que deveriam nos aportar racionalidades jurídicas diversas; e dos novos vasos comunicantes nas fronteiras de disciplinas tradicionais do Direito.

Otavio Venturini traça suas análises sobre o processo de diluição de fronteiras não apenas a partir de uma revisão de conceitos centrais para a teoria do estado em face de teorias contemporâneas do direito internacional (ou global), mas também localiza seus exemplos em processos judiciais e articulações de instituições centrais no estado brasileiro, como o Ministério Público Federal e a Controladoria-Geral da União, diante de padrões privados internacionais promovidos pela Organização Internacional para Normalização (conhecida pelo acrônimo ISO). Observamos, assim, que a preocupação de Otavio Venturini não está apenas em "denunciar" a fluidez dos novos espaços jurídicos, mas também em identificar concretamente esses novos espaços e processos para reformulação das concepções de "autoridade", "regulação", "coerção", "legitimidade" – que são centrais para a teoria do Direito. Essa não é uma pesquisa trivial em um programa de mestrado; não por acaso sua dissertação foi aprovada, com reconhecimento de sua distinção, e indicada para figurar entre as três melhores do programa de mestrado em Direito e Desenvolvimento da FGV DIREITO SP, em 2019.

Considero que este livro adiciona ao campo acadêmico e ao mundo jurídico dois tipos de contribuições. Primeiro, a construção crítica de chaves analíticas para essas diluições de fronteiras, elaborada nos dois primeiros capítulos do livro. E, em segundo lugar, a abertura, incomum no campo do Direito, a analisar uma nova forma de regulação – no caso, a dos *standards* ou padrões privados – sob uma linguagem jurídica e a verificação de sua incorporação aos espaços da estatalidade e das suas instituições, assim como suas inclusões em processos jurídicos de caráter global. O exemplo dos padrões da ISO 37001 é uma ilustração da complexidade do processo global apresentado por Otavio, sob o amparo das categorias e dos critérios propostos a partir das chaves direito administrativo global (DAG). Assim, Otavio Venturini procura identificar novas linguagens possíveis para o Direito, suas potencialidades e precariedades.

No Capítulo 1 deste livro, o autor contextualiza a sua questão central – tão contemporânea – sobre os desafios à estatalidade do Direito, dadas as mudanças de interação entre os espaços internacional e nacional. Um ponto muito rico de seu texto – e ainda tão pouco explorado na literatura brasileira – trata da diferenciação do papel do direito internacional de matriz europeia e do direito transnacional propagado a partir da hegemonia dos Estados Unidos. O reconhecimento da importância de espaços hegemônicos nessa internacionalização, como são os casos do modelo europeu continental e também do modelo anglo-saxão e estadunidense, é central para identificar as linguagens jurídicas propostas para as fronteiras desfiguradas, em processos que se dissipam e redesenham-nas.

Sabe-se que, no confronto de modelos regulatórios e formas de influência diversas neste início do século XXI, as narrativas não são únicas. E, se não o são, isso também se deve aos diferentes impactos de modelos regulatórios no seu processo de adaptação local. Otavio procura analisar isso no espaço de definição de padrões regulatórios privados – *standards* – contra a corrupção de agentes públicos no Brasil. Porém, antes disso, ele analisa no Capítulo 2 as diferentes linhas teóricas para um DAG. O mérito dessa revisão bibliográfica pelo autor está em não banalizar as linhas teóricas, suas diferentes matrizes e linguagens, e simplesmente "doutrinarizar" o complexo debate acadêmico sobre o processo regulatório nas novas fronteiras, em nível global. As diferentes escolas do DAG procuram, além de descrever os novos espaços, associar princípios de caráter administrativo do nível nacional, tais como transparência, participação, revisão e responsabilidade, aos processos em dimensão global. De tal forma, Otavio atenta ao leitor brasileiro e lusófono de forma geral que o debate é mais amplo do que uma escola (ou *scholarship*) e que isso se deve às percepções do papel do Direito, nos âmbitos nacional e internacional, em diferentes espaços e culturas jurídicas.

Da pergunta *in abstracto* ao caso *in concretu*, o autor lança as perguntas: Como pensar processos globais de linguagem administrativa, no caso do Brasil? Quais são as áreas e as instituições que se mobilizam em torno dessa nova linguagem administrativa global? Como o fazem? Quais são as vantagens e precariedades desses processos? Os Capítulos 3 e 4 apresentam, então, os detalhes dos processos de produção regulatória por fontes não estatais e os detalhes do funcionamento da ISO, para então analisar o caso da incorporação e reprodução dos padrões da ISO 37001 no Brasil.

A descrição do processo no Brasil é apenas uma provocação para pensarmos como muitos outros processos de reprodução e incorporação estão ocorrendo em diferentes áreas e com diferentes instituições no Brasil, desde aquelas que integram o estado até as privadas. Isso nos joga para a pergunta lançada no início da obra sobre as noções de estado, Direito e autoridade nos processos atuais mais globalizados.

Escrever estas primeiras palavras para o prefácio do livro é motivo de muita satisfação para mim. Isso porque uma verdadeira relação de orientação se constrói não apenas com a dedicação da orientadora, mas sobretudo do orientado, e resulta em um trabalho árduo deste com algumas inspirações que a orientadora conseguiu provocar. Esta publicação é resultado de um diálogo constante durante dois anos de pesquisa, que proporcionou reflexões, conclusões e muitas dúvidas entre nós e que, enfim, ganhou corpo em um texto publicável, para que, assim, venham novas críticas, dúvidas, reflexões e reações, no ciclo mais frutífero possível que a universidade pode oferecer à sociedade como um todo. Otavio Venturini nos brinda com um livro com esse perfil!

MICHELLE RATTON SANCHEZ BADIN
Pós-doutora pela New York University (Global Hauser Program). Doutora e bacharel em Direito pela Faculdade de Direito da Universidade de São Paulo (USP). Professora associada, com dedicação em tempo integral, na Escola de Direito de São Paulo da Fundação Getulio Vargas (FGV DIREITO SP).

PREFÁCIO

O livro de Otavio Venturini é um desses bons trabalhos que ocasionalmente a Academia entrega ao público. O leitor o lerá com prazer e interesse.

Trata-se de uma abordagem original sobre as relações do direito administrativo com o contexto geopolítico da globalização, intensificada a partir dos anos 1980. Com a criação da União Europeia na década de 1990, aprofundam-se os laços e as práticas de cooperação e convergência que já caracterizavam as instituições europeias do período anterior e tornaram possível o novo passo em direção à integração. Com isso, impõe-se a revisão do universo conceitual que dava base às relações entre Administração e cidadãos, agora em novos termos, com a emergência de amplo leque de organizações privadas, o estabelecimento de vínculos público-privados, a maior presença de elementos econômicos e novas demandas de legitimação social pautadas em aspectos substantivos. Sob a influência do ambiente jurídico de base norte-americana, de raiz liberal, marcado por pragmatismo e proximidade com a dinâmica empresarial do coração do mundo capitalista, surgem combinações variadas: direito administrativo internacional, direito internacional administrativo e, por fim, direito administrativo global.

Nesse panorama, a obra se vale da estratégia metodológica de identificar as "escolas" ou os núcleos de pensamento que definem as perspectivas de cada um. De um lado, um núcleo europeu, da Escola de Viterbo, ligado ao pensamento e à influência de Sabino Cassese, a "globalização-europeização", com contribuições muito interessantes de juristas europeus, como os portugueses Miguel Prata Roque e Suzana Tavares da Silva, o espanhol Marc Tarrés Vives e outros. Do outro lado do Atlântico, a Escola da New York University (NYU), a "globalização-americanização", cuja presença se faz marcante a partir do *framework paper*, isto é, o guia de referências para o projeto de pesquisa multi-institucional e multinacional sobre a tessitura institucional desse novo ambiente jurídico-administrativo das relações globalizadas, em que despontam as figuras de Benedict Kingsbury e Richard Steward.

Por uma ironia da história, coube ao direito administrativo dos Estados Unidos – país que, ao lado da Inglaterra, de início negava a possibilidade de um direito administrativo – prover ao novo cenário europeu as bases de um direito administrativo desenvolvido no cenário do "protofederalismo" representado por aquilo que alguns sonhavam como os "Estados Unidos da Europa".

Depois de interessante resenha, em que se explicitam as raízes e os passos da evolução do modelo regulatório norte-americano, demonstra-se como esse intercâmbio teria posto em xeque atributos tradicionalmente ligados às fontes estatais do direito administrativo de modelos como o francês, italiano e alemão. A grande diversidade de fenômenos normativos de fonte não estatal, não vinculados à territorialidade estrita, abre campo para esse novo direito administrativo, que se intitula – não sem dificuldades, reconhece Otavio – "global".

O problema essencial diz respeito à "estatalidade" desse novo Direito ou a qual papel resta ao Estado em um momento em que fontes não estatais avançam sobre a disciplina de relações jurídicas que envolvem questões de interesse coletivo. Em lugar dele, teria surgido a noção de *publicness* (que poderíamos traduzir por "publicismo"), definido pela "natureza substantiva da norma, isto é, se foi feita para toda a sociedade, pelo público, e aborda questões de interesse da sociedade como tal". A despeito de reconhecermos nesse problema traços de antigos dilemas da fase de estruturação do direito público, como os critérios de definição do serviço público (subjetivo: prestado pelo Estado; material: destinado à satisfação geral de necessidades da sociedade; formal: sujeito a regime próprio, definido como tal pela lei), a noção de *publicness* implica a ressignificação da presença do Estado e a diminuição de suas funções de referência unificadora e legitimadora do sistema jurídico-administrativo, o que é refutado pelos juristas do mundo europeu.

A escolha do tema dos *standards* ou das normas técnicas padrão como campo de verificação dos debates é bastante feliz, na medida em que evidencia tanto as tensões entre o caráter público da lei e privado da produção do *standard* como a rivalidade entre o aspecto técnico do padrão *versus* o sentido político da legislação tradicional. Há, contudo, circunstâncias na sociedade que explicam o maior uso dos *standards*, expediente de consolidação de entendimentos convergentes sobre questões técnicas, que, exatamente por escaparem aos mecanismos de processamento de conflitos próprios da democracia, como os embates do processo legislativo, ganham em agilidade e dinamismo.

Por fim, a análise da ISO 37001 recompensa largamente a leitura, tendo em vista que se trata da consolidação de padrões de combate à corrupção, na esteira da lei americana de 1977, o *U.S. Foreign Corrupt Practices Act* (FCPA), que desencadeia a transnacionalização do combate à corrução, influenciando a Lei Anticorrupção brasileira (Lei n. 12.846/2012). O trabalho identifica um movimento de ampliação do uso da norma técnica, inclusive em legislações estaduais e por membros do Ministério Público, como referencial com força normativa, o que ilustra bem as tensões entre poder e técnica discutidas na parte inicial.

Fruto de dissertação de mestrado na Escola de Direito de São Paulo da Fundação Getulio Vargas de São Paulo, sob a orientação competente da professora Michelle Ratton Sanchez Badin, o livro se apoia em sólida estrutura metodológica, que permite navegação segura pelos desafios, respeitando a origem epistêmica de cada uma das formulações e sua posição no panorama geopolítico. A consideração de autores da Filosofia Política, recuperando as bases estudadas na Teoria Geral do Estado, dá suporte a uma leitura política dos novos fenômenos que caracterizam esse direito administrativo global, tudo resultando em uma análise instigante, que escapa da armadilha do prescritivismo e oferece ao leitor um panorama informativo e crítico sobre os principais elementos dessa renovação.

MARIA PAULA DALLARI BUCCI
Professora da Faculdade de Direito da Universidade de São Paulo.

LISTA DE ABREVEATURAS E SIGLAS

ADR – American Depositary Receipt
ABNT – Associação Brasileira de Normas Técnicas
AFNOR – Association Française de Normalisation
AGU – Advocacia-Geral da União
AIR – Análise de Impacto Regulatório
AMN – Associação Mercosul de Normalização
APA – Administrative Procedure Act
Bacen – Banco Central do Brasil
BID – Banco Interamericano de Desenvolvimento
BSI – British Standards Institution
CADE – Conselho Administrativo de Defesa Econômica
ccTLD – Country Code Top-Level Domain
CDC – Código de Defesa do Consumidor
CGT – Conselho de Gestão Técnica
CGU – Controladoria-Geral da União
CNN – Comitê Nacional de Normalização
Conmetro – Conselho Nacional de Metrologia, Normalização e Qualidade Industrial
Copant – Comissão Panamericana de Normas Técnicas
CP/ISSO – Comitê de Projeto
CT/ISSO – Comitê Técnico
DAI – Direito Administrativo Internacional
DAG – Direito Administrativo Global
DAT – Direito Administrativo Transnacional

DIA – Direito Internacional Administrativo
DIP – Direito Internacional Público
DOJ – U.S. Department of Justice
DNS – Domain Name System
DPA – Deferred Prosecution Agreement
EUA – Estados Unidos da América
FCPA – U.S. Foreign Corrupt Practices Act
FAO – Food and Agriculture Organization
FGV – Fundação Getulio Vargas
FIDIC – International Federation of Consulting Engineers
FIEC – European Construction Industry Federation
FMI – Fundo Monetário Internacional
NYU – New York University
GAFI – Grupo de Ação Financeira Internacional
GAL – Global Administrative Law
GATT – General Agreement on Tariffs and Trade
ICANN – Internet Corporation for Assigned Names and Numbers
ICC – Interstate Commerce Commission
IEC – International Electrotechnical Commission
IILJ – Institute for International Law and Justice
IIOC – Independent International Organization for Certification
Inmetro – Instituto Nacional de Metrologia, Normalização e Qualidade Industrial
INPM – Instituto Nacional de Pesos e Medidas
IQNet – International Certification Network
IRPA – Istituto di Ricerca sulla Pubblica Amministrazione
ISO – International Organization for Standardization
ISA – International Standardization Association
Mercosul – Mercado Comum do Sul
MLAT – Mutual Legal Assistance Treaty
MPF – Ministério Público Federal
NBR – Normas Brasileiras
OEA – Organização dos Estados Americanos
OCDE – Organização para Cooperação e Desenvolvimento Econômico
OI – Organização Internacional
OIT – Organização Internacional do Trabalho
OIML – Organização Internacional de Metrologia Legal

OMC – Organização Mundial do Comércio
OMS – Organização Mundial da Saúde
ONG – Organização Não Governamental
ONS – Organismos de Normalização Setorial
ONU – Organização das Nações Unidas
PBDCT – Plano Básico de Desenvolvimento Científico e Tecnológico
PL – Projeto de Lei
SAI – Social Accountability International
SC/ISSO – Subcomitês
SEC – U.S. Securities and Exchange Commission
SG/ISSO – Secretaria-Geral
Sinmetro – Sistema Nacional de Metrologia, Normalização e Qualidade Industrial
STJ – Superior Tribunal de Justiça
TI – Transparency International
Unesco – Organização das Nações Unidas para a Educação, a Ciência e a Cultura
UE – União Europeia
WADA – World Anti-Doping Agency
WFEO – World Federation of Engineering Organizations

SUMÁRIO

INTRODUÇÃO

O epíteto "Global" costuma gerar alguma estranheza entre os estudiosos do direito administrativo. Em sua compreensão clássica, oriunda da Europa continental, o direito administrativo foi desenvolvido para ser o ramo que organiza e instrumentaliza internamente toda a atividade do Estado;[1-2] um ramo, portanto, que se ancora nas estruturas do aparelho

[1] No direito administrativo brasileiro, bastante influenciado pelo direito público da Europa continental, isso inclui temas como: a organização do aparelho estatal, o regime de servidores públicos, os regimes de licitação e contratações públicas, o planejamento, o poder de polícia, a prestação de utilidades públicas, a regulação, o desenvolvimento de infraestrutura, o ordenamento do uso e ocupação do solo urbano, o terceiro setor, o fomento, entre outros.

[2] A evolução do direito administrativo alemão a partir do final do século XIX trouxe ênfase à proteção dos direitos subjetivos públicos dos administrados em relação à atuação da Administração Pública, ainda bastante autoritária à época. Nesse sentido, também é possível enfatizar uma função protetiva do direito administrativo. No entanto, essa dimensão protetiva não afasta a sua função organizadora, mas modela a organização da atividade administrativa em consonância com os valores de proteção dos direitos dos administrados. Em sentido parecido, acerca da dupla função do direito administrativo, Schmidt-Aßmann assevera que "um direito sobre as relações administrativas internacionais deve, portanto, também ser enquadrado em termos da mesma função dupla que molda o direito administrativo interno: deve proteger os direitos do indivíduo contra a administração, e deve disponibilizar procedimentos legais e instrumentos à administração, para que possa efetivamente realizar suas tarefas." SCHMIDT-AßMANN, Eberhard. The internationalization of administrative relations as a challenge for administrative law scholarship. *German Law Review*, p. 2064, 2008.

estatal e na realidade cotidiana da atividade administrativa. Além disso, os administrativistas familiarizados com o princípio da territorialidade,[3] que delimita o exercício da autoridade pública dentro dos limites do território do Estado soberano, deparam-se com a dificuldade de encontrar o "espaço jurídico global"[4] em que supostamente se insere a força normativa do direito administrativo global (DAG).

Sob essa perspectiva, o surgimento de um campo teórico denominado "Direito Administrativo Global" encontra justificativa na medida em que se possa atestar a existência de fenômenos normativos "globais", que, por sua vez, trazem implícitos em si desafios aos fundamentos da estatalidade do Direito. Acreditamos que os maiores desafios ao estatalismo jurídico decorram da suposta existência de fenômenos normativos de fonte não estatal, isto é, fenômenos capazes de constituir um ordenamento à margem dos Estados e com aptidão para regular temas tradicionalmente ligados ao interesse público, o que se poderia denominar "administração de interesses públicos sem Estado".[5] São fenômenos que, uma vez verificada a sua existência, justificam a constituição de um campo teórico denominado "DAG" para que possam ser: i) descritos, ii) categorizados e iii) normatizados.

A dimensão normativa desse campo teórico encontraria razão de ser na necessidade de disciplinar a relação entre as entidades de natureza não estatal que realizam a "regulação" de interesses públicos e a coletividade que sofre a incidência de suas normas, suprindo, desse modo, o déficit democrático e conferindo maior transparência à produção dessas normas. Em um paralelo com a evolução dos direitos administrativos domésticos, o DAG proporcionaria a proteção dos indivíduos em

[3] Cf.: ROQUE, Miguel Prata. *A dimensão transnacional do direito administrativo*: uma visão cosmopolita das situações jurídico-administrativas. Lisboa: AAFDL, 2014. p. 33-61.

[4] Cf.: CASSESE, Sabino. El espacio jurídico global. *Revista de Administración Pública*, n. 157, p. 11-26, 2002. SASSEN, Saskia. The global inside the national: A research agenda for sociology. *Sociopedia. isa*, v. 1, p. 3-10, 2010. SASSEN, Saskia. Globalization or denationalization? *Review of International Political Economy*, v. 10, n. 1, p. 14-15, 2003. SASSEN, Saskia. The global city: Introducing a concept. *Brown Journal of World Affairs*, v. 11, p. 27, 2004.

[5] SILVA, Suzana Tavares da. *Um novo direito administrativo?* Coimbra: Imprensa da Universidade de Coimbra, 2010. p. 21.

relação à atuação em âmbito global de entidades não estatais que, por meio de suas normas, afetariam diretamente a coletividade.[6]

No intuito de procurar respostas a questões dessa natureza, bem como analisar a capacidade analítica do campo teórico denominado "DAG", desenvolvemos a presente obra. O texto é o resultado de percurso investigativo conduzido no Programa de Mestrado Acadêmico em Direito e Desenvolvimento da Escola de Direito de São Paulo da Fundação Getulio Vargas (FGV DIREITO SP), sob a orientação da Professora Michelle Ratton Sanchez Badin e com apoio do financiamento CAPES na modalidade bolsa taxa.

O primeiro capítulo do livro traz uma análise da historicidade da estatalidade do Direito e do limiar da globalização jurídica. A partir da análise das noções de Estado Moderno, *Crown* e *Government*, procura-se evidenciar a gênese, os elementos e as incompletudes do estatalismo jurídico. O estudo também aborda as origens do *U.S. administrative law* e do direito administrativo transnacional (DAT) no âmbito da União Europeia (UE), que servirão de referência para descrição de dois horizontes de irritação do estatalismo jurídico: "globalização-americanização" e "globalização-europeização", chave distintiva alcançada com apoio na leitura de Manuel Ballbé[7] sobre o futuro do direito administrativo na globalização.

O segundo capítulo realiza uma sistematização de vertentes teóricas do DAG, tendo por fio condutor o diálogo que essas análises realizam sobre os desafios que os fenômenos normativos globais colocam aos elementos do estatalismo jurídico. A sistematização orienta-se pela definição de diferentes escolas e autores agrupados de acordo com os dilemas verificados na "globalização-americanização" e "globalização-europeização". Adotamos o quadro analítico dos cinco tipos de regulação global definido no *framework paper*[8] dos fundadores da Escola da

[6] MUÑOZ, Jaime Rodríguez-Arana. El derecho administrativo global: un derecho principal. *Revista Andaluza de Administración Pública*, n. 76, p. 19, 2010.

[7] BALLBÉ, Manuel. El futuro del derecho administrativo en la globalización: entre la americanización y la europeización. *Revista de Administración Pública*, n. 174, p. 215-276, 2007.

[8] KINGSBURY, Benedict; KRISCH, Nico; STEWART, Richard B. The emergence of

New York University (NYU) como referência para fazer a comparação entre as diferentes abordagens sobre o DAG, no que diz respeito ao espectro de fenômenos normativos por eles analisado. Pela proximidade com o nosso sistema de direito administrativo, a tese de doutorado do publicista português Miguel Prata Roque[9] serviu-nos de guia inicial para compreendermos o campo teórico consolidado no continente europeu sobre a dimensão transnacional do direito administrativo.

O segundo capítulo também situa o debate existente sobre o DAG a partir dos dilemas da "sul-globalização", uma abordagem alternativa em relação às duas chaves preponderantes, e que tem por objetivo gerar e disseminar pesquisas sobre o impacto da regulação e governança global no âmbito dos países situados fora do eixo central, com intuito de promover a defesa dos seus interesses de forma mais eficaz diante das ações de agências globais e internacionais.

Por sua vez, o terceiro capítulo retrata a relação dos *standards* produzidos por organizações não governamentais com o ordenamento jurídico estatal. O capítulo decorre do intuito de identificar no quadro analítico dos tipos ideais de regulação global o que há de mais desafiador aos "dogmas" da estatalidade jurídica e apresentar o debate das implicações teóricas da relação dos *standards* com o ordenamento estatal, em relação à proposta analítica do DAG.

O quarto capítulo traz uma descrição da situação-problema da produção e ingresso da *International Organization for Standardization* (ISO) 37001 no ordenamento jurídico brasileiro. Selecionou-se o *standard* em questão pois se trata de padrão produzido por entidade internacional não governamental. O recorte do estudo da operacionalização do DAG dar-se-á, portanto, com a análise de fenômenos normativos de fonte não estatal, o que significa que não iremos abordar a atuação de entidades originárias de instrumentos convencionais do direito internacional público (DIP), que implicam, em última análise, manifestação de vontade de Estados soberanos.[10] A escolha do *standard* ISO 37001, em

global administrative law. *Law and Contemporary Problems*, v. 68, n. 3/4, p. 20, 2005.

[9] ROQUE, Miguel Prata. *A dimensão transnacional do direito administrativo*: uma visão cosmopolita das situações jurídico-administrativas. Lisboa: AAFDL, 2014.

[10] São exemplos de Organizações Internacionais (OI) que se originaram de tratados

específico, deu-se em razão de a norma versar sobre o tema do combate a suborno/corrupção, tradicionalmente regulado pelo direito estatal e com forte atuação das instituições públicas.

A descrição da situação-problema se destina a servir de campo de verificação da teoria do DAG no caso Brasil. O estudo se pauta na análise documental dos acordos de leniência celebrados pelo Ministério Público Federal (MPF) e pela Controladoria-Geral da União (CGU) e Advocacia-Geral da União (AGU), que trouxeram a exigência de adequação às ISOs 19600 e 37001, bem como do trâmite do Projeto de Lei n. 8/2018 do Estado do Tocantins, que estabeleceu a exigência de certificação da ISO 37001 como requisito para entidades que pretendam celebrar contratos com aquela Administração Pública.

O capítulo final propõe-se a extrair conclusões acerca da capacidade analítica do campo teórico do DAG para descrever e normatizar a produção e as implicações dos fenômenos normativos globais. As reflexões são conduzidas a partir dos desafios que os fenômenos analisados com apoio na descrição da experiência brasileira com a ISO 37001 colocam ao estatalismo jurídico e que parecem ensejar deslocamentos nos fundamentos do direito público interno, a saber: i) do território nacional ao espaço jurídico global, ii) do monopólio à competição normativa e iii) da ênfase na coerção à valorização da legitimidade.

Por fim, indicamos que as citações em português de trechos de obras estrangeiras são traduções livres.

ou instrumentos de direito internacional público (DIP) que implicam manifestação de vontade de Estados soberanos: o Banco Mundial, o Banco Interamericano de Desenvolvimento (BID), a Organização para a Cooperação e Desenvolvimento Económico (OCDE), a Organização Mundial do Comércio (OMC) e o Grupo de Ação Financeira Internacional (GAFI).

1

A Construção da Estatalidade do Direito e o Limiar da Globalização Jurídica

O estudo que se realiza sobre o direito administrativo global (DAG) é voltado à sua capacidade analítica de categorizar e normatizar fenômenos normativos globais, o que se define neste livro como aqueles de fonte não estatal.

Experimentados no contexto da globalização e fruto, em grande medida, da expansão para todo mundo do modelo administrativo e regulador norte-americano,[11] os fenômenos normativos globais parecem desafiar ou ser desafiados por algumas das premissas fundantes do estatalismo jurídico,[12] entre as quais: o monopólio do Direito pelo Estado Moderno e a territorialidade do Direito.

O dimensionamento das mudanças que os fenômenos normati-

[11] BALLBÉ, Manuel. El futuro del derecho administrativo en la globalización: entre la americanización y la europeización. *Revista de Administración Pública*, n. 174, p. 216, 2007.

[12] A expressão "*statualità del diritto*" é recorrente na literatura italiana, sintetizando a ideia de identificação do Direito com o direito positivo do Estado. A expressão é encontrada em textos do jurista Giorgio del Vecchio da primeira metade do século passado. Cf.: DEL VECCHIO, Giorgio. Sulla statualità del diritto. *Rivista Internazionale di Filosofia del Diritto*, 1929. A expressão também encontrou lugar na literatura brasileira, com destaque aos escritos de Miguel Reale. Cf.: REALE, Miguel. *Teoria do direito e do Estado*. 5. ed. rev. São Paulo: Saraiva, 2003.

vos de fonte não estatal parecem propiciar exige um esforço inicial de compreensão capaz de situar os "dogmas" do Direito erigidos no contexto do Estado Moderno e que agora são colocados sob suspeição, bem como revelar as origens e a acomodação dos fenômenos normativos globais no atual contexto. Em nosso entender, tal tarefa deve ser realizada mediante a incursão, ainda que breve e nos limites deste estudo, na historicidade de noções que fundamentaram a junção "umbilical" entre Estado Moderno e Direito.

Para fins de justificação metodológica, cabe mencionar que o que pretendemos significar por "análise de historicidade" se distingue da busca de definições conceituais definitivas,[13] bem como da construção de narrativas históricas por meio do encadeamento contínuo e unilinear de atos ou marcos temporais.

A incursão na historicidade de diferentes formas de organização e funcionamento do poder político visa perscrutar as especificidades e as articulações próprias no tempo e no espaço de noções que conviveram e concorreram entre si para a formatação do modelo jurídico que emerge com a globalização.

Isso porque defendemos que não há "o conceito" ou "a história" do Estado e, por conseguinte, da Administração Pública. Acreditamos que as noções de Estado, *Crown* e *Government* devem ser analisadas em contextos nos quais se inserem e atuam, o que significa levar em consideração as dimensões do tempo e também do espaço. A palavra pode ser a mesma (Estado, *Staat*, *State* ou *État*) e ser empregada em um mesmo momento, ainda assim haverá variações de sentido em razão das articulações que são estabelecidas nos contextos vivenciados nas diferentes localidades, em razão da formação cultural e ideológica de cada povo.[14]

Não se desconsidera, todavia, que as noções de Estado, *Crown* e

[13] Não se nega, entretanto, relevância à definição e aplicação de conceitos jurídicos, sob o ponto de vista operacional do Direito, especialmente na tradição em que se filia o sistema jurídico brasileiro. Verifica-se a utilidade dos conceitos jurídicos na medida em que, a partir do enquadramento de fatos na sua definição, se deflagra a incidência de regimes jurídicos.

[14] No mesmo sentido, cf.: SKINNER, Quentin. A genealogy of the modern state. *Proceedings of the British Academy*, v. 162, p. 325, 2009.

Government sugerem associações que pressupõem um mínimo de sentido comum relacionado à organização do poder político; tampouco se olvida que algumas definições particulares de autores consagrados possam predominar, como a concepção weberiana de Estado que enfatiza o "monopólio do uso legítimo da força física, dentro de um determinado território".[15] A proposta, entrementes, é ir além de definições "pré-moldadas" e descrever o processo de construção da estatalidade do Direito e o seu confronto pelo limiar da globalização jurídica. Para tanto, realizamos uma incursão na gênese da experiência do Estado Moderno na Europa Ocidental continental, no intuito de revelar como se deu o processo de monopolização do Direito pelo Estado; bem como nas experiências da *Crown* no Reino Unido e do *Government* nos Estados Unidos da América (EUA), procurando evidenciar a formação de uma tradição anglo-americana antiestatista que dá origem ao *U.S. administrative law*, modelo administrativo e regulador que influenciou a construção da União Europeia (UE) e que é espelhado pela globalização jurídica.

Orientamos o recorte da análise da historicidade pela ênfase em acontecimentos históricos, posições ideológicas e construções teóricas que consideramos fundamentais para a consolidação do monismo jurídico ou para o limiar da globalização jurídica. Três autores foram fundamentais para a definição do conteúdo desse recorte: i) o historiador britânico Quentin Skinner, com a sua genealogia do Estado Moderno;[16] ii) a publicista neozelandesa Janet McLean, com a sua percepção do dualismo na concepção de Estado na tradição da *Common Law* e definição de uma tradição antiestatista anglo-americana no âmbito doméstico;[17]

[15] Autores indicam um predomínio da noção weberiana de Estado. Cf.: MORRIS, Christopher W. The Modern State. *In*: GAUS, Gerald F.; KUKATHAS, Chandran (ed.). *Handbook of political theory*. London: Sage, 2004. p. 195. SKINNER, Quentin. A genealogy of the modern state. *Proceedings of the British Academy*, v. 162, p. 326, 2009. De acordo com Weber: "o Estado é uma comunidade humana que pretende, com êxito, o monopólio do uso legítimo da força física, dentro de um determinado território". Ver: WEBER, Max. *Ensaios de sociologia*. 5. ed. Rio de Janeiro: Zahar, 1982. p. 98.

[16] SKINNER, Quentin. A genealogy of the modern state. *Proceedings of the British Academy*, v. 162, p. 325-370, 2009.

[17] Cf.: MCLEAN, Janet. Divergent legal conceptions of the state: Implications for global administrative law. *Law and Contemporary Problems*, v. 68, n. 3/4, p. 167, 2005. MCLEAN,

e iii) o administrativista de Barcelona Manuel Ballbé, com a sua leitura histórica do modelo administrativo e regulador norte-americano, a partir da qual foi possível extrair as categorias "globalização-americanização" e "globalização-europeização",[18] de suma importância para a estruturação deste estudo.

Por fim, ainda sobre os aspectos metodológicos da historicidade[19] das noções de Estado Moderno, *Crown* e *Government* que pretendemos realizar neste primeiro capítulo, vale registrar que a proposta encontra inspiração em outras abordagens, como a "história dos conceitos" (*Begriffsgeschichte*), desenvolvida pelo historiador alemão Reinhart Koselleck,[20] e a abordagem *collingwoodiana* da Escola de Cambridge, adotada pelo historiador John Pocock e pelo já mencionado Quentin Skinner,[21] ainda que não tenhamos a pretensão de propiciar um exame

Janet. Government to state: Globalization, regulation, and governments as legal persons. *Indiana Journal of Global Legal Studies*, v. 10, p. 176, 2003.

18 Cf.: BALLBÉ, Manuel. El futuro del derecho administrativo en la globalización: entre la americanización y la europeización. *Revista de Administración Pública*, n. 174, p. 215-276, 2007.

19 O emprego do termo "historicidade", propriamente dito, e a correspondente formulação metodológica aparecem nos estudos de Claude Lefort e François Hartog. Cf.: LEFORT, Claude. Sociedades "sem história" e "historicidade". *In*: LEFORT, Claude. *As formas da história*: ensaios de antropologia política. São Paulo: Brasiliense, 1979. p. 37-56. HARTOG, François. *Regimes de historicidade:* presentismo e experiências do tempo. Belo Horizonte: Autêntica, 2014.

20 Cf.: KOSELLECK, Reinhart. Uma história dos conceitos: problemas teóricos e práticos. *Revista Estudos Históricos*, v. 5, n. 10, p. 134-146, 1992. JASMIN, Marcelo Gantus; FERES JÚNIOR, João (org.). *História dos conceitos*: debates e perspectivas. Rio de Janeiro: Editora PUC-Rio/Edições Loyola/IUPERJ, 2006.

21 A Filosofia também traz aportes para sustentação dessa metodologia tanto na crítica a formulações conceituais metafísicas quanto na oposição a análises históricas unilineares. A título de ilustração, são bastante referenciadas e conhecidas as afirmações de Nietzsche de que "só há um meio de compreender a tragédia grega: ser Sófocles" e "todos os conceitos em que semioticamente se congregue um processo eludem a definição: somente aquilo que não tem história é definível". NIETZSCHE, Friedrich. Fragmentos póstumos e aforismos. *In*: NIETZSCHE, Friedrich. *Escritos sobre história*. Rio de Janeiro/São Paulo: Editora PUC-Rio/Edições Loyola, 2005. p. 289. NIETZSCHE, Friedrich. *On the genealogy of morals*. Translated by Walter Kauffman and R. J. Hollingdale. New York: Vintage Books, 1989. p. 80.

completo e minucioso dessas noções, o que certamente extrapolaria os limites e o campo temático do livro.

1.1 Estado, *Crown e Government*: gênese, elementos e a sua relação com a estatalidade do Direito

A palavra "Estado" começou a ser correlacionada à forma de organização do poder político durante o Renascimento. Maquiavel foi o mais célebre pensador a afirmar, já no século XVI, a importância de os governantes serem capazes de *mantenere lo stato*[22] (*Il Principe* – 1513).[23]

Outro teórico do século de XVI, de inegável importância para a formação da noção de Estado, foi Jean Bodin e a sua teoria sobre a soberania perpétua e absoluta (*Les six livres de la République* – 1576).[24] O célebre princípio de que a soberania é indivisível significou que os altos poderes do governo (notadamente, o poder de "fazer leis"[25]) não poderiam ser compartilhados por agentes separados ou distribuídos entre eles, mas que todos eles deviam estar inteiramente concentrados em um único indivíduo ou grupo, representando a criação de um tipo de autoridade pública, de modo que, nas palavras de Bodin, "todo o povo, como cor-

[22] "Cuide pois o príncipe de vencer e manter o estado". MAQUIAVEL, Nicolau. *O Príncipe*. Trad. Júlia Goldwasser. 2. ed. São Paulo: Martins Fontes, 2001. Cap. XVIII. p. 85. SKINNER, Quentin. A genealogy of the modern state. *Proceedings of the British Academy*, v. 162, p. 327, 2009. MANSFIELD, Harvey C. *Machiavelli's virtue*. Chicago: University of Chicago Press, 1996. p. 288.

[23] Escrita em 1513, a primeira edição da obra foi publicada postumamente em 1532. Sobre divergências acerca da data em que a obra foi terminada, Cf.: MARNOTO, Rita. Il Principe ou De principatibus de Niccolò Machiavelli. O Príncipe novo que parece antigo. *Imprensa da Universidade de Coimbra, Área de Filología Griega, Universidad de Málaga*, v. 1, p. 159, 2004.

[24] "A soberania é o poder absoluto e perpétuo de uma república." BODIN, Jean. *Los seis libros de La República*. Selección, traducción y estudio preliminar de Pedro Bravo Gala. 3. ed. Madrid: Tecnos, 1997. I, c. XVIII, p. 47.

[25] "Se a soberania é indivisível, como mostramos, como poderia ser dividida entre um príncipe, os senhores e o povo ao mesmo tempo? Se o principal atributo da soberania consiste em dar lei aos sujeitos, quais sujeitos obedecerão, se eles também têm o poder de fazer a lei? Quem pode fazer a lei, se for obrigado a recebê-la daqueles a quem é dada?" BODIN, Jean. *Los seis libros de La República*. Selección, traducción y estudio preliminar de Pedro Bravo Gala. 3. ed. Madrid: Tecnos, 1997. II, c. I, p. 89.

poração, deve jurar observar as leis e prestar juramento de fidelidade ao monarca soberano",[26] como chefe do Estado.[27-28]

Quentin Skinner e outros autores observam, a partir das formulações iniciais – ainda presas à ideia de domínio e manutenção do Estado pelo príncipe ou monarca –, um "deslizamento linguístico" de fundamental importância: em vez de ressaltar-se a necessidade de os governantes manterem seu próprio *status* ou estado, começou-se a abordar a obrigação de manter os Estados sobre os quais governavam. Ou seja, a mudança do estado personificado ou apropriado pelo governante[29] para o Estado impessoal.[30-31]

Esse percurso no campo teórico foi guiado pela transição de teorias absolutistas e popularistas[32] para formulação do Estado como pessoa

[26] BODIN, Jean. *Los seis libros de La República*. Selección, traducción y estudio preliminar de Pedro Bravo Gala. 3. ed. Madrid: Tecnos, 1997. I, c. XVIII, p. 58.

[27] FRANKLIN, Julian H. Sovereignty and the mixed Constitution: Bodin and his Critics. *In*: BURNS, J. H.; GOLDIE, Mark (ed.). *The Cambridge History of Political Thought 1450-1700*. Cambridge: Cambridge University Press, 1991. p. 298. SKINNER, Quentin. A genealogy of the modern state. *Proceedings of the British Academy*, v. 162, p. 328, 2009.

[28] "Não é a vila, nem as pessoas, que fazem a cidade, mas a união de um povo sob um poder soberano, mesmo que existam apenas três famílias." BODIN, Jean. *Los seis libros de La República*. Selección, traducción y estudio preliminar de Pedro Bravo Gala. 3. ed. Madrid: Tecnos, 1997. I, c. II, p. 17. Cf.: SKINNER, Quentin. A genealogy of the modern state. *Proceedings of the British Academy*, v. 162, p. 328, 2009.

[29] A frase "L'État, c'est moi", atribuída à Louis XIV, em suposto pronunciamento ao *Parlement de Paris* em 13 de abril de 1655, é ilustrativa da compreensão personificada do Estado.

[30] SKINNER, Quentin. A genealogy of the modern state. *Proceedings of the British Academy*, v. 162, p. 328, 2009. SKINNER, Quentin. *The foundations of modern political thought*. Vol. 1: The Renaissance. Cambridge: Cambridge University Press, 1978. p. I: IX e X.

[31] Harvey Mansfield sustenta que, embora a concepção completa do Estado Moderno fosse alcançada pela ciência política de Hobbes – que distinguiu o Estado da sociedade, permitindo, assim, que o Estado representasse a sociedade imparcialmente –, as postulações de Maquiavel exerceram um papel decisivo. Para o autor, o passo fundamental de Maquiavel em direção à impessoalidade do Estado Moderno encontra-se menos em seu suposto republicanismo e mais em seu conselho imparcial a todas as partes e pessoas (príncipes e republicanos) a adquiri-lo quando puderem (*acquisitive personal state*). MANSFIELD, Harvey C. *Machiavelli's virtue*. Chicago: University of Chicago Press, 1996. p. 293.

[32] Optamos por empregar o termo "popularista" em lugar de "populista", esse último alcançável na tradução literal da terminologia de Quentin Skinner – "*populist theory (of*

fictícia, tendo como o seu precursor Thomas Hobbes (*The elements of law natural and politic* – 1640 – e *Leviathan* – 1651).[33] Em essência, são correntes teóricas que procuram definir a quem pertence o "poder de governar" e indicar um meio para julgar a legitimidade dos atos praticados pelos governos. Nesse sentido, para as vertentes teóricas absolutistas do Estado, o poder de governar reside em uma só pessoa, o príncipe, ainda que por meio de um mandato divino, e os atos de governo são legítimos na medida em que são realizados pelo soberano reconhecido como chefe do Estado. Por sua vez, para as vertentes teóricas popularistas do Estado, o "poder de governar" pertence a todo o povo ou corpo político, de modo que os atos de governo só são legítimos se forem realizados pela vontade (ou pelo menos pela vontade representada) do corpo soberano (do povo) do Estado.[34]

Thomas Hobbes, opondo-se a popularistas[35] e absolutistas,[36] apre-

the state)", no intuito de evitar confusão com a definição oferecida pela Ciência Política, relacionada à ausência de mediação entre o governante e o povo, bem como a carga semântica pejorativa verificável no seu uso corrente.

[33] Na obra *The elements of law natural and politic*, publicada em 1650, mas com circulação desde 1640, já se verifica a formulação da noção de "*fictitious body*". DOUGLASS, Robin. The body politic "is a fictitious body": Hobbes on Imagination and Fiction. *Hobbes Studies*, v. 27, n. 2, p. 126-147, 2014. SKINNER, Quentin. A genealogy of the modern state. *Proceedings of the British Academy*, v. 162, p. 347, 2009. HOBBES, Thomas. *The elements of law, natural and politic*: Part I, Human Nature, Part II, De Corpore Politico; with Three Lives. Oxford University Press, USA, 1999. p. 120.

[34] SKINNER, Quentin. A genealogy of the modern state. *Proceedings of the British Academy*, v. 162, p. 348, 2009.

[35] Hobbes opõe-se às vertentes popularistas ao criticar a definição da imagem do povo como corpo unificado. Como bem observa Quentin Skinner, um dos propósitos subjacentes à representação de Hobbes da condição natural do homem é insistir que a imagem do povo como um corpo unificado não faz sentido. Para Hobbes, a natureza dissocia os homens, subsistindo como uma mera multidão em um estado de solidão, no qual "todo homem é inimigo de todo homem". SKINNER, Quentin. A genealogy of the modern state. *Proceedings of the British Academy*, v. 162, p. 342, 2009. HOBBES, Thomas. *Leviatã, ou, matéria, forma e poder de um estado eclesiástico e civil*. São Paulo: Abril Cultural, 1974. Cap. XIII.

[36] Hobbes também se opõe às correntes absolutistas ao enfatizar o papel do "pacto de cada homem com todos os homens" na instituição do Estado para "assegurar a paz e a defesa comum", negando assim ao príncipe ou monarca condição superior à de um representante autorizado. HOBBES, Thomas. *Leviatã, ou, matéria, forma e poder de um*

senta uma terceira via engenhosa fundamentada em argumentos que irão impactar profundamente a formulação teórica e a própria experiência de constituição do Estado, sobretudo na Europa Ocidental continental. O autor desenvolve a sua teoria a partir de uma concepção bastante própria de pacto político, o qual representaria um pacto de cada homem com todos os homens, expresso em termos de uma autorização,[37-38] com o efeito de criar duas pessoas que não existiam no estado natural: o soberano (pessoa[39] a quem se transfere o direito de governar) e o Estado (multidão unida em uma só pessoa), representado pelo soberano. Dessa "ciranda" teórica, o mais significativo é que Hobbes confere "vida própria" ao Estado ao distingui-lo dos governantes (representantes) e dos governados (súditos) e atribuir-lhe a propriedade da soberania[40] – o que

estado eclesiástico e civil. São Paulo: Abril Cultural, 1974. Cap. XVII. SKINNER, Quentin. A genealogy of the modern state. *Proceedings of the British Academy,* v. 162, p. 343, 2009.

[37] De acordo com Hobbes, a autorização obedeceria à seguinte fórmula: "Cedo e transfiro meu direito de governar-me a mim mesmo a este homem, ou a esta assembleia de homens, com a condição de transferires a ele teu direito, autorizando de maneira semelhante todas as suas ações". HOBBES, Thomas. *Leviatã, ou, matéria, forma e poder de um estado eclesiástico e civil.* São Paulo: Abril Cultural, 1974. Cap. XVII.

[38] Uma questão que se pode levantar é que Hobbes não define como a autorização efetivamente poderia ocorrer. Entretanto, como bem nos lembra Michel Malherbe, "o raciocínio que cada um faz no pacto é um raciocínio fictício", um "pensamento de autorização", bem por isso Hobbes emprega o condicional: "um pacto de cada homem com todos os homens, de um modo que *é como se* cada homem *dissesse* a cada homem". MALHERBE, Michel. Liberdade e necessidade na filosofia de Hobbes. *Cadernos de História e Filosofia da Ciência,* Campinas, Série 3, v. 12, n. 1-2, p. 63-64, jan.-dez. 2002. OSTRENSKY, Eunice. Sovereignty and representation: Hobbes, parliamentarians and levellers. *Lua Nova: Revista de Cultura e Política,* n. 80, p. 165, 2010.

[39] "Quando elas são consideradas como suas próprias ele se chama uma pessoa natural. Quando são consideradas como representando as palavras e ações de um outro, chama-se-lhe uma pessoa fictícia ou artificial." HOBBES, Thomas. *Leviatã, ou, matéria, forma e poder de um estado eclesiástico e civil.* São Paulo: Abril Cultural, 1974. Cap. XVI.

[40] Eunice Ostrensky ressalta que, em Hobbes, "o verdadeiro detentor da soberania não é nem o povo, como comunidade organizada, nem o rei (pessoa natural), mas uma pessoa jurídica e abstrata, conhecida como Estado, que, para agir, deve ser representado pelo soberano". OSTRENSKY, Eunice. Sovereignty and representation: Hobbes, parliamentarians and levellers. *Lua Nova: Revista de Cultura e Política,* n. 80, p. 169, 2010. SKINNER, Quentin. A genealogy of the modern state. *Proceedings of the British Academy,* v. 162, p. 347, 2009.

Hobbes denomina como a geração do grande Leviatã.

Com a indivisibilidade da soberania e a compreensão do Estado como pessoa fictícia, estavam lançados os alicerces teóricos para a formulação do paradigma estadocêntrico, tradição que irá conferir ao Estado o monopólio do Direito e às suas estruturas administrativas a tutela das questões coletivas comuns, restando pouco protagonismo aos cidadãos diante da atuação estatal em defesa dos seus interesses.[41]

1.1.1 A experiência do Estado Moderno na Europa Ocidental continental: a construção do paradigma estadocêntrico

Um dos acontecimentos históricos mais importantes para a consolidação do Estado Moderno foi a Paz de Vestfália, em 1648. Não são poucos os autores, embora existam divergências,[42] que percebem nos tratados

[41] O projeto europeu de supremacia do Estado em relação ao indivíduo (ou o estadocentrismo) é definido por Jaime Rodríguez-Arana nos seguintes termos: "Na Europa, a tradição do Direito Administrativo preteriu em seus primórdios a centralidade da condição humana para lançar-se na construção e no projeto de um modelo de Estado que foi reivindicado para resolver todos os problemas sociais. O esquema de bem-estar em que vivemos hoje nada mais é do que uma representação fiel daquela grande construção autoritária que pede aos cidadãos que não se preocupem com assuntos comuns, coletivos, porque para tanto já existe o Estado, as estruturas administrativas e os funcionários". MUÑOZ, Jaime Rodríguez-Arana. El derecho administrativo global: un derecho principal. *Revista Andaluza de Administración Pública*, n. 76, p. 38, 2010. Para uma contraposição com o modelo individuocêntrico estadunidense, cf.: BALLBÉ, Manuel. El futuro del derecho administrativo en la globalización: entre la americanización y la europeización. *Revista de Administración Pública*, n. 174, p. 222-225, 2007.

[42] Para Stéphane Beaulac as abordagens sobre 1648 fomentaram "o mito da Paz de Vestfália". De acordo com o autor: "O objetivo da Vestfália, na verdade, não era de modo algum a criação de entidades políticas (*polities*) independentes, muito menos Estados independentes. Pelo contrário, manteve o *imperium* muito vivo, seja nas instituições do Império, através de ligações territoriais feudais, seja restringindo os privilégios de aliança dos Príncipes. Finalmente, foi visto que o Império não desapareceu em favor da política alemã como consequência da Paz. De fato, apesar das reduções no escopo de suas funções e poderes, as instituições imperiais permaneceram ativas até desaparecerem". BEAULAC, Stéphane. *The power of language in the making of international law*: The word sovereignty in Bodin and Vattel and the myth of Westphalia. Leiden: Martinus Nijhoff Publishers, 2004. p. 97.

de 1648[43] a fixação no plano fático da soberania territorial dos Estados. Análises bastante conhecidas, como as de Hans Morgenthau e de Leo Gross, sustentam que "Vestfália, para o bem ou para o mal, marca o fim de uma época e a abertura de outra. Representa o portal majestoso que conduz do velho para o novo mundo", "um novo sistema caracterizado pela coexistência de uma multiplicidade de Estados, cada qual soberano dentro de seu território, iguais entre si e livres de qualquer autoridade terrena externa"[44], e que, a partir de Vestfália:

> a soberania como poder supremo sobre determinado território era um fato político, significando a vitória dos príncipes territoriais sobre a autoridade universal do imperador e do papa, por um lado, e sobre as aspirações particularistas dos barões feudais, do outro.[45]

As consequências de Vestfália foram fundamentais para assentar a ideia de "soberania territorial",[46] isto é, "a centralidade do elemento território enquanto pressuposto do exercício do poder político e, simultaneamente, como elemento do próprio conceito de Estado".[47] Como bem observa Miguel Prata Roque, o período trouxe a consagração da ideia de

[43] A Paz de Vestfália constituiu-se de três tratados: A Paz de Münster, que colocou termo à Guerra dos 30 anos, foi assinada em 30 de janeiro de 1648 pelos Países Baixos e pelo Reino da Espanha e foi ratificada em Münster em 15 de maio do mesmo ano. Além de mais dois tratados assinados em 24 de outubro de 1648: o Tratado de Münster, entre o Sacro Império Romano-Germânico, a França e seus respectivos aliados; bem como o Tratado de Osnabrück, entre o Sacro Império Romano-Germânico, a Suécia e os demais príncipes alemães.

[44] GROSS, Leo. The peace of Westphalia, 1648-1948. *American Journal of International Law*, v. 42, n. 1, p. 28-29, 1948.

[45] MORGENTHAU, Hans J. The problem of sovereignty reconsidered. *Columbia Law Review*, v. 48, n. 3, p. 341, 1948.

[46] A ideia de "soberania territorial" encontra paralelo com a expressão alemã "*Landeshoheit*". Sobre os desafios conceituais e linguísticos no contexto dos Tratados de Vestfália e sobre a expressão "*Landeshoheit*", cf.: STIRK, Peter MR. The Westphalian model and sovereign equality. *Review of International Studies*, v. 38, n. 3, p. 646, 2012. HINSLEY, Francis Harry. *Sovereignty*. 2. ed. Cambridge: Cambridge University Press, 1986. p. 137.

[47] ROQUE, Miguel Prata. *A dimensão transnacional do direito administrativo*: uma visão cosmopolita das situações jurídico-administrativas. Lisboa: AAFDL, 2014. p. 105.

territorialidade do Direito e, em particular, do direito público, o que na sua operacionalização fez que o princípio da territorialidade vigorasse como critério determinante da lei aplicável a uma situação jurídica.[48]

Eis aí uma das mudanças mais significativas impostas pela ascensão do Estado Moderno ao Direito, pois, até a consolidação do sistema feudal, a regra prevalecente consistia na aplicação da lei pessoal ("estatuto pessoal").[49] Esse modelo orientava a "concepção personalista" do direito dos romanos, assente em regimes jurídicos diferenciados e designados em função da qualidade jurídica dos sujeitos. O *ius civile* era exclusivamente aplicável aos cidadãos romanos, e o *ius gentium* correspondia a um regime substantivo, de fonte doméstica, especialmente previsto e aplicado aos estrangeiros. Nesse sentido, de acordo com Miguel Prata Roque: "o sistema de Direito Romano assentava no 'privilégio da lei pessoa', ou seja, na aplicação imperativa aos 'cives', independentemente de onde estes se situassem. Ou seja, mesmo que aqueles se encontrassem em território não integrado no Império Romano".[50]

A partir da Idade Média e com o surgimento do Estado Moderno em sua plenitude, o sistema normativo de matriz personalista dá lugar a um sistema normativo de matriz territorial e policêntrico, uma vez que a consagração da soberania territorial trouxe a multiplicidade de Estados soberanos não mais sujeitos à autoridade papal e com poder político dentro de fronteiras físicas reconhecidas internacionalmente.[51] Christopher Morris explicita as consequências práticas da consagração da soberania territorial à consolidação de territórios nacionais e à compreensão da Geografia ao afirmar que "as cores e linhas nos mapas modernos têm um sentido particular e familiar: dentro dos limites de um Estado, existe um sistema único de governança, dis-

[48] ROQUE, Miguel Prata. *A dimensão transnacional do direito administrativo:* uma visão cosmopolita das situações jurídico-administrativas. Lisboa: AAFDL, 2014. p. 79 e 103.

[49] ROQUE, Miguel Prata. *A dimensão transnacional do direito administrativo*: uma visão cosmopolita das situações jurídico-administrativas. Lisboa: AAFDL, 2014. p. 64.

[50] ROQUE, Miguel Prata. *A dimensão transnacional do direito administrativo:* uma visão cosmopolita das situações jurídico-administrativas. Lisboa: AAFDL, 2014. p. 66, 67 e 74.

[51] ROQUE, Miguel Prata. *A dimensão transnacional do direito administrativo*: uma visão cosmopolita das situações jurídico-administrativas. Lisboa: AAFDL, 2014. p. 64.

tinto dos outros, que operam 'fora' ou 'externamente'".[52]

No plano teórico, a formulação de Hobbes da teoria do Estado como pessoa fictícia desempenhou grande influência no pensamento alemão e francês, a ponto de Quentin Skinner registrar que "foi um dos legados mais importantes do Iluminismo à teoria política da Europa continental em curso no século XIX e além".[53]

A influência de Hobbes é notada nas formulações de Samuel Pufendorf de 1672,[54] que pretendeu ir além, ao definir o Estado (*civitas*) como pessoa moral.[55] Tributário da teoria de Hobbes, Pufendorf deu um passo fundamental à atribuição de personalidade jurídica ao Estado, tendo por consequência torná-lo portador de direitos e deveres, com vontade e personalidade independentes daqueles que o compõem. Com apoio nos aportes de Samuel Pufendorf, a ideia de personificação jurídica do Estado obteve profundo desenvolvimento teórico na Alemanha do século XIX, mediante o labor de renomados publicistas alemães, por exemplo,

[52] MORRIS, Christopher W. The Modern State. *In*: GAUS, Gerald F.; KUKATHAS, Chandran (ed.). *Handbook of political theory*. London, 2004. p. 197.

[53] SKINNER, Quentin. A genealogy of the modern state. *Proceedings of the British Academy*, v. 162, p. 355, 2009.

[54] O ano se refere à obra *De iure naturae et gentium* ou, na sua tradução para o inglês, *Of the law of nature and nations*.

[55] De acordo com David Boucher: "Pufendorf considerava essa representação do Estado um grande avanço teórico, mas achava que Hobbes não ia longe o suficiente. Pufendorf dá mais um passo ao dotar o Estado de uma individualidade e personalidade distinta das pessoas que o instituem, e da pessoa do governante que exerce sua autoridade. Entidades morais são, para Pufendorf, pessoas individuais ou coleções de pessoas unidas por um vínculo moral. A primeira hipótese ele denomina simples e a última composta de 'pessoas morais' (Lei da Natureza, I, i, 12). Considera-se que uma pessoa moral composta tem uma vontade, independentemente do número de indivíduos que a compõem, e suas ações são as ações de todo o corpo. Tais entidades podem ser dotadas de direitos e deveres que nenhum dos indivíduos que as compõem poderiam reivindicar por direito próprio". BOUCHER, David. Resurrecting Pufendorf and capturing the Westphalian moment. *Review of International Studies*, v. 27, n. 4, p. 567, 2001. Cf.: SKINNER, Quentin. A genealogy of the modern state. *Proceedings of the British Academy*, v. 162, p. 349, 2009. PALLADINI, Fiammetta. Pufendorf disciple of Hobbes: The nature of man and the state of nature: The doctrine of socialitas. *History of European Ideas*, v. 34, n. 1, p. 26-60, 2008.

Wilhelm Albrecht, Karl Friedrich Gerber, Paul Laband e Georg Jellinek.[56]

Do reconhecimento da personalidade jurídica do Estado até que se alcançasse a monopolização do Direito pelo Estado ou a concepção puramente estatal do Direito não demorou muito tempo.[57] A monopolização do Direito pelo Estado é radicalizada pelo positivismo jurídico e seus expoentes, ao adentrar no campo de abstração lógico-dedutiva, ensimesmado, em olvidamento às mudanças e aos acontecimentos do

[56] Circunscritos ao recorte temático e fio condutor do presente estudo, fazemos menção, ainda que de modo perfunctório, às lições do publicista português Rui Machete sobre a construção histórica da personalidade jurídica do Estado, em artigo sobre o tema: "É com Albrecht, na sua célebre Recensão, que o Estado é concebido como um sistema jurídico unitário, cujos conceitos são hierarquizados e colocados nos lugares devidos. [...] A nova teoria, que o Professor de Goettinger expõe, nega o dualismo entre o Estado e o soberano, remetendo este para a categoria de mero órgão do Estado, recusando a identificação da soberania estatal com a soberania popular ou a da pessoa jurídica do Estado com o povo. [...] A circunstância de a personalidade jurídica do Estado se substituir à do monarca faz com que, por um lado, se passe a atribuir àquele as qualidades e os poderes que anteriormente predicavam a pessoa do soberano absoluto, designadamente a legitimidade e a 'Herrschaftsgewalt' e, por outro lado, torna o Estado o único sujeito de todas as relações públicas. A personalidade jurídica do Estado, como conceito fundamental de um sistema jurídico público concebido em termos jurídico-formais, foi, porém, desenvolvida a partir da construção de Gerber e, depois, por Laband e Georg Jellinek". MACHETE, Rui Chancellere de. A personalidade jurídica do Estado, a relação jurídica e o direito subjectivo público em Gerber, Laband e Jellinek. *In*: ATHAYDE, Augusto de; CAUPERS, João; GARCIA, Maria da Glória F. P. D. (org.). *Estudos em homenagem ao professor doutor Diogo Freitas do Amaral*. Coimbra: Almedina, 2010. p. 296.

[57] Para ser mais exato, já nas formulações do idealismo hegeliano da primeira metade do século XIX se pode observar o clímax da monopolização do Direito pelo Estado. Em comentários introdutórios sobre a obra *Princípios da Filosofia do Direito*", Allen Wood destaca que "O estado, para Hegel, é um 'fim absoluto'; os indivíduos devem colocá-lo acima de seus próprios interesses privados. '[O estado tem] o direito mais elevado em relação aos indivíduos, cujo dever mais elevado é ser membro do estado' (PR § 258). Mas o estado é um fim absoluto apenas porque é racional; Hegel descreve a 'racionalidade' como a 'unidade e interpenetração da universalidade e da individualidade' (PR § 2S8R). Em outras palavras, o que faz do estado um fim em si mesmo é a maneira pela qual sistematicamente harmoniza o direito pessoal, a liberdade subjetiva e a felicidade de seus membros individuais. O estado é um fim 'infinito' distinto e superior aos direitos e à felicidade de seus membros apenas porque sistematicamente unifica esses fins finitos". HEGEL, Georg Wilhelm Fredrich. *Elements of the philosophy of right*. Cambridge: Cambridge University Press, 1991. p. XXV e XXVI.

mundo externo a essas operações. Kelsen, na sua obra *Teoria geral do direito e do Estado*, equipara a ordem jurídica nacional ao Estado.[58]

A partir da consolidação de todos esses aportes teóricos e experienciais tem-se a formação do paradigma estadocêntrico, verificável sobretudo na Europa Ocidental continental. Em síntese, algumas características são fundamentais para explicar esse momento: i) a compreensão de soberania estatal como poder absoluto (legalmente irrestrito ou ilimitado), indivisível (único) e inalienável;[59] e ii) a territorialização da governança estatal, tornando-se o Estado a última fonte de autoridade política em seu território, avocando para si nesse espaço o monopólio do uso da força ou coerção legítima.[60-61]

Sob o fundamento da soberania, Direito e territorialidade tornam-se propriedades essenciais dos Estados, que não apenas reivindicam poder supremo dentro de seus territórios ("soberania interna"), como também a independência em relação a outro ("soberania externa"), ensejando o surgimento do direito internacional para mediar a relação entre Estados soberanos.[62]

[58] "A única questão que resta é como o Estado difere de outras corporações. A diferença deve estar na ordem normativa que constitui a corporação do Estado. O Estado é a comunidade criada por uma ordem legal nacional (em oposição a uma internacional). O Estado como pessoa jurídica é uma personificação desta comunidade ou da ordem jurídica nacional que constitui esta comunidade. Do ponto de vista jurídico, o problema do Estado aparece, portanto, como o problema da ordem jurídica nacional." KELSEN, Hans. *General theory of law & state*. New Brunswick: Transaction Publishers, 2006. p. 181.

[59] MORRIS, Christopher W. The modern state. *In*: GAUS, Gerald F.; KUKATHAS, Chandran (ed.). *Handbook of political theory*. London: Sage, 2004. p. 199.

[60] MORRIS, Christopher W. The modern state. *In*: GAUS, Gerald F.; KUKATHAS, Chandran (ed.). *Handbook of political theory*. London: Sage, 2004. p. 200.

[61] A conhecida definição de Weber traz uma síntese dessas características: "O Estado é uma comunidade humana que pretende, com êxito, o monopólio do uso legítimo da força física, dentro de um determinado território". Cf.: WEBER, Max. *Ensaios de sociologia*. 5. ed. Rio de Janeiro: Zahar, 1982. p. 98.

[62] MORRIS, Christopher W. The modern state. *In*: GAUS, Gerald F.; KUKATHAS, Chandran (ed.). *Handbook of political theory*. London: Sage, 2004. p. 199.

Nesse contexto, tem-se a consolidação do "dogma" da territorialidade do Direito,[63] consubstanciado na ideia de legitimação espacial do exercício do Poder Público sobre determinado conjunto de indivíduos. Resultado de um processo de construção histórica e alçada ao *status* de preceito inquestionável, a territorialidade do Direito constituiu-se em um verdadeiro óbice a qualquer reivindicação por uma jurisdição transnacional. Sua tradução jurídica é explicitada na formulação do "princípio da territorialidade", definido por Miguel Prata Roque como:

> uma afirmação da exclusividade de exercício de um poder público (tendencialmente) ilimitado num espaço geograficamente definido – "*dimensão positiva*" – e uma negação de qualquer pretensão desse mesmo exercício por parte de pessoas públicas ou privadas estrangeiras, internacionais ou transnacionais – "*dimensão negativa*".[64]

O Poder Público exercido nos limites territoriais aglutina as funções legislativa, administrativa e jurisdicional. No âmbito interno dos Estados, sob o princípio da territorialidade, tem-se o surgimento de um regime jurídico próprio, denominado "direito administrativo",[65]

[63] ROQUE, Miguel Prata. *A dimensão transnacional do direito administrativo*: uma visão cosmopolita das situações jurídico-administrativas. Lisboa: AAFDL, 2014. p. 146.

[64] ROQUE, Miguel Prata. *A dimensão transnacional do direito administrativo*: uma visão cosmopolita das situações jurídico-administrativas. Lisboa: AAFDL, 2014. p. 233.

[65] Para fins de localização temporal, vale mencionar que a origem do direito administrativo que conhecemos hoje, corolário da superação do *Ancien Régime* e circunscrito ao princípio da legalidade, confunde-se com a criação do contencioso administrativo francês, por meio da instituição do *Conseil d'État* em 1799, e obteve o seu atestado de surgimento com o acórdão "*arrêt Blanco*". Vasco Pereira da Silva nos fornece valiosa descrição do teor e das consequências do conhecido acórdão: "em causa estava uma situação banal e triste, uma questão de responsabilidade civil decorrente do atropelamento de uma criança de 5 anos, Agnès Blanco, por um pequeno vagão carregado de tabaco, empurrado por quatro operários de uma empresa tabaqueira de natureza pública. O Tribunal de Bordéus tinha-se declarado incompetente para decidir o problema de responsabilidade civil envolvendo a Administração Pública e a questão ascendera ao Tribunal de Conflitos. O acórdão do Tribunal de Conflitos de 8 de Fevereiro de 1873, tendo por relator David, remetia a decisão da questão em litígio para o contencioso administrativo, salientando as especificidades do Direito Administrativo, e afirmando que o Estado se encontra submetido a 'regras

para regular o exercício da função administrativa, relativa às atividades de promoção e defesa do superior interesse público, que dota o Poder Público, representado por seus órgãos e autoridades, de privilégios e poderes exorbitantes em relação aos cidadãos. O exercício desse poder administrativo é refletido nos atributos conferidos às formas jurídicas de decisão administrativa (ato, regulamento e contrato administrativos)[66] e aos atos executórios, exercidos à época sob controle jurisdicional bastante limitado. Entre os atributos, destacam-se: a presunção da legalidade, a autotutela declarativa (imperatividade unilateral) e a autotutela executiva (executoriedade),[67] além das cláusulas exorbitantes, a promover a reserva de poderes à Administração Pública, considerados indispensáveis ou convenientes para promoção do interesse público.[68]

1.1.2 As experiências da *Crown e Government*: a tradição antiestatista anglo-americana e o limiar da globalização jurídica

Se a noção de Estado e o paradigma estadocêntrico tiveram grande êxito na experiência de países da Europa Ocidental continental, sobretudo Alemanha e França; no Reino Unido e nos EUA, as noções de *Crown* e *Government* exprimiram, ao menos no plano interno, uma compreensão menos unitária do poder político.

especiais, que variam segundo as necessidades de serviço e a necessidade de conciliar os direitos do Estado com os direitos privados'. Mas o acórdão vai muito além da questão da responsabilidade do Estado: os seus considerandos valem para o Direito Administrativo no seu conjunto. Por um lado, eles afastam os princípios estabelecidos pelo Código Civil, por outro lado, eles afirmam o carácter especial das regras aplicáveis aos serviços públicos". SILVA, Vasco Pereira da. *Em busca do acto administrativo perdido*. Reimpressão. Coimbra: Almedina, 1998. (Coleção Teses de Doutoramento). p. 36.

66 Sobre a teoria das formas de atuação administrativa, cf.: MACHETE, Pedro. *Estado de direito democrático e administração paritária*. Coimbra: Almedina, 2007. (Coleção Teses de Doutoramento). p. 35-45.

67 ANDRADE, José Carlos Vieira de. *Lições de direito administrativo*. 5. ed. Coimbra: Imprensa da Universidade de Coimbra, 2017. p. 50.

68 ANDRADE, José Carlos Vieira de. Algumas reflexões a propósito da sobrevivência do conceito de "acto administrativo" no nosso tempo. *In*: *Estudos em homenagem ao Professor Doutor Rogério Soares*, Stvdia Ivridica, 61, p. 1195, 2001. SILVA, Vasco Pereira da. *Em busca do acto administrativo perdido*. Coleção Teses de Doutoramento. Reimpressão. Coimbra: Almedina, 1998. p. 66-67.

Janet McLean, em trabalho pioneiro sobre as divergências nas concepções do Estado e implicações para o DAG, aponta para um dualismo na concepção de Estado na tradição da *Common Law.*[69] A ideia de Estado, como uma pessoa jurídica unificada e perpétua, prevaleceu no âmbito das relações externas e na ciência do direito público internacional (DIP). Todavia, no âmbito doméstico, o direito administrativo e o constitucional na tradição da *Common Law* não concebem uma entidade abstrata e indivisível, mas definem o aparato governamental como uma série de entidades desagregadas que frequentemente competem entre si pelo poder, sujeitas a freios e contrapesos e que gozam de um mandato temporalmente contingente.[70-71]

Em outro momento, Janet McLean ressalta que na tradição antiestatista anglo-americana "não há 'Estado' – apenas uma criatura muito diferente e temporalmente contingente, '*the Government of the day*', ou, mais comumente no sistema de Westminster, 'o Ministro responsável por enquanto'".[72] E prossegue a autora:

> há pouco do "Estado" a ser encontrado no Direito Constitucional da tradição de Westminster. A tradição de Westminster considera a Rainha no Parlamento como o repositório central da soberania legal. Isso é bem diferente de tratar o Parlamento como sinônimo de Estado, ou o Parlamento como uma pessoa jurídica.[73]

[69] MCLEAN, Janet. Divergent legal conceptions of the state: Implications for global administrative law. *Law and Contemporary Problems*, v. 68, n. 3/4, p. 172, 2005.

[70] MCLEAN, Janet. Divergent legal conceptions of the state: Implications for global administrative law. *Law and Contemporary Problems*, v. 68, n. 3/4, p. 167, 2005.

[71] A compreensão desagregada do poder político presente na *Common Law* irá propiciar o florescimento de teorias no campo da ciência política que valorizam a competição política e a participação popular, por exemplo, a teoria dahlsiana da "poliarquia" (*Polyarchy: participation and opposition* – 1971) e a sua defesa da institucionalização de um sistema pacífico de competição política e inclusão da população ao processo político. DAHL, Robert A. *La poliarquía*: participación y oposición. Madrid: Tecnos, 1971. p. 33.

[72] MCLEAN, Janet. Government to state: Globalization, regulation, and governments as legal persons. *Ind. J. Global Legal Stud.*, v. 10, p. 176, 2003.

[73] MCLEAN, Janet. Government to state: Globalization, regulation, and governments as legal persons. *Indiana Journal of Global Legal Studies*, v. 10, p. 176, 2003.

Nesse contexto, a *Common Law*, ao menos no âmbito doméstico dos países, legou duas noções de organização do poder político que concorrem com a compreensão de Estado e fornecem alguma alternativa ao paradigma estadocêntrico, como entidade abstrata detentora de soberania territorial indivisível: *Crown* no Reino Unido e *Government* nos EUA.

Na *Common Law*, não há pessoa artificial distinta representando o Estado para propósitos constitucionais. O sentido mais próximo de Estado no direito constitucional inglês pode ser historicamente entrevisto na *Crown*, ressaltando-se a característica de que a pessoa natural do rei ou rainha tendia a se fundir com o seu papel público ou constitucional.[74]

Há razões de ordem teórica e experiencial verificáveis na formação histórica do Reino Unido e dos EUA que ajudam a explicar a tradição antiestatista anglo-americana.

É curioso notar que, embora Thomas Hobbes fosse inglês, a sua formulação do Estado como pessoa fictícia não teve um profundo impacto no debate e na experiência política inglesa como teve em outros países, sobretudo na Alemanha e na França.[75-76] De acordo com Quentin Skinner, inicialmente a obra de Hobbes encontrou um contexto de crise[77] em que as posições opostas se beneficiavam dos argumentos absolutistas e popularistas.

[74] MCLEAN, Janet. Government to state: Globalization, regulation, and governments as legal persons. *Indiana Journal of Global Legal Studies*, v. 10, p. 177, 2003.

[75] SKINNER, Quentin. A genealogy of the modern state. *Proceedings of the British Academy*. 2009, v. 162, p. 348, 2009.

[76] Na divisão metodológica que se pode traçar entre Estado como experiência e como ideal abstrato, revela-se uma influência mútua entre o campo teórico e o experiencial. BUCCI, Maria Paula Dallari. A teoria do Estado entre o jurídico e o político. *In*: BUCCI, Maria Paula Dallari; GASPARDO, Murilo (org.). *Teoria do Estado*: sentidos contemporâneos. São Paulo: Saraiva, 2018. p. 35.

[77] Com destaque à "Crise da exclusão" ("*exclusion crisis*"), crise constitucional de 1679-1681, motivada em razão de o Partido "Whig" tentar por três vezes, mediante aprovação de uma lei na câmara dos comuns, impedir Jaime II, católico, de chegar ao poder depois da morte do seu irmão, Carlos II. A crise expressa bem a relação conflituosa entre parlamento e Coroa. Carlos II dissolveu o parlamento em duas dessas ocasiões, antes que a lei fosse promulgada, e, em outra ocasião, foi a câmara dos lordes que rejeitou a lei.

Vale lembrar que os principais escritos de Thomas Hobbes, notadamente *The elements of law natural and politic* (1640) e *Leviathan* (1651), situam-se na metade do século XVII, período marcado por uma disputa intensa e polarizada entre o Parlamento Inglês e a Monarquia Stuart, em que a confrontação do ideal de liberdade dos cidadãos com os poderes do monarca (*royal prerrogative*)[78] resultou em episódios históricos de grande violência ou de contornos dramáticos, como a Guerra Civil Inglesa (1642-1651) e a Revolução Gloriosa (1688-1689). No campo jurídico, entretanto, esse período legou rudimentos para afirmação da supremacia do Parlamento, bem como documentos fundamentais inspiradores da afirmação da liberdade dos indivíduos em face do poder de coerção do Estado: *Petition of Rights* (1628), *Habeas Corpus Act* (1679) e *The Bill of Rights* (1689).

No cenário de lutas travadas para afirmação da liberdade dos cidadãos na Inglaterra da metade do século XVII, *Leviathan* de Hobbes expressou a defesa da soberania absoluta[79] e, a partir de uma compreensão de liberdade como "ausência de impedimentos externos",[80] a máxima de que "o medo e a liberdade são compatíveis".[81] Formulações que marcaram as diferenças de Hobbes em relação aos parlamentaris-

78 SKINNER, Quentin. States and the freedom of citizens. *In*: SKINNER, Quentin; STRÅTH, Bo (ed.). *States and citizens*: History, theory, prospects. Cambridge: Cambridge University Press, 2003. p. 13.

79 "Em todos os Estados o poder soberano deve ser absoluto." HOBBES, Thomas. *Leviatã, ou, matéria, forma e poder de um estado eclesiástico e civil.* São Paulo: Abril Cultural, 1974. Segunda Parte. Do Estado. Cap. XX.

80 "Liberdade significa, em sentido próprio, a ausência de oposição (entendendo por oposição os impedimentos externos do movimento)." HOBBES, Thomas. *Leviatã, ou, matéria, forma e poder de um estado eclesiástico e civil.* São Paulo: Abril Cultural, 1974. Segunda Parte. Do Estado. Cap. XXI.

81 "O medo e a liberdade são compatíveis [...] Assim também às vezes só se pagam as dívidas com medo de ser preso, o que, como ninguém impede a abstenção do ato, constitui o ato de uma pessoa em liberdade. E de maneira geral todos os atos praticados pelos homens no Estado, por medo da lei, são ações que seus autores têm a liberdade de não praticar." HOBBES, Thomas. *Leviatã, ou, matéria, forma e poder de um estado eclesiástico e civil.* São Paulo: Abril Cultural, 1974. Segunda Parte. Do Estado. Cap. XXI.

tas e conferiram a ele o caráter de contrarrevolucionário.[82] Daí também se explicam a ampla aceitação e a proeminência de John Locke[83] e da sua obra *Two treatises of government* (1690), em que a liberdade[84] e a igualdade[85] dos indivíduos adquirem a condição de direito natural.[86]

Já em um segundo momento, nas últimas décadas do século XVIII, o surgimento do utilitarismo clássico, em particular, de Jeremy Bentham com o seu repúdio às ficções legais será mais um duro golpe à consagração da concepção hobbesiana de Estado como pessoa fictícia no Reino Unido.[87-88] A vertente utilitarista traz como consequência a

[82] SKINNER, Quentin. States and the freedom of citizens. *In*: SKINNER, Quentin; STRÅTH, Bo (ed.). *States and citizens*: History, theory, prospects. Cambridge: Cambridge University Press, 2003. p. 15.

[83] Embora se faça um paralelo entre Hobbes e Locke, é necessário ter em conta, inclusive com apoio na análise de Peter Laslett, que a obra de Locke é uma refutação ao *patriarchalism* de Sir. Robert Filmer, e não uma argumentação deliberada contra o Leviatã de Hobbes. LOCKE, John. *Two treatises of government*. Ed. Peter Laslett. Cambridge: Cambridge University Press, 1988. p. 67.

[84] "Assim, nascemos livres, como nascemos dotados de razão" [...] "a liberdade de um homem e sua faculdade de agir segundo sua própria vontade estão fundamentadas no fato dele possuir uma razão, capaz de instruí-lo naquela lei pela qual ele vai ser regido, e fazer com que saiba a que distância ele está da liberdade de sua própria vontade." LOCKE, John. *Segundo tratado sobre o governo civil e outros escritos*: ensaio sobre a origem, os limites e os fins verdadeiros do governo civil. [s.l.]: Vozes, 2006. p. 51-52.

[85] Locke adota como ponto de partida a superioridade de Deus, mas dela infere as premissas de que os homens são todos livres e todos iguais; livres e iguais uns em relação aos outros. Locke se opõe desde já à interpretação patriarcalista de Sir. Robert Filmer, para quem Deus colocou alguns homens acima dos outros homens, por exemplo, os pais acima dos filhos. LOCKE, John. *Two treatises of government*. Ed. Peter Laslett. Cambridge: Cambridge University Press, 1988. p. 93.

[86] "O 'estado de Natureza' é regido por um direito natural que se impõe a todos, e com respeito à razão, que é este direito, toda a humanidade aprende que, sendo todos iguais e independentes, ninguém deve lesar o outro em sua vida, sua saúde, sua liberdade ou seus bens." LOCKE, John. *Segundo tratado sobre o governo civil e outros escritos*: ensaio sobre a origem, os limites e os fins verdadeiros do governo civil. [s.l.]: Vozes, 2006. p. 36.

[87] SKINNER, Quentin. A genealogy of the modern state. *Proceedings of the British Academy*, v. 162, p. 355, 2009.

[88] A vertente utilitarista se mostra avessa a ficções jurídicas e procura basear os argumentos legais nos fatos que se pode observar nos indivíduos reais, "especialmente, sobre

valorização dos indivíduos e a aversão a abstrações jurídicas, em especial aquelas cujo todo parece ultrapassar as partes que o constituem, como as definições em que o Estado se distingue das individualidades que o constituem e a noção de interesse público que se sobrepõe a direitos individuais.

A construção da noção de *Government* pelos EUA também revela aspectos bastante interessantes, sobretudo do ponto de vista das condições históricas e da ideologia que a fundamentam.

O fato de ter-se constituído sob o signo do federalismo trouxe implicações ao célebre princípio bodiniano da indivisibilidade da soberania. Como bem observa Rafael Domingo, James Madison, considerado o "Pai da Constituição", defendeu a necessidade de admitir-se a divisibilidade da soberania para preservar o futuro da União.[89-90]

A ideia de James Madison está presente em textos fundamentais do constitucionalismo norte-americano, como nos Artigos da Confederação, de março de 1781 – Artigo II: "cada estado retém a soberania, liber-

sua capacidade de sentir, em relação ao poder político, a dor da restrição e o prazer da liberdade". Essa vertente terá desenvolvimento com outros autores, como William Paley, William Godwin, James Mill e John Austin. SKINNER, Quentin. A genealogy of the modern state. *Proceedings of the British Academy*, v. 162, p. 356, 2009.

89 DOMINGO, Rafael. *The new global law*. Cambridge: Cambridge University Press, 2010. p. 68.

90 Na obra *O Federalista* (1787) – que reúne 85 ensaios escritos por Alexander Hamilton, James Madison e John Jay –, evidencia-se a posição de James Madison. No texto "The conformity of the plan to the republican principles" (no. 39), Madison frisa em diversas passagens que a Constituição será federal e não nacional: "Cada Estado, ao ratificar a Constituição, é considerado como um corpo soberano, independente de todos os outros, e apenas vinculado por seu próprio ato voluntário. Nesta relação, portanto, a nova Constituição será, se estabelecida, uma constituição federal e não nacional". Cf.: MADISON, James. The conformity of the plan to the republican principles. Paper no. 39. *In*: HAMILTON, Alexander; MADISON, James; JAY, John. *The federalist papers*. Oxford: Oxford University Press, 2008. p. 191. E no texto "The Insufficiency of the present confederation to preserve the Union" (no. 20), em conjunto com Hamilton, Madison sustenta que "uma soberania sobre soberanos, um governo sobre governos [...] é subversiva à ordem e aos fins da política civil, substituindo a violência no lugar da lei". Cf.: MADISON, James; HAMILTON, Alexander Hamilton. The insufficiency of the present confederation to preserve the Union. Paper no. 20. *In*: HAMILTON, Alexander; MADISON, James; JAY, John. *The federalist papers*. Oxford: Oxford University Press, 2008. p. 101.

dade e independência". Entretanto, é no mínimo curioso notar que não há menção à palavra "soberania" (*sovereignty*) no texto da Constituição Federal dos Estados Unidos da América, aprovada na Convenção de Filadélfia em 1787. A solução para superar o conflito entre os Estados foi, nos termos do precedente *Martin v. Hunter's Lessee*, de 1816, atribuir à Constituição dos Estados Unidos não às capacidades soberanas dos Estados federados, mas ao povo, nos termos em que declara o preâmbulo do texto constitucional, "*the people of the United States*".

Para além do federalismo, deve-se destacar a ideologia vivenciada nos EUA de valorização do indivíduo. Tocqueville e Weber, a partir de perspectivas distintas, ajudam a explicar o individualismo na sociedade e na cultura política norte-americanas. Para Tocqueville, o individualismo é de origem democrática, surge com o declínio do feudalismo e ameaça se desenvolver na medida em que se igualam as condições,[91] ao passo que, para Weber,[92] o individualismo encontra fundamento no protestantismo ascético.[93-94]

[91] TOCQUEVILLE, Alexis de. *A democracia na América*. 2. ed. Belo Horizonte: Itatiaia; São Paulo: USP, 1987. p. 386.

[92] A obra *A ética protestante e o "espírito" do capitalismo* fui publicada em duas edições. A primeira, em duas levas, em 1904 e 1905, e a outra, revista, ampliada e editada em 1920 (ano final da vida de Weber). A primeira leva da primeira edição foi concluída um ano antes da viagem de Weber à América, no início do verão de 1904, ao passo que a segunda parte da primeira edição apareceu um ano depois e revela a influência das suas experiências. Weber viajou aos EUA no verão de 1904 para congresso científico durante a Exposição Universal de St. Louis. De acordo com relatos, o sociólogo ficara impressionado com os traços tipicamente modernos do capitalismo norte-americano, fazendo recorrentes referências em suas pesquisas. Marianne Weber, sua companheira desde 1893, relata que: "Uma das tantas razões, com certeza não a menor, para que essas experiências tenham instigado Weber tanto assim foi que nos Estados Unidos ele pôde observar por todo canto os rastros vivos das origens do espírito do capitalismo moderno, e esse espírito mesmo na pureza de um 'tipo ideal'". WEBER, Max. *A ética protestante e o "espírito" do capitalismo*. Edição de Antônio Flávio Pierucci. São Paulo: Companhia das Letras, 2004. p. 11.

[93] WEBER, Max. *A ética protestante e o "espírito" do capitalismo*. Edição de Antônio Flávio Pierucci. São Paulo: Companhia das Letras, 2004. p. 97.

[94] A livre interpretação da Bíblia pelo indivíduo marca uma mudança fundamental do catolicismo ao protestantismo. "Diferentemente dos católicos, os calvinistas permaneciam sozinhos diante de sua Deidade, sem a assistência de uma Igreja de crentes virtuosos com acesso especial a Deus: padres, bispos, cardeais e papas. Concebidos para ler e interpretar

O individualismo e o igualitarismo são ideias que afastam a sobreposição *a priori* do Estado e das autoridades públicas, supostamente guardiões do interesse público, em relação aos interesses dos particulares. Para o individualismo, não há interesse público acima da soma dos interesses dos indivíduos que constituem uma sociedade.[95] Na cultura política norte-americana, o Estado é servo dos indivíduos, que se situam no centro do sistema.

1.2 *U.S. administrative law* e direito administrativo transnacional no âmbito da União Europeia: fundamentos da globalização-americanização e da globalização-europeização

Uma das teses fundamentais para este estudo é apresentada por Manuel Ballbé, segundo o qual: "a globalização é em grande parte um produto da americanização, que extrapolou seu modelo administrativo e regulatório para o mundo todo".[96] Por essa razão, entendemos que a análise do modelo de regulação jurídica vivenciado na globalização deve passar pela compreensão do modelo norte-americano de Estado administrativo e regulatório, criado no século XX, bem como do funcionamento e da harmonização regulatória interna entre os cinquenta Estados e Washington.[97] O estudo do *U.S. administrative law* justifica-se ainda em razão de ter inspirado o modelo regulatório da UE,[98] que, por sua vez, impactou diretamente o direito administrativo de viés estadocêntrico dos seus países.

as escrituras por conta própria, os calvinistas permaneceram em um relacionamento de um-para-um com Deus." KALBERG, Stephen. Tocqueville and Weber on the sociological origins of citizenship: The political culture of American democracy. *Citizenship Studies*, v. 1, n. 2, p. 204, 206 e 208, 1997.

95 SILVA, João Nuno Calvão da. *Mercado e Estado*. Coimbra: Almedina, 2008. p. 130.

96 BALLBÉ, Manuel. El futuro del derecho administrativo en la globalización: entre la americanización y la europeización. *Revista de Administración Pública*, n. 174, p. 216 e 218, 2007.

97 BALLBÉ, Manuel. El futuro del derecho administrativo en la globalización: entre la americanización y la europeización. *Revista de Administración Pública*, n. 174, p. 216, 2007.

98 BALLBÉ, Manuel. El futuro del derecho administrativo en la globalización: entre la americanización y la europeización. *Revista de Administración Pública*, n. 174, p. 217, 2007. DJELIC, Marie-Laure. Does Europe mean americanization? The case of competition. *Competition and Change*, v. 6, n. 3, p. 233-250, 2002.

A contraposição entre o direito administrativo construído no âmbito da Europa Ocidental continental e o *U.S. administrative law*, além de servir ao delineamento das características distintivas dessas duas matrizes, destina-se a compreender como esses dois percursos têm refletido de modo distinto na globalização jurídica: "globalização-europeização" e "globalização-americanização".[99]

1.2.1 *U.S. administrative law*: protagonismo do indivíduo, elemento federativo e aptidão à extraterritorialidade

Manuel Ballbé divide a formação do sistema jurídico norte-americano em duas grandes etapas: i) a da sua criação até o final do século XIX (Estado individuocêntrico) e ii) a do início do século XX até o presente (Estado administrativo e regulador).

Como já destacado, a valorização do indivíduo, resultado dos influxos da revolução protestante e da ideologia democrática, orientou a concepção do sistema jurídico dos EUA, de modo que o protagonismo não será depositado em um ente abstrato que incorpore os anseios da coletividade (Administração Pública), mas sim no próprio indivíduo. O modelo se contrapõe à Administração Pública de matriz europeia, centralizada, hierárquica, profissionalizada e hiper-reguladora, fortemente influenciada pelo funcionamento da Igreja Católica, que era o mais poderoso regulador da Europa medieval.[100]

Manuel Ballbé, em feliz síntese, ressalta que o modelo norte-americano coloca o cidadão à frente de três das funções mais sensíveis do Estado: "o modelo norte-americano do cidadão como policial, o cidadão como militar e o cidadão como juiz, contra o modelo europeu do funcionário como policial, funcionário como militar e funcionário como juiz".[101]

Daí a figura do *sheriff*, responsável pela segurança da comunidade, que não era um funcionário da Administração Pública, mas um cida-

[99] BALLBÉ, Manuel. El futuro del derecho administrativo en la globalización: entre la americanización y la europeización. *Revista de Administración Pública*, n. 174, p. 216, 2007.

[100] BALLBÉ, Manuel. El futuro del derecho administrativo en la globalización: entre la americanización y la europeización. *Revista de Administración Pública*, n. 174, p. 222, 2007.

[101] BALLBÉ, Manuel. El futuro del derecho administrativo en la globalización: entre la americanización y la europeización. *Revista de Administración Pública*, n. 174, p. 222, 2007.

dão escolhido pela própria população da localidade; do jurado, cidadão que, ao integrar o júri, uma instituição comunitária, chama a si o monopólio para ditar a culpa ou inocência do acusado; e do soldado cidadão, uma vez que o exército norte-americano não era, em seu início, permanente e profissional, como o europeu, mas uma guarda formada por voluntários.[102-103]

Manuel Ballbé registra que o ponto culminante dessa entronização do indivíduo com a autodeterminação regulatória será o reconhecimento do direito do cidadão de portar armas, consignado na Segunda Emenda da Constituição Federal Norte-Americana, o que para o administrativista espanhol significa que "o uso legítimo da violência apenas pelo Estado e sua Administração Pública (como aconteceu na tradição europeia) foi rejeitado".[104]

Essas razões de ordem sociocultural ajudam a explicar também o fato de os EUA não terem seguido a tradição francesa de titularizar os serviços essenciais (*service public*) e de estabelecer domínios sobre algumas atividades econômicas. Por esse motivo, a participação de particulares no desempenho de funções públicas investidos de poderes públicos é tema de maior relevância no direito norte-americano.[105] O administrativista português Pedro Costa Gonçalves assevera que:

> na prática, são confiadas a entidades privadas funções públicas tão relevantes como a gestão de prisões, a elaboração de códigos e regras aplicáveis ao exercício de atividades econômicas, a certificação e acreditação de instituições (por ex., escolas privadas e hospitais), o licenciamento e a regulação de atividades.[106]

[102] BALLBÉ, Manuel. El futuro del derecho administrativo en la globalización: entre la americanización y la europeización. *Revista de Administración Pública*, n. 174, p. 221-222, 2007.

[103] Mesmo nos dias atuais, o exército tem 50% da sua composição oriunda das Guardas Nacionais dos 50 Estados da América do Norte, evidenciando fortemente o elemento federativo.

[104] BALLBÉ, Manuel. El futuro del derecho administrativo en la globalización: entre la americanización y la europeización. *Revista de Administración Pública*, n. 174, p. 222, 2007.

[105] SILVA, João Nuno Calvão da. *Mercado e Estado*. Coimbra: Almedina, 2008. p. 130.

[106] GONÇALVES, Pedro Costa. *Entidades privadas com poderes públicos*: o exercício de

E, ainda com o autor, "há até quem, porventura com algum exagero, se refira aos particulares com funções e poderes de regulação como uma espécie de 'quinto poder', ao lado do Congresso, do Presidente, dos tribunais e das agências".[107]

A segunda etapa da formação do sistema jurídico norte-americano, refletida na construção do Estado administrativo e regulador, vem justamente servir à regulação das atividades do setor privado, no intuito de restringir os efeitos perversos derivados da livre concorrência, quando há interesse que justifique tal intervenção. A nova fase exsurge na esteira do *crash* da Bolsa de Valores de Nova Iorque em 1929 e do programa *New Deal* do presidente Roosevelt, que expandiu o intervencionismo e as regulações depois da Grande Depressão. Marco significativo desse período foram a criação da *Securities and Exchange Commission* (SEC) em 1934 e a definição de uma legislação sobre o mercado de valores mobiliários, ensejadora de um novo modelo de responsabilidade corporativa, pautada pela corresponsabilização de empresas e imposição de novas modalidades de obrigações (por exemplo, criação de departamentos de riscos financeiros, realização de auditorias financeiras e contábeis e obtenção de certificações acreditadas).[108]

Em suma, as reformas desse período alteraram os parâmetros do direito administrativo e as formas tradicionais de intervenção e fiscalização administrativa.[109] A regulação é o seu maior fundamento, o que se confirma na síntese de Martin Shapiro, para quem: "administrative law is always the product of the politics of regulation".[110] Por essa razão,

poderes públicos de autoridade por entidades privadas com funções administrativas. Coimbra: Almedina, 2005. (Coleção Teses de Doutoramento). p. 73.

[107] GONÇALVES, Pedro Costa. *Entidades privadas com poderes públicos*: o exercício de poderes públicos de autoridade por entidades privadas com funções administrativas. Coimbra: Almedina, 2005. (Coleção Teses de Doutoramento). p. 73.

[108] BALLBÉ, Manuel. El futuro del derecho administrativo en la globalización: entre la americanización y la europeización. *Revista de Administración Pública*, n. 174, p. 230, 2007.

[109] BALLBÉ, Manuel. El futuro del derecho administrativo en la globalización: entre la americanización y la europeización. *Revista de Administración Pública*, n. 174, p. 230, 2007.

[110] SHAPIRO, Martin. A golden anniversary? The Administrative Procedures Act of 1946. *Regulation: The Cato Review of Business and Government*, 1996, p. 40.

a aprovação por Harry S. Truman do *Administrative Procedure Act* (APA) em 1946[111] é um marco como instrumento normativo pelo qual o Estado regula a atividade das *agencies*.[112-113]

Com o desenvolvimento do intervencionismo do "Estado administrativo norte-americano", tem-se a emersão de fenômenos que estarão na pauta da globalização. Parte desses fenômenos pode ser encontrada na evolução do modelo regulador norte-americano, que trouxe como uma de suas diretrizes fundamentais a corresponsabilidade do regulado: i) na própria definição de normas, por meio de *standards* em um contexto de estímulo ao que se poderia denominar "autorregulação regulada";[114]

[111] A aprovação do APA, uma década depois da aprovação do Segundo *New Deal*, deu-se em contexto de intensa disputa entre líderes políticos e muitos grupos de interesse importantes. Cf.: MCNOLLGAST. The political origins of the Administrative Procedure Act. *Journal of Law, Economics, & Organization*, p. 180-217, 1999.

[112] A primeira agência reguladora que pode ser considerada uma *independent agency* foi a Interstate Commerce Commission (ICC), criada em 1887. Isso porque, de acordo a com descrição de Pierce, Shapiro e Verkuil, "poderia fazer 'leis' sem a legislação do Congresso, determinar as tarifas ferroviárias sem comparecer perante um juiz, e seus administradores não poderiam ser demitidos pelo Presidente por fazê-lo, exceto pelas razões prescritas por lei". PIERCE, Richard J.; SHAPIRO, Sidney A.; VERKUIL, Paul R. *Administrative law and process*. 4. ed. New York: Foundation Press, 2004. p. 30. Importante destacar que, consoante afirma João Nuno Calvão da Silva, "ao contrário do que se sucedeu na Europa, onde as ARIs surgiram num contexto de desmantelamento das barreiras estatais ao livre funcionamento do mercado, na gênese das *independent agencies* americanas está a razão inversa: a necessidade de conter os efeitos nefastos derivados da livre concorrência". SILVA, João Nuno Calvão da. *Mercado e Estado*. Coimbra: Almedina, 2008. p. 131. E acrescentamos que, se por um lado a criação de agências no contexto do *New Deal* significou uma maior intervenção estatal no domínio econômico, no contexto europeu a criação de agências reguladoras decorreu de uma política de "emagrecimento do Estado".

[113] BUCCI, Maria Paula Dallari. *Direito administrativo e políticas públicas*. São Paulo: Saraiva, 2002. p. 65.

[114] A expressão "autorregulação regulada", na definição de Luis Arroyo Jiménez, alude "ao fato de que as estruturas de autorregulação são geralmente condicionadas externamente pelos poderes públicos, o que nos obriga a levar em conta as relações entre a autorregulação e a intervenção pública, visando capacitar, estimular e condicionar seu desenvolvimento". ARROYO JIMÉNEZ, Luis. Introducción a la autorregulación. *In*: ARROYO JIMÉNEZ, Luis; NIETO MARTÍN, Adán. *Autorregulación y sanciones*. Valladolid: Lex Nova, 2008. p. 31. Vale mencionar que o termo "autorregulación regulada" é recorrente na literatura espanhola e ganhou atenção com os aportes teóricos do professor de

e ii) no *enforcement* da regulação, ao impor aos regulados um modelo de responsabilização que obriga a implementação de estruturas (*officers*) capazes de garantir o cumprimento da lei (*compliance*), bem como a realização de auditorias independentes.[115]

O modelo de autorregulação regulada e a imposição de mecanismos de *compliance* aos regulados são técnicas regulatórias que estão na base da concepção da sociedade de risco e do modelo de responsabilidade corpo-

Direito Administrativo da Universidade de Barcelona José Esteve Pardo sobre os efeitos públicos da autorregulação privada. Cf.: PARDO, José Esteve. *Autorregulación*: génesis y efectos. Navarro: Aranzadi, 2002.

[115] Como exemplo desse modelo de corresponsabilidade, pode-se citar: o *Foreign Corrupt Practices Act* (FCPA), lei norte-americana de anticorrupção para atos cometidos no exterior, aprovada em 1977, na sequência das investigações do Escândalo de *Watergate*, e que marca o surgimento de uma nova lógica de responsabilização que se distancia dos requisitos da responsabilidade subjetiva ao exigir, para o seu afastamento, a adoção de um sistema de políticas e controles internos (*compliance*). À guisa de ilustração, o FCPA determina que as empresas ou grupo de empresas que possuem ações ou *American Depositary Receipts* (ADRs) preparem e mantenham livros contábeis, registros e contas que, com um nível razoável de detalhe, reflitam de forma completa e precisa as transações e as disposições dos seus ativos. O *enforcement* das cláusulas contábeis envolve, em regra, a declaração incorreta de grande quantia utilizada para suborno ou o registro impreciso generalizado de pagamentos menores feitos como parte de um padrão sistêmico de suborno, o que pode acarretar sanções de natureza criminal e cível às empresas e às pessoas físicas envolvidas. No Foreign Corrupt Practices Act (FCPA), vigora ainda o princípio *sucessor liability*, que diz respeito à assunção de responsabilidade pela empresa que passa por fusão ou aquisição pelos atos da empresa *target*. A responsabilidade do sucessor aplica-se a todos os tipos de responsabilidade, civil e criminal, e violações do FCPA, sem exceção. O caminho apontado pelas próprias autoridades (DOJ e SEC) para diminuir a probabilidade de incidência da *sucessor liability* são a condução de *due diligence* pré-aquisição e o aprimoramento dos programas de *compliance* e controles internos após a aquisição. Outra lei que pode ser mencionada é a *Sarbanes-Oxley Act* de 2002, aprovada como reação aos escândalos de fraudes contábeis (Enron e WorldCom), que, entre outros dispositivos, determina na seção 404 que administração e auditor externo atestem o escopo e a adequação da estrutura de controles internos e procedimentos para relatórios financeiros. A seção 302 estabelece que o CEO e CFO são diretamente responsáveis pela exatidão, documentação e apresentação de todos os relatórios financeiros. VENTURINI, Otavio; CARVALHO, André Castro; MORELAND, Allen. Aspectos gerais do U.S. Foreign Corrupt Practices Act (FCPA). *In*: CARVALHO, André Castro; BERTOCCELLI, Rodrigo de Pinho; ALVIM, Tiago Cripa; VENTURINI, Otavio. *Manual de* compliance. São Paulo: Forense, 2019. p. 321.

rativa expresso em regulações de pretensão global,[116] sobretudo em temas como combate à corrupção, prevenção à lavagem de dinheiro e ao financiamento do terrorismo, riscos financeiros e ambientais, entre outros.

O elemento federativo estadunidense é outro fator que evidencia desafios e aprendizados relevantes na construção do modelo regulador a ser reproduzido na globalização. Na federação, encontram-se a causa da fragmentação normativa entre as administrações dos cinquenta Estados norte-americanos e o motivo da preocupação com o desafio da harmonização das suas diferentes legislações.

Manuel Ballbé ilustra a competição normativa vivenciada no contexto da federação dos EUA com o conhecido exemplo do direito societário do Estado de Delaware. De acordo com o autor:

> quase 50% das empresas norte-americanas importantes estão registradas no Estado de Delaware. Estudos mostram que as empresas vão para Delaware porque é um Estado muito sensível à criação de uma lei regulatória corporativa e comercial de qualidade adaptável ao dinamismo econômico.[117-118]

A multiplicidade de administrações e a competição normativa em sistema federativo impõem, como condição de sustentabilidade da fede-

[116] BALLBÉ, Manuel. El futuro del derecho administrativo en la globalización: entre la americanización y la europeización. *Revista de Administración Pública*, n. 174, p. 222, 2007.

[117] BALLBÉ, Manuel. El futuro del derecho administrativo en la globalización: entre la americanización y la europeización. *Revista de Administración Pública*, n. 174, p. 246, 2007.

[118] Ainda com Ballbé "suas leis corporativas são as mais inovadoras dos 50 Estados norte-americanos. Ademais, a criação de tribunais mercantis especializados contribuiu para a solução de conflitos societários com maior agilidade, especialização e solidez jurídica. Desta forma, as empresas atuam nos 49 Estados restantes, principalmente com a lei societária do Estado de origem (Delaware), no sistema federal usual de 'reconhecimento mútuo de leis' entre os Estados. Este modelo não se dá apenas entre os Estados dos EUA, mas também foi reproduzido na UE e internacionalmente. O que também é demonstrado neste sistema interestadual agora global é que a competitividade de um país não depende apenas de suas empresas, mas sim da competitividade e qualidade de suas administrações, suas regulamentações e seu sistema judicial". BALLBÉ, Manuel. El futuro del derecho administrativo en la globalización: entre la americanización y la europeización. *Revista de Administración Pública*, n. 174, p. 222, 2007.

ração, o dever de reconhecimento mútuo de leis entre seus entes e a busca pela harmonização normativa. A literatura estadunidense reconhece três modelos de harmonização regulatória na experiência federativa norte-americana: i) harmonização centralizada, ii) harmonização competitiva e iii) harmonização por *coopetition*.[119]

A harmonização centralizada representa uma intervenção *top down*, hipótese em que o governo federal harmoniza a regulação de um tema por meio da imposição de lei uniformizadora, sob o amparo das competências federais, sobretudo em questões relativas ao *interstate commerce*[120] e para enfrentar o oportunismo regulatório entre os Estados, verificável em temáticas sensíveis, como concessão de benefícios fiscais, flexibilização de políticas ambientais, entre outras.[121]

A harmonização competitiva, por sua vez, baseia-se no argumento de que um sistema governamental descentralizado, com jurisdições horizontalmente dispostas a competir para atrair residentes, pode produzir, por si só, resultados eficientes. A ideia de competição regulatória tem sido aplicada a discussões sobre o federalismo, geralmente para apoiar a descentralização ou para se opor a uma proposta de intervenção federal, como no caso da harmonização centralizada.[122] Ela encontra

[119] BALLBÉ, Manuel. El futuro del derecho administrativo en la globalización: entre la americanización y la europeización. *Revista de Administración Pública*, n. 174, p. 246, 2007.

[120] A *Commerce Clause* é maior fonte de competência legislativa federal prevista na Constituição norte-americana (Article I, Section 8, Clause 3).

[121] Todavia, a atuação centralizadora do governo federal em relação aos Estados também é dotada de impasses, uma vez que o governo federal, dado o tamanho e a diversidade geográfica do país, depende das autoridades estaduais e locais para implementar suas políticas, a revelar uma estreita inter-relação federativa. Esses impasses não passaram desapercebidos pela literatura estadunidense: já em 1976, Richard Stewart abordou essas preocupações em relação à política ambiental nos EUA, com destaque aos impasses da implementação estadual de políticas federais e à atuação dos tribunais no controle da atuação do congresso para forçar governos locais em prol dos objetivos nacionais. Cf.: STEWART, Richard B. Pyramids of sacrifice – Problems of Federalism in Mandating State Implementations of National Environmental Policy. *Yale Law Journal*, v. 86, p. 1196, 1976.

[122] GERADIN, Damien; MCCAHERY, Joseph A. Regulatory co-opetition: Transcending the regulatory competition debate. *In*: JORDANA, Jacint; LEVI-FAUR, David (ed.). *The politics of regulation*: Institutions and regulatory reforms for the age of governance. Cheltenham: Edward Elgar Publishing, 2004. p. 90-91.

fundamento em uma compreensão econômica da organização governamental, que promove uma analogia entre o direito e as *commodities* ao defender que os governos locais ou estaduais devem competir para satisfazer melhor as preferências dos cidadãos. Em suma, a ideia de que a competição regulatória disciplina o governo em benefício dos cidadãos pagadores de impostos.[123]

Todavia, a competição regulatória não passa imune a críticas de análises que apontam como a competição interjurisdicional pode desencadear uma *race to the bottom*, com a consequente desregulação ou aumento da permissividade de regulações sobre temas sensíveis, no esforço de governos locais para atrair ou reter empresas, promovendo, em última instância, prejuízo à própria comunidade como um todo.[124]

Em face da experiência do mundo real, que sugere a presença de grau de falha na competição regulatória orientada pelas necessidades do mercado, ao mesmo tempo que se verificava certo receio por parte das autoridades locais e estaduais em relação à atuação centralizadora do governo federal, ganhou força a ideia de cooperação regulatória. Esta mostrou-se uma decorrência do processo de aprendizagem dos cinquenta Estados que, depois de quarenta anos de tendência interventiva centralizadora e federalizante, "aprenderam que deveriam coo-

[123] O campo teórico da competição regulatória nos EUA encontra-se bastante desenvolvido, com visões que destacam seus benefícios e leituras críticas que alertam para o risco de uma "*race to the bottom*". O estudo seminal do economista Charles Tiebout *A pure theory of local expenditures*, publicado em 1956, postulava os benefícios da competição regulatória, no sentido de que a promoção da concorrência entre os governos locais deveria conduzir a um equilíbrio ideal entre o nível de tributação e a provisão de bens públicos (modelo de Tiebout). Cf.: TIEBOUT, Charles M. A pure theory of local expenditures. *Journal of Political Economy*, v. 64, n. 5, p. 416-424, 1956.

[124] REVESZ, Richard L. Rehabilitating interstate competition: Rethinking the race--to-the-bottom rationale for federal environmental regulation. *New York Universty Lae Review*, v. 67, p. 1210-1254, 1992. STEWART, Richard B. Environmental regulation and international competitiveness. *Yale Law Journal*, v. 102, p. 2058, 1992. No mesmo sentido, cf.: GERADIN, Damien; MCCAHERY, Joseph A. Regulatory co-opetition: Transcending the regulatory competition debate. *In*: JORDANA, Jacint; LEVI-FAUR, David (ed.). *The politics of regulation:* Institutions and regulatory reforms for the age of governance. Cheltenham: Edward Elgar Publishing, 2004. p. 94. ESTY, Daniel C. Regulatory competition in focus. *Journal of International Economic Law*, v. 3, p. 215, 2000.

perar entre si e racionalizar o caos jurídico e político que um sistema pluralista pode causar".[125] Nas palavras de Manuel Ballbé: "as iniciativas positivas são reconhecidas pelos demais Estados, sendo que, em muitos casos, são feitas 'leis ou regulamentos modelo' que serão reproduzidos em todos eles por receio de que, se não o for, Washington possa centralizá-los por meio de uma única legislação federal".[126]

A percepção de que a cooperação regulatória representa um modelo melhor para alcançar um nível ideal de governança fundamentou a construção de um modelo alternativo que tem sido denominado pela literatura especializada harmonização por meio da *coopetition*.[127] Nas palavras de Damien Geradin e Joseph A. Mccahery, a *coopetition* consiste em "aproveitar as pressões competitivas intergovernamentais, intragovernamentais e extragovernamentais e, ao mesmo tempo, facilitar um grau de cooperação entre os vários participantes no processo regulatório promete sistematicamente melhores resultados".[128]

Importa observar, com apoio na extensa literatura sobre o tema,[129] que o aprendizado alcançado nos desafios da harmonização regulatória no contexto de fragmentação e competição entre autoridades governamentais

[125] BALLBÉ, Manuel. El futuro del derecho administrativo en la globalización: entre la americanización y la europeización. *Revista de Administración Pública*, n. 174, p. 247, 2007.

[126] BALLBÉ, Manuel. El futuro del derecho administrativo en la globalización: entre la americanización y la europeización. *Revista de Administración Pública*, n. 174, p. 248, 2007.

[127] GERADIN, Damien; MCCAHERY, Joseph A. Regulatory co-opetition: Transcending the regulatory competition debate. *In*: JORDANA, Jacint; LEVI-FAUR, David (ed.). *The politics of regulation*: Institutions and regulatory reforms for the age of governance. Cheltenham: Edward Elgar Publishing, 2004. p. 90-123. ESTY, Daniel C.; GERADIN, Damien. Regulatory co-opetition. *Journal of International Economic Law*, v. 3, n. 2, p. 235-255, 2000.

[128] GERADIN, Damien; MCCAHERY, Joseph A. Regulatory co-opetition: Transcending the regulatory competition debate. *In*: JORDANA, Jacint; LEVI-FAUR, David (ed.). *The politics of regulation*: Institutions and regulatory reforms for the age of governance. Cheltenham: Edward Elgar Publishing, 2004. p. 114.

[129] Cf.: GERADIN, Damien; MCCAHERY, Joseph A. Regulatory co-opetition: Transcending the regulatory competition debate. *In*: JORDANA, Jacint; LEVI-FAUR, David (ed.). *The politics of regulation*: Institutions and regulatory reforms for the age of governance. Cheltenham: Edward Elgar Publishing, 2004. p. 91. MACEY, Jonathan R. Regulatory globalization as a response to regulatory competition. *Emory Law Journal*, v. 52, p. 1353-1379, 2003.

verificável no âmbito do federalismo norte-americano superou as fronteiras dos EUA e serviu de subsídio ao debate em outros sistemas federais e quase federais, como a UE, bem como às formulações sobre a convergência regulatória no debate acadêmico no contexto da globalização.

O tema da competição regulatória figurou em discussões sobre estratégias de integração no âmbito da UE, especialmente no contexto do debate sobre "centralização" *versus* "subsidiariedade" que precedeu o Tratado da União Europeia.[130-131]

Para além do nível comunitário da UE, os aportes do campo teórico desenvolvido nos EUA sobre competição regulatória também têm inspirado a literatura sobre "convergência regulatória"[132] no contexto da globalização. Daniel Drezner explicita em seu estudo intitulado "Globalization, harmonization, and competition: the different pathways to policy convergence"[133] dois caminhos à convergência regulatória no contexto da globalização: i) quando as "grandes potências" (*great powers*) agem conjuntamente, por meio do exercício conjunto de poder de mercado ou de poder coercitivo, alcançando-se a hominização regulatória; e

[130] O Tratado da União Europeia prevê o princípio da subsidiariedade (art. 5º), segundo o qual, "nos domínios que não sejam da sua competência exclusiva, a União intervém apenas se e na medida em que os objetivos da ação considerada não possam ser suficientemente alcançados pelos Estados-membros, tanto ao nível central como ao nível regional e local". Todavia, o Tratado de Maastricht também evidencia a transferência de uma série de funções regulatórias, com destaque às políticas monetária e fiscal, para o nível comunitário.

[131] KERBER, Wolfgang. Interjurisdictional competition within the European Union. *Fordham International Law Journal S217*, v. 23, p. 218, 1999. VAN DEN BERGH, Roger. Economic criteria for applying the subsidiarity principle in the European Community: The case of competition policy. *International Review of Law and Economics*, v. 16, n. 3, p. 363-383, 1996. BRATTON, William; MCCAHERY, Joseph A.; PICCIOTTO, Sol; SCOTT, Colin. *International regulatory competition and coordination*: Perspectives on economic regulation in Europe and the United States. Oxford: Clarendon Press, 1996.

[132] Acerca das divergências terminológicas em torno do campo teórico da convergência regulatória, cf.: KNILL, Christoph. Introduction: Cross-national policy convergence: concepts, approaches and explanatory factors. *Journal of European Public Policy*, v. 12, n. 5, p. 764-774, 2005.

[133] DREZNER, Daniel W. Globalization, harmonization, and competition: The different pathways to policy convergence. *Journal of European Public Policy*, v. 12, n. 5, p. 841-859, 2005.

ii) quando as grandes potências deixam de concordar, em que se tem a convergência por meio da "competição regulatória" pelo maior número possível de aliados, uma convergência em blocos.[134]

Notam-se, portanto, duas especificidades no debate sobre competição regulatória quando aplicado ao contexto da globalização: i) ausência de entidade com capacidade de intervenção centralizadora e ii) disputa pela imposição de padrões regulatórios em âmbito global. A diferença em relação à federação norte-americana ou à UE é que em âmbito global não existe uma entidade com capacidade interventiva centralizadora (um governo federal ou um conselho), e a convergência política se define a partir da relação entre diversos atores (agências nacionais, sociedade civil, organizações internacionais e mercado) no horizonte de um conjunto de inovações tecnológicas, econômicas e políticas que se destina a reduzir barreiras ao intercâmbio econômico, político e cultural. Daniel Drezner afirma nessa relação entre diversos atores o protagonismo do Estado e a predominância das duas principais potências econômicas: EUA e UE, que podem agir em conjunto ou competir para fazer impor seus padrões regulatórios em escala global.[135] Essa formulação vem corroborar a influência do sistema jurídico norte-americano não apenas na replicação de seu modelo, mas na imposição de seus padrões em âmbito global, a sugerir uma abordagem crítica sobre o "imperialismo regu-

[134] Esses diferentes caminhos são examinados inspecionando a variação nos resultados de duas áreas diferentes: lavagem de dinheiro e organismos geneticamente modificados, em que a primeira contou com atuação conjunta dos EUA e da UE, e a segunda com uma disputa entre as duas potências. DREZNER, Daniel W. Globalization, harmonization, and competition: The different pathways to policy convergence. *Journal of European Public Policy*, v. 12, n. 5, p. 841-859, 2005.

[135] DREZNER, Daniel W. Globalization, harmonization, and competition: The different pathways to policy convergence. *Journal of European Public Policy*, v. 12, n. 5, p. 844, 2005. p. 844. Entretanto, o próprio autor faz a ressalva de que "há razões para acreditar que a harmonização regulatória será uma tarefa cada vez mais difícil ao longo do tempo. O crescimento de longo prazo da Índia e da China vai mudar o que atualmente é uma distribuição econômica bipolar do poder para um mundo mais multipolar". O texto data de 2005 e merece ser refletido à luz do contexto socioeconômico atual. DREZNER, Daniel W. Globalization, harmonization, and competition: The different pathways to policy convergence. *Journal of European Public Policy*, v. 12, n. 5, p. 856, 2005.

latório", conforme terminologia adotada por Jonathan R. Macey.[136]

Por último, a relação do Direito norte-americano com a territorialidade é outro tópico que apresenta características bastante peculiares. No âmbito interfederativo, não há separação muito nítida de competências entre Estados e Federação, em razão da competência do governo federal definida na Constituição estadunidense para regular o *interstate commerce* (*Commerce Clause*).[137] Isso significa que a utilização de meios ou instrumentalidades do *interstate commerce* (por exemplo, a realização de transferência bancária pelo sistema financeiro dos EUA, viagens através de fronteiras ou mesmo telefonema) é o suficiente para fazer incidir a jurisdição federal.

No âmbito externo, o contraponto em relação ao princípio da territorialidade do Direito – tão marcante na tradição jurídica da Europa continental e que delimita a incidência da jurisdição dentro dos limites do território do Estado soberano – ganha evidência. Isso porque o sistema jurídico estadunidense demonstra uma aptidão para a extraterritorialidade de sua jurisdição. Casos extraídos da aplicação de leis como o *U.S. Foreign Corrupt Practices Act* (FCPA) demonstram a incidência da jurisdição dos EUA em fatos ocorridos fora do seu território, em razão da nacio-

[136] MACEY, Jonathan R. Regulatory globalization as a response to regulatory competition. *Emory Law Journal*, v. 52, p. 1367-1371, 2003.

[137] A Constituição estadunidense, no Artigo I, Seção 8, Cláusula 3, na denominada Cláusula de Comércio, confere ao Congresso o poder de "regular o comércio com as nações estrangeiras, *entre os diversos estados*, e com as tribos indígenas". O FCPA, por sua vez, define o termo "*interstate commerce*" como: "intercâmbio, comércio, transporte ou comunicação entre vários Estados ou entre um país estrangeiro e qualquer Estado, ou entre qualquer Estado e um lugar ou navio qualquer fora do mesmo, e tal termo inclui o uso intraestadual de (A) um telefone ou outro meio de comunicação interestadual, ou (B) qualquer outro organismo governamental interestadual.". 15 U.S.C. §§ 78dd-2(h)(5) (definição de "interstate commerce"), 78dd-3(f)(5) (idem); ver também 15 U.S.C. §78c(a)(17).

nalidade[138] ou mesmo sem que estivesse presente essa característica.[139]

Em suma, essas são as características do sistema jurídico norte-americano e do *U.S. administrative law* que influenciarão as instituições internacionais, como as Nações Unidas, e o continente europeu na constituição de uma globalização-americanização. Um regime que se pauta pelo protagonismo do indivíduo, repercute as consequências do elemento federativo e evidencia aptidão à extraterritorialidade.

1.2.2 Direito administrativo transnacional no âmbito da União Europeia: cooperação administrativa e convergência regulatória

Na ordem jurídica da UE, a implementação de leis e políticas é realizada não apenas pelas administrações dos Estados-membros, mas também pela Comissão Europeia e por um número crescente de organismos

[138] Em estudo publicado, apontamos que a emenda de 1998 veiculou algumas novidades com relação à jurisdição do FCPA. A *alternative jurisdiction* trouxe para *issuers* e *domestic concerns* dos EUA a jurisdição em razão da nacionalidade. "Dessa maneira, dispensa-se o requisito do *interstate commerce* (por exemplo, e-mail, telefonema, transferência bancária) para atos com o fim de suborno de agente estrangeiro por empresas e pessoas dos EUA que ocorram totalmente fora do País. Portanto, nos termos da jurisdição alternativa, companhias e pessoas norte-americanas que ajam fora do país estarão sujeitas ao FCPA, ainda que não se utilizem de meios ou instrumentalidades do *interstate commerce* quando do cometimento dos atos previstos." Cf.: VENTURINI, Otavio; CARVALHO, André Castro; MORELAND, Allen. Aspectos gerais do U.S. Foreign Corrupt Practices Act (FCPA). *In*: CARVALHO, André Castro; BERTOCCELLI, Rodrigo de Pinho; ALVIM, Tiago Cripa; VENTURINI, Otavio. *Manual de* compliance. São Paulo: Forense, 2019. p. 331.

[139] O caso *United States V. Panalpina, Inc.* é bastante ilustrativo da aptidão extraterritorial da jurisdição dos EUA. A Panalpina World Transport (Holding) Ltd., com sede na Suíça, foi sancionada pelo *U.S. Department of Justice* – DOJ (*criminal information* resolvido em um *Deferred Prosecution Agreement* – DPA), em razão de uma operação de proporção global de suborno de funcionários estrangeiros em nome de clientes para liberação alfandegária. As ações de suborno ocorreram entre 2002 e 2007 em pelo menos sete países, incluindo Angola, Azerbaijão, Brasil, Cazaquistão, Nigéria, Rússia e Turcomenistão. A Panalpina World Transport (Holding) Ltd. possui subsidiária norte-americana, a Panalpina Inc., que também foi sancionada pela *U.S. Securities and Exchange Commission* – SEC (*civil complaint*) e DOJ (*criminal information* resolvido em um *plea agreement*). Em suma, o que o caso demonstra é que as sanções por fatos praticados fora do território estadunidense não se limitaram à subsidiária norte-americana Panalpina Inc., atingindo também e especificamente a *holding* sediada em outro país. Cf.: All about Panalpina. FCPA Professor. Disponível em: http://fcpaprofessor.com/all-about-panalpina/. Acesso em: 7 fev. 2018.

administrativos da UE,[140] daí a existência e justificativa do direito administrativo da UE.

Autores apontam para uma grande influência do sistema administrativo e regulatório norte-americano na criação e no funcionamento da UE, o que já mereceu, por parte de estudiosos do tema, a alcunha de americanização da Europa.[141] Exagero ou não, a literatura evidencia essa influência em fatores estruturantes da UE, tais como: i) a definição dos organismos da UE, como a Comunidade Europeia do Carvão e do Aço, a Comissão Europeia e o Banco Central Europeu, inspirada nas agências administrativas independentes de padrão norte-americano;[142] ii) as discussões no âmbito do Tratado da União Europeia sobre estratégias de integração comunitária (centralização *versus* subsidiariedade), influenciadas pelo debate da competição regulatória, oriundo do federalismo estadunidense;[143] e iii) a regulação da concorrência ou direito administrativo da concorrência, fundada na tradição antitruste norte-americana.[144]

O cenário desperta atenção pelo fato de o *U.S. administrative law* ter servido de parâmetro para o direito comunitário de um continente em que a tradição de direito administrativo é bastante diversa e definida para ser o aparato do Estado-nação.

[140] CHITI, Edoardo. EU and global administrative organizations. *In*: CHITI, Edoardo; MATTARELLA, Bernardo Giorgio (ed.). *Global administrative law and EU administrative law*: Relationships, legal issues and comparison. Springer Science & Business Media, 2011. p. 13.

[141] DJELIC, Marie-Laure. Does Europe mean americanization? The case of competition. *Competition and Change*, v. 6, n. 3, p. 233-250, 2002.

[142] BALLBÉ, Manuel. El futuro del derecho administrativo en la globalización: entre la americanización y la europeización. *Revista de Administración Pública*, n. 174, p. 217, 2007.

[143] KERBER, Wolfgang. Interjurisdictional competition within the European Union. *Fordham International Law Journal S217*, v. 23, p. 218, 1999. VAN DEN BERGH, Roger. Economic criteria for applying the subsidiarity principle in the European Community: The case of competition policy. *International Review of Law and Economics*, v. 16, n. 3, p. 363-383, 1996. BRATTON, William; MCCAHERY, Joseph A.; PICCIOTTO, Sol; SCOTT, Colin. *International regulatory competition and coordination*: Perspectives on economic regulation in Europe and the United States. Oxford: Clarendon Press, 1996.

[144] DJELIC, Marie-Laure. Does Europe mean americanization? The case of competition. *Competition and Change*, v. 6, n. 3, p. 246, 2002.

Verifica-se, portanto, uma tensão entre o "novo" direito comunitário e os direitos administrativos dos Estados-membros, constituídos sob a tradição estadocêntrica. Essa tensão se manifesta, sobretudo, na figura dos atos administrativos transnacionais, que são produzidos por uma Administração Pública nacional, mas, em razão de uma norma do Direito da UE ou de um tratado internacional, tornam-se automaticamente eficazes, nos mesmos termos, na ordem jurídica interna dos Estados-membros da UE ou dos Estados signatários do tratado.[145]

A recorrência dos atos administrativos transnacionais tem ensejado o desenvolvimento de campo próprio de estudo: a disciplina Direito Administrativo Transnacional,[146] que tem por objeto de análise o tema do reconhecimento mútuo perfeito ou automático[147] de atos administrativos transnacionais por ordens jurídicas nacionais, bem como da harmonização dos requisitos com base nos quais o ato é praticado.[148]

Talvez daí decorram o maior desafio e legado do direito administrativo transnacional (DAT) no âmbito da UE para o desenvolvimento da globalização jurídica: a cooperação e a convergência regulatória[149] entre os

[145] Há também os atos administrativos da UE, isto é, aqueles praticados por instituições comunitárias (artigo 288º, 4, do Tratado sobre o Funcionamento da União Europeia – TFUE).

[146] Como exemplo de desenvolvimento desse campo de estudo, destacamos a tese de doutoramento de Miguel Prata Roque, tantas vezes citada no livro. ROQUE, Miguel Prata. *A dimensão transnacional do direito administrativo*: uma visão cosmopolita das situações jurídico-administrativas. Lisboa: AAFDL, 2014.

[147] Artigos 26º, 53º e 81º do TFUE.

[148] GONÇALVES, Pedro Costa. *Reflexões sobre o Estado regulador e o Estado contratante.* Coimbra: Coimbra Editora, 2013. p. 154.

[149] O termo "convergência" é também utilizado por Johan P. Olsen em seu estudo sobre o "Espaço administrativo europeu", e significa, nos termos definido pelo autor: "redução da variação e disparidades nos arranjos administrativos. Diferentes administrações se desenvolvem ao longo do mesmo caminho, de modo a produzir homogeneidade e coerência entre administrações anteriormente distintas". OLSEN, Johan. Towards a European administrative space? *Journal of European Public Policy*, v. 10, n. 4, p. 508, 2003. A nossa opção por essa terminologia se dá pelo seu grau de generalidade, embora termos como "integração", "coesão", "harmonização" também sejam utilizados na literatura sobre a UE com algum grau de equivalência. Sobre essa querela terminológica no âmbito da UE, Robert Leonardi, a título de exemplificação, defende que os conceitos de "convergência",

diversos Estados soberanos que compõem a UE, com a mútua incorporação do conteúdo de diretrizes e o mútuo reconhecimento de decisões administrativas entre diferentes Estados.[150-151] Esses aportes são especialmente relevantes para países que constituíram seus direitos administrativos internos sob influência teórica do continente europeu e que buscam a convergência regulatória em temas específicos. A repercussão desse modelo é o que denominamos "globalização-europeização".[152]

Por fim, observa-se também o protagonismo da UE, ao lado dos EUA, no campo da convergência regulatória em âmbito global, por meio da via da harmonização ou da competição regulatória.[153] O protagonismo

"coesão" e "integração", embora possuam significados e finalidades diferentes, podem e devem ser interpretados complementarmente para compreender as mudanças subjacentes que ocorreram na estrutura da sociedade europeia e das suas instituições políticas. Para Robert Leonardi, "coesão" expressa um objetivo político, "convergência" se refere aos processos de tomada de decisão e procedimentos de implementação adotados pelos governos nacionais e subnacionais na regulação do comportamento econômico e social, e "integração" guarda relação com a arquitetura institucional da UE, por meio da criação de instituições supranacionais. LEONARDI, Robert. *Convergence, cohesion and integration in the European Union*. London: Macmillan, 1995. p. 1 e 183. LEONARDI, Robert. *Cohesion policy in the European Union*. The building of Europe. London: Macmillan, 2005. p. 10.

150 GARCÍA, Juan José Pernas. The EU's role in the progress towards the recognition and execution of foreign administrative acts: The principle of mutual recognition and the transnational nature of certain administrative acts. *In*: MUÑOZ, Jaime Rodríguez-Arana (ed.). *Recognition of foreign administrative acts*: Cham: Springer, 2016. p. 15-31.

151 Cf.: OLSEN, Johan. Towards a European administrative space? *Journal of European Public Policy*, v. 10, n. 4, p. 506-531, 2003. BECK, Joachim. Cross-border cooperation and the European administrative space – Prospects from the principle of mutual recognition. *International Public Administration Review*, v. 13, n. 2, p. 9-36, 2015.

152 No campo temático, a atuação da UE na regulação de questões ambientais se destaca em relação aos EUA. BALLBÉ, Manuel. El futuro del derecho administrativo en la globalización: entre la americanización y la europeización. *Revista de Administración Pública*, n. 174, p. 258-261, 2007.

153 Acerca da distinção terminológica sobre "harmonização" e "competição" no debate sobre convergência regulatória em âmbito global, embora não sem divergências, a revisão da literatura indica que o termo "harmonização" é geralmente empregado no sentido de uma obrigação assumida ou imposição de atores que protagonizam o cenário global (EUA e UE), em contraponto à noção de competição. Cf.: DREZNER, Daniel W. Globalization, harmonization, and competition: The different pathways to policy convergence. *Journal of European Public Policy*, v. 12, n. 5, p. 842, 2005. BUSCH, Per-Olof; JÖRGENS, Helge.

se dá tanto no debate teórico, em razão do aprendizado com o direito comunitário e alcance das publicações acadêmicas, quanto no campo econômico da disputa para fazer impor seus padrões regulatórios em escala global, em virtude da sua força econômica.[154]

1.3 Conclusões parciais

Neste primeiro capítulo, a análise da historicidade das noções de Estado Moderno, *Crown* e *Government* nos guiou para definir dois horizontes de irritação do estatalismo jurídico (a "globalização-americanização" e a "globalização-europeização"), bem como para alcançar compreensões que servirão de base para o desenvolvimento dos capítulos seguintes.

As experiências da *Crown* no Reino Unido e *Government* nos EUA revelam um dualismo na concepção de Estado na tradição da *Common Law*, com a definição de uma tradição antiestatista anglo-americana no âmbito doméstico. O sistema jurídico estadunidense evidencia o protagonismo do indivíduo e repercute as consequências do elemento federativo, do qual decorrem características que se distanciam das dos sistemas jurídicos definidos sob os "dogmas" da compreensão estatalista do Direito, notadamente: i) participação de particulares no desempenho de funções públicas, investidos de poderes públicos; ii) desenvolvimento do modelo de autorregulação regulada e imposição de mecanismos de *compliance* aos particulares; iii) competição normativa entre as administrações dos cinquenta Estados e promoção de harmonização das suas legislações diferentes; e iv) aptidão para extra-

The international sources of policy convergence: Explaining the spread of environmental policy innovations. *Journal of European Public Policy*, v. 12, n. 5, p. 863, 2005. KNILL, Christoph. Introduction: Cross-national policy convergence: concepts, approaches and explanatory factors. *Journal of European Public Policy*, v. 12, n. 5, p. 770, 2005.

[154] Embora existam ressalvas em se descrever a UE como um ator unitário, entendemos que essa interpretação se justifica, mormente depois do Tratado de Maastricht, com a delegação de poderes regulamentares e de negociação significativos à Comissão Europeia. A atuação unitária da UE, em nosso entender, pode ser verificada, por exemplo, no debate sobre política ambiental e organismos geneticamente modificados (OGM). No mesmo sentido, cf.: DREZNER, Daniel W. Globalization, harmonization, and competition: The different pathways to policy convergence. *Journal of European Public Policy*, v. 12, n. 5, p. 844, 2005.

territorialidade de sua jurisdição, com incidência sobre fatos ocorridos fora do território norte-americano, em razão da nacionalidade ou mesmo sem que esteja presente essa característica. As leituras indicam que o sistema jurídico estadunidense serviu de referência para a construção da UE e vem sendo replicado no mundo todo, no que se pode denominar "globalização-americanização".

Por sua vez, os contributos mais significativos do direito administrativo transnacional (DAT) no âmbito da UE para o desenvolvimento da globalização jurídica são a cooperação e a convergência regulatória entre os diversos Estados soberanos que compõem a UE, traduzidas na mútua incorporação do conteúdo de diretrizes e no mútuo reconhecimento de decisões administrativas entre diferentes Estados. A cooperação e a convergência são alcançadas em um contexto de tensão, manifestada na figura dos atos administrativos transnacionais, entre o "novo" direito comunitário da UE e os direitos administrativos dos Estados-membros, constituídos sob a tradição estadocêntrica. A repercussão desse modelo tem ajudado a refletir a convergência regulatória para outros lugares; é o que denominamos "globalização-europeização".

Por fim, as análises teóricas sobre convergência regulatória em âmbito global também apontam para um protagonismo dos modelos regulatórios dos EUA e da UE, por via da harmonização ou da competição regulatória, com a indicação de alguma polarização no debate teórico e no campo econômico da disputa para fazer impor padrões regulatórios em escala global, o que interpretamos como a corroboração das categorias operacionais da "globalização-americanização" e "globalização-europeização", e o ensejo para refletir-se criticamente o processo jurídico de globalização em países que não se inserem nessas categorias, como o Brasil e a sua inserção na "sul-globalização".

No limiar da globalização jurídica, que se beneficia das experiências do sistema jurídico estadunidense de tradição antiestatista e da UE, tem-se a intensificação das relações jurídicas de natureza transnacional e da atuação de organizações não estatais. Essas características parecem sugerir ao menos uma atualização nos fundamentos da estatalidade do Direito e exigir a formatação de um "novo" campo teórico com potencial analítico adequado para normatizá-las, não mais restrito às manifestações normativas estadocêntricas, como o direito internacional público (DIP) e suas categorias. O Capítulo 2 procura promover uma sistematização de vertentes do DAG, campo teórico que revela uma pretensão de ir além das disciplinas jurídicas existentes na sua capacidade analítica de descrever e normatizar fenômenos normativos que desafiam a estatalidade.

2
Vertentes Teóricas do Direito Administrativo Global

Com o cenário de mudanças e os horizontes da "globalização-americanização" e "globalização-europeização" apontados no Capítulo 1, surge um novo campo investigativo com diferentes vertentes, denominado direito administrativo global (DAG), que possui a pretensão de ir além das disciplinas jurídicas existentes, como o direito internacional público (DIP) e o *U.S. administrative law* ou mesmo o direito administrativo transnacional (DAT), no intuito de descrever, categorizar e normatizar fenômenos normativos globais.

Este capítulo tem como proposta realizar uma sistematização de diferentes vertentes teóricas do DAG. Busca-se apresentar à comunidade acadêmica lusófona, na intertextualidade dos trabalhos publicados por diferentes escolas e autores, as compreensões e os diálogos que essas vertentes vêm promovendo entre si sobre os fenômenos normativos globais. É necessário ressalvar, entretanto, que não se tem a pretensão de fornecer um catálogo completo de todos os autores e escolas que produziram ou têm produzido estudos sobre o DAG, tampouco esgotar a pluralidade de objetivos e metodologias de cada vertente analisada. Em que pese a pesquisa ter sido guiada pelo esforço de mapear e apresentar as vertentes que têm protagonizado esse debate, há abordagens relevantes que possivelmente não foram retratadas no livro.

Com apoio na chave distintiva "globalização-americanização" e "globalização-europeização" obtida no Capítulo 1, opera-se aqui uma sistematização das vertentes teóricas do DAG com base em três perspectivas distintas: i) teorização do DAG a partir dos desafios da "globalização--americanização", ii) teorização do DAG a partir dos desafios da "globalização-europeização" e iii) teorização do DAG a partir dos desafios da "sul-globalização". A segmentação se justifica em razão da forma distinta como os sistemas jurídicos de matriz estadunidense e europeia lidam com os "dogmas" da estatalidade do Direito e com os fenômenos normativos que parecem desafiá-los.

Conforme procuramos demonstrar no Capítulo 1, o *U.S. administrative law* foi moldado na tradição antiestatista anglo-americana, com o protagonismo do indivíduo e a repercussão da presença do elemento federativo. Esse modelo administrativo e regulatório, menos deferente aos "dogmas" da estatalidade do Direito, serviu de referência para a construção da UE e vem sendo replicado no mundo todo,[155] no que se pode denominar "globalização-americanização".

O direito administrativo transnacional (DAT), no âmbito da UE, por sua vez, foi forjado a partir da união de Estados constituídos sob os fundamentos do estatalismo jurídico e extraíram daí os alicerces dos seus respectivos direitos administrativos (domésticos). O direito comunitário, ainda que promova a governança supranacional ou multinível[156] e esteja aberto aos influxos da globalização, continua a lidar com o passado e a cultura jurídica estadocentrista[157] dos Estados-nações que o compõem. Uma reminiscência que dificulta a compreensão dos

[155] BALLBÉ, Manuel. El futuro del derecho administrativo en la globalización: entre la americanización y la europeización. *Revista de Administración Pública*, n. 174, p. 216, 2007.

[156] MARKS, Gary; HOOGHE, Liesbet; BLANK, Kermit. European integration from the 1980s: State-centric v. multi-level governance. *JCMS: Journal of Common Market Studies*, v. 34, n. 3, p. 342 e 366, 1996. ALFONSO, Luciano Parejo. Los principios de la gobernanza europea. *Revista de Derecho de la Unión Europea*, v. 1, n. 6, p. 48, 2004.

[157] Cf.: MARKS, Gary; HOOGHE, Liesbet; BLANK, Kermit. European integration from the 1980s: State-centric v. multi-level governance. *JCMS: Journal of Common Market Studies*, v. 34, n. 3, p. 341-378, 1996.

fenômenos normativos globais com naturalidade semelhante à das leituras estadunidenses, impondo aos Estados-membros da UE um percurso de transição.

Por essa razão, o epíteto "Global" ainda costuma gerar alguma estranheza entre os que se dedicam ao estudo do direito administrativo de matriz europeia-continental. Sob a experiência do Estado Moderno na Europa Ocidental continental, o direito administrativo exsurgiu como fórmula jurídica da organização e instrumentalização interna das atividades do aparato estatal. Corolário desse caráter estritamente nacional, a consagração do princípio da territorialidade do direito administrativo, que circunscreve aos limites do território do Estado soberano o exercício da autoridade pública, é um dos fatores que justificam a resistência à compreensão e aceitação de noções desenvolvidas pelo campo teórico do DAG, por exemplo, "espaço jurídico global".[158]

Percepção similar é evidenciada pelo juspublicista italiano Sabino Cassese,[159] ao destacar que "alguns acreditam que o direito administrativo é sempre doméstico por excelência e que se é global, então não pode ser o direito administrativo, uma vez que o direito global diz respeito às relações entre os estados";[160] bem como pelo administrativista alemão Schmidt-Aßmann: "O direito administrativo deve a sua forma tradicional à sua estreita relação com o estado nacional e as instituições associadas com o direito constitucional (separação de poderes, legalidade, *judicial review*). Com esta internacionalização,

[158] Cf.: CASSESE, Sabino. El espacio jurídico global. *Revista de Administración Pública*, n. 157, p. 11-26, 2002. SASSEN, Saskia. The global inside the national: A research agenda for sociology. *Sociopedia.isa*, v. 1, p. 3-10, 2010. SASSEN, Saskia. Globalization or denationalization? *Review of International Political Economy*, v. 10, n. 1, p. 14-15, 2003. SASSEN, Saskia. The global city: Introducing a concept. *Brown Journal of World Affairs*, v. 11, p. 27, 2004.

[159] A menção a Sabino Cassese se faz relevante ao presente estudo por se tratar de um administrativista e internacionalista italiano (matriz europeia continental) que tem desenvolvido pesquisas importantes sobre DAG no *Institute for International Law and Justice* (IILJ) da *New York University* (NYU), que, por sua vez, reúne pesquisadores da matriz do *U.S. administrative law*.

[160] CASSESE, Sabino. Administrative law without the state-the challenge of global regulation. *New York University Journal of International Law and Politics*, v. 37, p. 670, 2004.

podemos agora antever Administrações sem Estado [...]?".[161]

Nesse sentido, na medida em que se explicitam duas tradições fundamentalmente diferentes de relacionar-se com a estatalidade, justifica-se a chave "globalização-americanização" e "globalização-europeização" para sistematizar as vertentes do DAG.

A terceira perspectiva, que denominamos "teorização do DAG a partir dos desafios da sul-globalização", situa o debate promovido por autores de países que não integram os EUA e a UE e que procuram abordar criticamente os aspectos fáticos da sua condição de marginalização diante dessas duas forças preponderantes no contexto da globalização jurídica.

A partir dessas três perspectivas, opera-se a definição e o agrupamento de escolas do DAG. As escolas selecionadas para o estudo foram: Escola da New York University ("globalização-americanização"); Escola de Viterbo ("globalização-europeização" – Itália); Escola de Max Planck ("globalização-europeização" – Alemanha); e Escola de Direito da Fundação Getulio Vargas de São Paulo ("sul-globalização" – Brasil). O critério de seleção foi a relevância e o volume das pesquisas produzidas sobre o DAG. Por "escola" ou núcleo de pensamento entende-se o esforço coletivo para executar projetos de pesquisas sob uma linha teórica e contexto próprios, respaldado por instituição com capacidade de agregar pesquisadores de sólida formação acadêmica e aprofundado conhecimento sobre o tema, bem como para obter financiamento para publicações e realização de seminários nacionais e internacionais. Para além das escolas, este capítulo faz referência a abordagens de autores espanhóis, portugueses, franceses e do Reino Unido, não tanto pelo protagonismo de suas leituras, mas pela relevância na formação da nossa compreensão para esta obra.

O quadro analítico dos cinco tipos de regulação global definido no *framework paper*[162] dos fundadores da Escola da NYU serviu de referência para realizar a comparação entre as diferentes abordagens sobre o

[161] SCHMIDT-AẞMANN, Eberhard. The internationalization of administrative relations as a challenge for administrative law scholarship. *German Law Review*, p. 2067, 2008.

[162] KINGSBURY, Benedict; KRISCH, Nico; STEWART, Richard B. The emergence of global administrative law. *Law and Contemporary Problems*, v. 68, n. 3/4, p. 20, 2005.

DAG no que diz respeito ao espectro de fenômenos normativos por elas analisados. Outra referência importante foi a tese de doutorado do publicista português Miguel Prata Roque,[163] que, pela proximidade com o nosso sistema de direito administrativo, nos serviu de guia inicial para compreendermos os fundamentos da territorialidade do Direito, bem como o quadro teórico consolidado no continente europeu sobre a dimensão transnacional do direito administrativo.

Além da sistematização teórica, este capítulo também procura promover um ganho conceitual para o desenvolvimento da pesquisa ao perscrutar as respostas que as diferentes vertentes teóricas do DAG fornecem para questões fundamentais concernentes à relação dos fenômenos normativos globais com a estatalidade: afinal de contas, o que vem a ser propriamente o DAG? O que justifica o qualificativo "Administrativo"? Trata-se da inserção do direito administrativo em uma nova realidade de produção e recepção normativa sem a intermediação do Estado[164] ou um movimento de adaptação e aplicação dos princípios do direito administrativo clássico aos fenômenos da governança global? Há algum elemento verdadeiramente inovador a justificar a nomenclatura, considerando já estarem desenvolvidos e consolidados os campos do direito internacional administrativo (DIA) e direito administrativo internacional (DAI)?

É bem verdade que essas questões refletem uma leitura do DAG, em grande medida, "viciada" pelas lentes do direito administrativo. Um olhar ao aspecto global que se desloca "de dentro para fora" e que não esgota a compreensão conceitual desse fenômeno como um todo. De

[163] ROQUE, Miguel Prata. *A dimensão transnacional do direito administrativo*: uma visão cosmopolita das situações jurídico-administrativas. Lisboa: AAFDL, 2014.

[164] Esse é o título do texto de Sabino Cassese: CASSESE, Sabino. Administrative law without the State – The challenge of global regulation. *New York University Journal of International Law and Politics*, v. 37, p. 663-694, 2004. A questão é recorrente nos estudos italianos. Stefano Battini, professor de Direito Administrativo da Faculdade de Ciência Política da Università degli Studi della Tuscia, publicou estudo sobre o tema em 2003: BATTINI. Stefano. *Amministrazioni senza Stato*: Profili di diritto amministrativo internazionale. Milan: Giuffrè, 2003. No mesmo sentido, tem-se o texto português de Luís Filipe Colaço Antunes: *O direito administrativo sem estado*. Crise ou fim de um paradigma? Coimbra: Coimbra Editora, 2008.

todo modo, ainda que reduzida, essa perspectiva não deixa de ter a sua relevância, e vem complementar a leitura dos internacionalistas, que, por sua vez, se desloca "de fora para dentro".[165]

2.1 Distinções terminológicas iniciais: direito internacional administrativo, direito administrativo internacional e direito administrativo transnacional

Antes do desenvolvimento do campo de estudo do direito administrativo global (DAG), as disciplinas do direito internacional administrativo (DIA) e do direito administrativo internacional (DAI) já estavam consolidadas, sobretudo nos escritos de publicistas da Europa continental.

O elemento comum às teorias do DIA e do DAI é a manifestação extraterritorial do direito administrativo, mas com a centralidade na figura do Estado-Nação. Em aprofundada pesquisa bibliográfica sobre o tema, o publicista português Miguel Prata Roque registra que, na doutrina alemã, os primeiros estudos relativos à cooperação entre Estados para tarefas administrativas datam da metade do século XVIII:

> Com o eclodir da Revolução Industrial e o incremento das relações jurídicas internacionais, em meados do século XVIII, entrou em voga, pelo punho de Gottlob von Justi e de Günther von Berger (e, mais tarde, no século XIX, pelo labor doutrinário de Robert von Mohl) a defesa da cooperação entre Estados com vista à promoção do bem comum da Humanidade. Popularizou-se então, entre os juspublicistas fundadores, a ideia de que determinadas tarefas de polícia administrativa – que corresponderiam, hoje, ao cerne da função administrativa – apenas poderiam ser satisfatoriamente prosseguidas mediante uma cooperação internacional efetiva.[166-167]

[165] Verifica-se, desse modo, a possibilidade de dois enfoques complementares de leitura do DAG: a primeira a olhar o global a partir do administrativo e a segunda a olhar o administrativo a partir do global.

[166] ROQUE, Miguel Prata. *A dimensão transnacional do direito administrativo*: uma visão cosmopolita das situações jurídico-administrativas. Lisboa: AAFDL, 2014. p. 475-476.

[167] As obras a que o autor faz referência são: JUSTI, Johann Gottlob von. *Die Chimäre des Gleichgewichts der Handlung und Schiffahrt*. 1759. BERG, Günther von. *Handbuch des*

Miguel Prata Roque anota também que Lorenz von Stein foi o primeiro autor a realizar um estudo de fôlego dedicado exclusivamente ao DAI, em 1882.[168]

Se a partir de estudos bibliográficos é possível verificar que a internacionalização das relações administrativas não é uma novidade, sobretudo na escola alemã, cabe acrescentar que ela sofreu contrações e dilatações em ajustamento aos movimentos da história mundial. Tem-se aí a explicação da regressão desses estudos e certo retorno à territorialização das situações jurídico-administrativas quando da eclosão dos sentimentos nacionalistas no pós-Segunda Guerra Mundial,[169] bem como da própria retomada dessa temática no contexto atual de um mundo mais interligado.

Dito isso, é necessário ter alguma clareza sobre o significado dessas disciplinas (DIA e DAI), estudadas com profundidade na Alemanha desde o século XIX, para podermos indagar acerca do valor inovador do DAG: afinal, qual a grande novidade trazida pelo DAG, amplamente divulgado pelo *Institute for International Law and Justice* (IILJ) da NYU?

O DIA, pela justaposição do termo "Internacional", traduz uma concepção internacionalista do direito administrativo em sentido estrito, estruturada por um complexo normativo de fonte necessariamente internacional. Sua função apresenta uma dupla face: i) estabelecer regi-

teutschen Polizeyrechts. IV Bände. Hannover, 1804. MOHL, Robert von. *Encyklopädie der Staatswissenschaften*. Tübingen, 1859. MOHL, Robert von. *Staatsrecht, Völkerrecht und Politik*. Tübingen, 1860.

[168] A obra a que se refere Miguel Prata Roque é: STEIN, Lorenz von. Einige Bemerkungen über das internationale Verwaltungsrecht. *In*: *Jahrbuch für Gesetzgebung, Verwaltung und Volkswirtschaft im Deutschen Reich*. 1882. p. 395-442.

[169] De acordo com Schmidt-Aßmann: "Muitos desses *insights* foram abalados pela Segunda Guerra Mundial e empurrados para o segundo plano, enquanto o direito público alemão pós-1945 – compreensivelmente, mas exageradamente – concentrou-se em questões domésticas. Recentemente, no entanto, pode-se observar um ressurgimento do interesse acadêmico pela internacionalização do Direito Administrativo. Isso nos fornece nosso ponto de partida". SCHMIDT-AßMANN, Eberhard. Internationalization of administrative relations as a challenge for administrative law scholarship. *German Law Review*, p. 2062, 2008.

mes jurídicos relativos à organização (dimensão institucional) e ao funcionamento (dimensão procedimental) das pessoas coletivas públicas de tipo internacional, o que também pode ser denominado "direito administrativo das organizações internacionais"; e ii) fixar comandos normativos substantivos de aplicação universal (dimensão material) que tanto podem destinar-se a regular "situações jurídicas internas", "situações jurídicas internacionais" ou mesmo "situações jurídicas transnacionais".[170]

Em verdade, está-se a falar propriamente de uma ramificação do direito internacional público (DIP), do mesmo modo como o é o "direito do comércio internacional", o "direito internacional penal", o "direito internacional dos investimentos" e assim por diante.

Coisa distinta é o DAI, que, pela justaposição do termo "Administrativo", representa o complexo de "normas delimitadoras" da aplicação espacial das normas substantivas e das atuações administrativas, independentemente da fonte normativa (nacional ou internacional) da qual provêm as referidas normas delimitadoras. Em uma analogia ao direito internacional privado (ou, como preferimos, direito privado internacional[171]), o DAI tem a finalidade similar de resolver os conflitos de leis no espaço (dimensão conflitual). Portanto, já não se está a falar em direito internacional, mas sim em direito administrativo (nacional) internacional.

Ponto relevante para esta obra é que o elemento central nessas duas disciplinas (DIA e DAI), já bem desenvolvidas, continua a ser o Estado-nação, seja por meio da análise de leis nacionais que regulam a dimensão conflitual de leis no espaço (DAI), seja por meio do estudo de tratados que definem a atuação das organizações internacionais ou dos comandos normativos substantivos relativos às situações jurídico-administrativas internacionais (DIA). Isso significa que, para que o

[170] ROQUE, Miguel Prata. *A dimensão transnacional do direito administrativo*: uma visão cosmopolita das situações jurídico-administrativas. Lisboa: AAFDL, 2014. p. 470, 472, 473, 484 e 485.

[171] Acerca da imprecisão histórica do termo "direito internacional privado", reforçada pela circunstância de as línguas inglesa e alemã permitirem uma justaposição (relativamente) aleatória de substantivos qualitativos, cf.: ROQUE, Miguel Prata. *A dimensão transnacional do direito administrativo*: uma visão cosmopolita das situações jurídico-administrativas. Lisboa: AAFDL, 2014. p. 466-473 e 477.

denominado DAG possua algum valor verdadeiramente inovador, a figura do Estado-nação deverá perder a sua centralidade ou, ao menos, ter sofrido alguma atualização que justifique uma nova disciplina.

Por fim, também entendemos que a "nova" ciência deve ter função distinta da do campo teórico do direito administrativo transnacional (DAT), como aquele desenvolvido no âmbito da UE, considerando originar-se de um contexto específico de integração comunitária de Estados-membros e ter por objeto de análise o tema do reconhecimento mútuo de decisões administrativas por ordens jurídicas nacionais (atos administrativos transnacionais), pressupondo a harmonização dos requisitos com base nos quais o ato é praticado.[172]

2.2 Teorização do direito administrativo global a partir dos dilemas da globalização-americanização

No primeiro capítulo, procurou-se apurar as bases teóricas e ideológicas que alicerçaram a definição do sistema jurídico norte-americano e seu modelo administrativo e regulador (*U.S. administrative law*).

Ficou evidenciado o viés antiestatista do modelo anglo-americano, quer na definição dos modelos de organização do poder político (*Government* e *Crown*), quer na crença de valorização do indivíduo, que atribui aos cidadãos as tarefas mais sensíveis à coletividade, abdicando da leitura europeia que percebe no Estado, com suas estruturas administrativas e funcionários, a entidade abstrata e superior capaz de resolver os problemas sociais.[173] Ademais, a forte presença do elemento federativo impôs limites à clássica formulação teórica bodiniana da indivisibilidade da soberania no âmbito interno[174] e fez da cooperação entre os entes

[172] Para uma abordagem mais ampla acerca do direito administrativo transnacional (DAT) no âmbito da UE, cf.: ROQUE, Miguel Prata. *A dimensão transnacional do direito administrativo*: uma visão cosmopolita das situações jurídico-administrativas. Lisboa: AAFDL, 2014. p. 506-598.

[173] MUÑOZ, Jaime Rodríguez-Arana. El derecho administrativo global: un derecho principal. *Revista Andaluza de Administración Pública*, n. 76, p. 38, 2010.

[174] Embora se tenha atribuído ao povo a Constituição dos Estados Unidos (*Martin v. Hunter's Lessee* de 1816), a divisibilidade da soberania foi defendida por James Madison, "Pai da Constituição", e está presente em textos fundamentais do constitucionalismo norte-americano, como nos Artigos da Confederação, de março de 1781 – Artigo 1: "cada

federativos um princípio fundamental para preservação da União. No plano consequencial, conforme já sintetizado na conclusão do primeiro capítulo, têm-se: i) a atuação dos indivíduos no desempenho de funções públicas, investidos de poderes públicos; ii) o desenvolvimento de um modelo de autorregulação regulada e a imposição de mecanismos de *compliance* aos particulares; iii) a promoção da competição normativa entre as administrações dos cinquenta Estados e a harmonização das suas legislações diferentes; e iv) a aptidão para extraterritorialidade da jurisdição estadunidense, com incidência sobre fatos ocorridos fora do território norte-americano, em razão da nacionalidade ou mesmo dispensando a presença desse liame.

Sob essas bases, forma-se o *U.S. Administrativo Law*, um direito administrativo que é fruto das políticas de regulação[175] e instrumento normativo pelo qual o Estado regula a atividade das *agencies*, que, por sua vez, regulam as atividades dos particulares. Daí também outro legado do sistema jurídico norte-americano à globalização, expresso em linguagem e princípios próprios, por exemplo: i) *accountability*, ii) *transparency*, iii) *participation*, iv) *reasoned decision* e v) *effective review*.

Em resumo, um modelo administrativo e regulatório construído sob a união de cinquenta Estados e voltado à centralidade do indivíduo. Um sistema jurídico menos deferente, portanto, aos "dogmas" do estadocentrismo, e que pôde transcender suas próprias fronteiras para protagonizar decisivamente a convergência regulatória em âmbito global.

2.2.1 Escola da *New York University*

Os estudos sobre DAG da Escola da New York University (NYU) são guiados pelo *Institute for International Law and Justice* (IILJ), que tem como um de seus principais projetos de pesquisa o *Global Administrative Law Project*.

Um dos méritos do *Global Administrative Law Project* foi ter se pautado na parceria bem-sucedida de um administrativista norte-americano, Richard Stewart, com um internacionalista radicado nos EUA,

estado retém a soberania, liberdade e independência".

175 SHAPIRO, Martin. A golden anniversary? The Administrative Procedures Act of 1946. *Regulation: The Cato Review of Business and Government*, p. 40, 1996.

Benedict Kingsbury.[176] Essa composição permitiu o encontro de duas visões complementares de um mesmo fenômeno: "de dentro para fora" (o global pelo administrativo) e "de fora para dentro" (o administrativo pelo global). Ambos os autores são oriundos ou estão habituados com a matriz do *U.S. administrative law*.

Há também o protagonismo do alemão Nico Krisch, professor de direito internacional no Instituto Universitário de Altos Estudos Internacionais, uma presença articuladora do continente europeu que tem se dedicado ao campo do *postnational law*, com estudos sobre a noção de autoridade no âmbito da governança global.[177]

O tema que guia as pesquisas da Escola da NYU é o direito aplicável aos mecanismos de governança para além do nível doméstico, isto é, governança global.[178] A Escola, entretanto, encampa diferentes metodologias para a análise jurídica de tais fenômenos, que refletem as diferenças na formação dos seus protagonistas. No artigo "Omnilateralism and partial international communities: Contributions of the emerging global administrative law",[179] de Benedict Kingsbury, nota-se a busca pelo desenvolvimento dedutivo dos princípios gerais do direito público. Já no conhecido texto "US Administrative Law: A Model for Global Administrative Law?",[180] de Richard Stewart, procede-se indutivamente e usa-se o repertório normativo do *U.S. administrative law* para alcançar

[176] Benedict Kingsbury, internacionalista de formação, graduou-se na University of Canterbury da Nova Zelândia, continuou seus estudos na Inglaterra até que em 1993 transferiu-se para os EUA para lecionar na Duke University, tornando-se professor de Yale em 1998. Portanto, além de lecionar há quase três décadas nos EUA, Benedict Kingsbury teve toda a sua formação em países da *common law*.

[177] Cf.: KRISCH, Nico. Global governance as public authority: An introduction. *International Journal of Constitutional Law*, v. 10, n. 4, p. 976-987, 2012.

[178] KINGSBURY, Benedict; KRISCH, Nico; STEWART, Richard B; WIENER, Jonathan B. Global governance as administration: National and transnational approaches to global administrative law. *Law and Contemporary Problems*, v. 68, p. 2, 2005.

[179] KINGSBURY, Benedict. Omnilateralism and partial international communities: Contributions of the emerging global administrative law. *Journal of International Law and Diplomacy*, v. 104, n. 1, p. 98-124, 2005.

[180] STEWART, Richard B. US Administrative Law: A model for global administrative law? *Law and Contemporary Problems*, v. 68, n. 3/4, p. 73-107, 2005.

a regulação global por meio de princípios abrangentes. A abordagem de Nico Krisch no estudo "The pluralism of global administrative law"[181] não pretende desenvolver princípios abrangentes, mas imagina que os atores envolvidos na governança global se manterão em controle por meio de contestação mútua.[182]

Entretanto, a despeito das diferenças metodológicas, é possível perscrutar alguns traços que marcam a Escola da NYU: i) partem do fenômeno social da governança global[183] para tomar emprestado do *U.S. administrative law* soluções principiológicas[184] para questões relacionadas à sua regulação; e ii) apresentam uma compreensão ampla do DAG, ao incorporarem no seu quadro analítico dos tipos de regulação global categorias normativas produzidas por organizações internacionais, constituídas por meio de instrumentos convencionais do direito internacional público (DIP).

O texto referência (*framework paper*), que delineia a estrutura do DAG na concepção do IILJ e expressa o intuito inicial do seu projeto, é

[181] KRISCH, Nico. The pluralism of global administrative law. *European Journal of International Law*, v. 17, n. 1, p. 247-278, 2006.

[182] No mesmo sentido, cf.: VON BOGDANDY, Armin; DANN, Philipp; GOLDMANN, Matthias. Developing the publicness of public international law: Towards a legal framework for global governance activities. *In*: BOGDANDY, Armin von *et al.* (ed.). *The exercise of public authority by international institutions*. Heidelberg: Springer, 2010. p. 23.

[183] "Governança" possui um significado mais amplo do que "regulação estatal", referindo-se a meios, e não apenas normas jurídicas, utilizados para influenciar o comportamento dos atores regulados. O termo "governança global", por sua vez, denota a governança para além de um único Estado. O seu emprego ganhou força a partir da constatação de que as agências governamentais de um Estado estão geralmente sujeitas à governança conduzida, pelo menos em parte, por entidades externas ao Estado. Essas entidades podem ser organizações intergovernamentais, ONGs ou mesmo outros Estados, e os diferentes modos pelos quais essa governança é operacionalizada revelam intenso intrincamento de atuação público-privada. DAVIS, Kevin E.; KINGSBURY, Benedict; MERRY, Sally Engle. Indicators as a technology of global governance. *Law & Society Review*, v. 46, n. 1, p. 80, 2012. BRAITHWAITE, John; COGLIANESE, Cary; LEVI-FAUR, David. Can regulation and governance make a difference? *Regulation & Governance*, v. 1, n. 1, p. 13, 2007.

[184] MUÑOZ, Jaime Rodríguez-Arana. El derecho administrativo global: un derecho principal. *Revista Andaluza de Administración Pública*, n. 76, p. 13-23, 2010. STEWART, Richard B. US Administrative Law: A model for global administrative law? *Law and Contemporary Problems*, v. 68, n. 3/4, p. 73, 2005.

"The Emergence of Global Administrative Law",[185] de 2005. O artigo explicita a proposta dos autores da Escola da NYU, que emprestam soluções do *U.S. administrative law* para as questões relacionadas ao fenômeno social da governança global. Não parecem preocupados em realizar uma pesquisa histórico-jurídica sobre o DAI ou o DIA, no sentido de apurar o que já existe e o que poderia ser repensado.[186] Ao contrário, partem da constatação de um fato social, o qual denominam governança global, e a partir dos problemas revelados por esse fato social chegam às soluções que podem ser adaptadas do *U.S. administrative law.*

Na síntese de Michelle Ratton, "os conceitos de direito administrativo podem ser úteis para compreender melhor os processos de governança global".[187-188] Trata-se, portanto, de uma apropriação

[185] KINGSBURY, Benedict; KRISCH, Nico; STEWART, Richard B. The emergence of global administrative law. *Law and Contemporary Problems*, v. 68, n. 3/4, p. 15-61, 2005.

[186] Em sentido contrário, Ming-Sung Kuo – professor da Warwick School of Law, UK, e pesquisador bastante alinhado com a linha do *GAL Project* – sustenta uma nítida distinção entre o campo do DAG, proposto por Kingsbury e Stewart, e os campos do DAI e DIA. De acordo com o autor: Kingsbury, Krisch e Stewart consideram o paradigma pré-1945 do direito administrativo internacional, que pode ser rastreado até meados do século XIX, como o antecessor da governança global. Ainda assim, difere do DAG emergente de uma maneira importante. A administração internacional, que estava no centro do direito administrativo internacional tradicional, não ultrapassou o sistema vestfaliano, e, assim, o direito administrativo internacional não substituiu o direito administrativo interno. KUO, Ming-Sung. Between fragmentation and unity: The uneasy relationship between global administrative law and global constitutionalism. *San Diego International Law Journal*, v. 10, p. 439, 2009.

[187] BADIN, Michelle Ratton. El proyecto derecho administrativo global: una reseña desde Brasil. *Revista de Derecho Publico*, v. 24, p. 5, 2010.

[188] A autora extrai essa síntese a partir da sua interpretação do seguinte trecho da obra de Kingsbury: "O conceito de Direito Administrativo Global parte de duas ideias gêmeas: que uma grande parte da governança global pode ser entendida como administração, e que tal administração reguladora é frequentemente organizada e toma a forma de princípios do direito administrativo". KINGSBURY, Benedict; KRISCH, Nico. Introduction: Global governance and global administrative law in the International legal order. *European Journal of International Law* v. 17, n. 1, p. 2, 2006, *apud* BADIN, Michelle Ratton. El proyecto derecho administrativo global: una reseña desde Brasil. *Revista de Derecho Publico*, v. 24, p. 5, 2010.

pragmática dos elementos do *U.S. administrative law*, bem expressa na conclusão do artigo-base do IILJ:

> Para enfrentar essas questões, os colaboradores do Projeto de Pesquisa de Direito Administrativo Global da NYU e iniciativas semelhantes estão analisando uma ampla variedade de casos em que o direito administrativo, ou mecanismos, regras e procedimentos comparáveis ao direito administrativo, são usados para promover transparência, participação e *accountability* em estruturas informais, cooperativas e híbridas e em sistemas multinível com responsabilidade compartilhada na tomada de decisão.[189]

O elemento-chave da ligação da governança global com o *U.S. administrative law* decorre do fato de os autores defenderem que a governança pode ser compreendida como uma atividade administrativa: "também estamos propondo que grande parte da governança global possa ser entendida e analisada como uma ação administrativa: *rulemaking*, *administrative adjudication* entre interesses conflitantes e outras formas de decisão e gestão regulatória e administrativa".[190]

E os autores apresentam a seguinte definição de DAG:

> Essas considerações nos levam a definir o direito administrativo global como abrangendo os mecanismos, princípios, práticas e dando suporte aos entendimentos sociais que promovem ou afetam de outra forma a *accountability* dos órgãos administrativos globais, em particular assegurando que eles atendam a padrões adequados de transparência, participação, motivação da decisão e legalidade, e fornecendo efetiva *review* das regras e decisões tomadas por esses órgãos.[191]

[189] KINGSBURY, Benedict; KRISCH, Nico; STEWART, Richard B. The emergence of global administrative law. *Law and Contemporary Problems*, v. 68, n. 3/4, p. 61, 2005.

[190] KINGSBURY, Benedict; KRISCH, Nico; STEWART, Richard B. The emergence of global administrative law. *Law and Contemporary Problems*, v. 68, n. 3/4, p. 28, 2005.

[191] KINGSBURY, Benedict; KRISCH, Nico; STEWART, Richard B. The emergence of global administrative law. *Law and Contemporary Problems*, v. 68, n. 3/4, p. 28, 2005.

A partir da leitura desses trechos, evidencia-se a repercussão da matriz do *U.S. administrative law* na construção do DAG apresentada por Benedict Kingsbury, Richard Stewart e Nico Krisch. Os autores fazem referência basicamente a elementos de um direito administrativo da regulação, além de valores e princípios, como *accountability*, *transparency*, *participation*, *reasoned decision*, *effective review*, entre outros, relacionados com a tradição norte-americana.[192]

Em momento posterior, Benedict Kingsbury, em conjunto com Megan Donaldson, oferece outra definição sintética, mas, ao mesmo tempo, demasiadamente genérica ao se referir a um conjunto de normas que se aplicam a processos de administração de estruturas que vão além das puramente intraestatais: "O direito administrativo global pode ser entendido como compreendendo as regras legais, princípios e normas institucionais aplicáveis a processos de 'administração' realizados de maneira a implicar mais do que estruturas puramente intraestatais de autoridade legal ou política".[193]

Um segundo aspecto que merece destaque é a amplitude conceitual do DAG, isto é, Kingsbury, Stewart e Krisch, no *framework paper*, abarcam no quadro analítico dos tipos de regulação global cinco tipos de "administrações globais", são elas: i) administração por organizações internacionais formais; ii) administração baseada na ação coletiva de redes transnacionais e acordos de cooperação cooperativos entre autoridades reguladoras nacionais; iii) administração distribuída exercida por reguladores nacionais sob tratado, redes ou outros regimes cooperativos; iv) administração por acordos híbridos-intergovernamentais-privados; e v) administração por instituições privadas com funções regulatórias.[194]

192 Cf. STEWART, Richard B. US Administrative Law: A model for global administrative law? *Law and Contemporary Problems*, v. 68, n. 3/4, p. 73-107, 2005.

193 KINGSBURY, Benedict; DONALDSON, Megan. Global administrative law. *In*: *Max-Planck-Encyclopedia of Public International Law*. Oxford: Oxford University Press, 2012. Article "Global Administrative Law".

194 KINGSBURY, Benedict; KRISCH, Nico; STEWART, Richard B. The emergence of global administrative law. *Law and Contemporary Problems*, v. 68, n. 3/4, p. 20, 2005.

Das cinco categorias, apenas a quarta (administração por acordos híbridos-intergovernamentais-privados) e a quinta (administração por instituições privadas com funções regulatórias) contam com a participação não estatal na produção normativa. A constatação é relevante porque, conforme procuramos demonstrar no tópico 2.1, o DIA, o DAI ou o direito administrativo transnacional (DAT), em certa medida, já davam conta de regular as relações administrativas transnacionais, quando pautadas pelo protagonismo do Estado-nação.

No entanto, isso não retira o valor e a força inovadora do *Global Administrative Law Project*, pois sua preocupação é de ordem pragmática, muito mais no sentido de operacionalizar os dilemas jurídicos apresentados pela governança global do que de apresentar uma pesquisa conceitual-histórica, o que se evidencia nas análises que procuram desenvolver parâmetros para suprir o déficit democrático no âmbito da governança global, bem como submeter as organizações a processos de *accountability*.

2.3 Teorização do direito administrativo global a partir dos dilemas da globalização-europeização

O maior dilema da globalização-europeização é o "esforço" evidenciado no direito administrativo europeu para superar os "dogmas" do estadocentrismo e alcançar a convergência entre os Estados "soberanos" que integram a UE.

Por essa razão, as contribuições do direito administrativo transnacional (DAT) no âmbito da UE ao DAG se dão no contexto da tensão entre Estados-membros que a compõem, no desenvolvimento das técnicas de: i) transposição das diretivas, ii) reconhecimento de atos administrativos estrangeiros[195] e iii) cooperação entre administrações e convergência regulatória. Daí também o seu maior legado, desenvolvendo uma *expertise* útil aos países que herdaram a sua cultura política e jurídica, como o Brasil e outros países que foram colonizados e constituíram seus sistemas jurídicos a partir de bases teóricas da Europa continental.

[195] Cf.: MUÑOZ, Jaime Rodríguez-Arana (ed.). *Recognition of foreign administrative acts*. Cham: Springer, 2016.

2.3.1 Escola de Viterbo

Viterbo é a cidade onde se localiza a Università degli Studi della Tuscia e onde desde 2005 são realizados seminários anuais sobre o DAG (*Viterbo GAL Seminars*).

A Escola de Viterbo[196] nasce da colaboração entre a Universidade Tuscia em Viterbo (sob a liderança dos professores Giulio Vesperini e Stefano Battini) e a Universidade de Roma La Sapienza (sob a liderança do professor Sabino Cassese), e conta com o apoio do *Istituto di Ricerche sulla Pubblica Amministrazione* (IRPA).[197] O destaque e o alcance da Escola de Viterbo se devem, em grande medida, aos *Viterbo GAL Seminars*, concebidos por um grupo de renomados estudiosos da Europa e dos EUA como fórum para discutir as questões relacionadas ao crescente uso de mecanismos do direito administrativo na governança global. De 2005 a 2014, foram realizados dez seminários[198] com periodicidade anual, debates e publicação de inúmeros trabalhos sobre DAG.

Um traço que demonstra a força da Escola de Viterbo é a ampla participação e produção de renomados publicistas italianos, entre os quais: Sabino Cassese, Stefano Battini, Giulio Vesperini, Edoardo Chiti, Mario Savino, Lorenzo Casini, Alessandra Battaglia, Mariangela Benedetti, Bernardo Giorgio Mattarella, Hilde Caroli Casavola, Aldo Sandulli e outros. Sabino Cassese, muito pelo reconhecimento internacional que possui e pela liderança em publicações coletivas,[199] pode ser considerado a figura-chave desse grupo de estudiosos italianos.[200]

[196] A nomenclatura também é destacada por Karl-Heinz Ladeur. LADEUR, Karl-Heinz. The evolution of general administrative law and the emergence of postmodern administrative law. *Osgoode CLPE Research Paper*, n. 16, p. 3, 2011.

[197] O IRPA foi criado em 2004 por Sabino Cassese e um grupo de outros professores de Direito Administrativo.

[198] 2014 é o ano do décimo e último seminário (Viterbo X).

[199] Sabino Cassese é atualmente um dos mais consagrados administrativistas e internacionalistas do continente europeu. Juiz emérito da Corte Constitucional italiana e professor emérito da Scuola Normale Superiore di Pisa, bem como professor de "Governança Global" no "Master of Public Affairs" no Institut d'Etudes Politiques em Paris e outros cursos de diversas universidades.

[200] CASSESE, Sabino. What is global administrative law and why study it. Global administrative law: An Italian perspective. *RSCAS Policy Paper*, v. 4, p. 1, 2012.

É possível afirmar, assim como nos EUA – por meio do IILJ da NYU –, que na Itália há um núcleo de pensamento, guiado pelo IRPA,[201] que se insere no contexto próprio da UE e orienta-se por linha teórica específica sobre a temática do DAG, com dezenas de pesquisadores e diversas publicações sobre o tema.

Outra nota que torna a menção aos italianos relevante é que os pesquisadores do IRPA possuem relações com o IILJ, responsável pelo *GAL Project*, inclusive com publicações em conjunto.[202] Nesse sentido, é interessante observar o que motiva os autores da matriz europeia continental de direito administrativo a se aproximarem das concepções do *GAL Project*, e de que modo se procederam os diálogos entre diferentes tradições e perspectivas.

Nas palavras do próprio Sabino Cassese, há razões peculiares aos italianos e outras comuns a estudiosos da Europa e dos EUA em relação ao estudo do DAG. Uma razão de ordem prática para os italianos seria que "o estudo do Direito Administrativo Global é a sequência lógica do estudo do direito da UE, a fim de integrar o direito da UE no contexto mundial mais amplo e compreender o que existe para além do Estado".[203]

O professor emérito italiano também acentua razões de ordem cultural, a justificar a formação de uma escola italiana para estudar o DAG:

> existe uma forte necessidade de romper com o nacionalismo cultural, segundo o qual o direito público está ligado ao Estado e, portanto, cada Estado tem seu próprio direito público e não há vínculo entre os diferentes ambientes jurídicos nacionais. É necessário expor cada cultura ou conhecimento nacional à avaliação internacional e

[201] O IRPA foi criado em 2004 por Sabino Cassese e um grupo de outros professores de Direito Administrativo. O Instituto tem sede em Roma e desempenha atividades de investigação sobre administração pública.

[202] Dentre as obras publicadas com integrantes dos dois institutos, merece especial destaque: CASSESE, Sabino (ed.). *Research handbook on global administrative law*. Edward Elgar Publishing, 2016.

[203] CASSESE, Sabino. What is global administrative law and why study it. Global administrative law: An Italian perspective. *RSCAS Policy Paper*, v. 4, p. 1, 2012.

permitir o desenvolvimento da fertilização transnacional. A cultura nacional deve ser menos paroquial e mais voltada para o exterior. É, portanto, necessário substituir o paradigma estatista pelo paradigma global e permitir que instituições e ideias migrem de uma área (e nível) para outra[204]

Nota-se, entretanto, como uma das implicações de a Escola de Viterbo estar situada no continente europeu – onde se formou o paradigma estadocêntrico e uma cultura de direito administrativo muito diferente da dos EUA – a constante abordagem da relação do DAG com a estatalidade. Sabino Cassese em 2004 e Stefano Battini em 2003 escreveram dois artigos com títulos similares e bastante sugestivos do dilema que enfrentam: *"Administrative Law without the State"*[205] e *"Amministrazioni Senza Stato"*.[206]

No que se refere ao papel do Estado, Sabino Cassese também não sustenta a sua exclusão, mas afirma que o Estado aceita "perder" parte de sua autonomia em troca de influência em um âmbito mais amplo do que o nacional. De acordo com o autor:

> Verticalmente, há continuidade e não uma linha divisória clara entre os níveis global e nacional. "Global" não significa que o Estado esteja excluído. Sociedades civis nacionais, burocracias nacionais, executivos nacionais são todos atores importantes na arena global, onde aceitam perder parte de sua autonomia (soberania) em troca de obter influência em uma área muito maior que a do Estado nacional. O bazar substitui a catedral.[207]

[204] CASSESE, Sabino. What is global administrative law and why study it. Global administrative law: An Italian perspective. *RSCAS Policy Paper*, v. 4, p. 1, 2012.

[205] CASSESE, Sabino. Administrative law without the State – The challenge of global regulation. *New York University Journal of International Law and Politics*, v. 37, p. 663-694, 2004.

[206] BATTINI, Stefano. *Amministrazioni senza Stato*: Profili di diritto amministrativo internazionale. Milan: Giuffrè, 2003.

[207] CASSESE, Sabino. What is global administrative law and why study it. Global administrative law: An Italian perspective. *RSCAS Policy Paper*, v. 4, p. 2, 2012.

Em texto mais recente, de 2015, o publicista italiano parece pender um pouco mais em direção a uma linha de defesa do Estado ao realizar uma crítica aos estudiosos do DAG que têm subestimado o papel do Estado:[208]

> a literatura sobre Direito Administrativo Global subestima o papel desempenhado pelos Estados no espaço global: os Estados são gestores de entidade não estatal, estabelecem redes com organizações internacionais governamentais e não governamentais e são instrumentos indispensáveis de instituições globais ("mais regras não estatais exigem mais autoridade do Estado, não menos"). Estudiosos administrativistas globais tendem a considerar os atores globais como os protagonistas, enquanto há também um deuteragonista: o Estado. Basta observar que o Estado italiano participa de mais de vinte missões militares internacionais (manutenção da paz e estabilização) em todo o mundo. O Estado e sua interação com os regimes regulatórios globais devem ser reintroduzidos no contexto do Direito Administrativo Global.[209]

Outro aspecto relevante, diante das afirmações dos autores aqui abordados, é que para Sabino Cassese existe uma nítida distinção entre o direito global e o direito internacional, ressaltando que o primeiro é capaz de analisar melhor, sob a premissa da fragmentação estatal, as relações transnacionais e a atuação global da sociedade civil:

[208] Paradigmática dessa subestimação do papel do Estado no DAG é a afirmação de Ming-Sung Kuo, filiado às correntes de autores do IILJ, no sentido de que o DAG representaria um momento pós-vestfaliano e pós-hobbesiano. Nas palavras do próprio autor: "Este novo 'espaço administrativo global' torna o Direito Administrativo Global pós-Westfaliano e pós-hobbesiano. O Direito Administrativo Global é pós-Westfaliano porque os estados-nação e seus representantes não desempenham papéis dominantes no espaço administrativo. [...] Além disso, a relação entre os atores no espaço administrativo global é pós-hobbesiana, em que o interesse próprio nacional desempenha um papel menor na administração global". KUO, Ming-Sung. Between fragmentation and unity: The uneasy relationship between global administrative law and global constitutionalism. *San Diego International Law Journal*, v. 10, p. 446-447, 2008.

[209] CASSESE, Sabino. Global administrative law: The state of the art. *International Journal of Constitutional Law*, v. 13, n. 2, p. 467, 2015.

o direito internacional não capta plenamente as peculiaridades da globalização (é focado nas relações entre Estados), enquanto o DAG é mais capaz de analisar tanto as relações transnacionais e transgovernamentais quanto as sociedades civis que atuam como atores globais, na premissa de que os Estados são fragmentados.[210]

Um dos relatos mais interessantes do autor, a corroborar sua posição de distinção do DAG, versa sobre a origem dos poderes das instituições globais a partir da análise da criação da Codex Alimentarius Commission, estabelecida em 1963 pela Organização das Nações Unidas para a Alimentação e a Agricultura (FAO) da Organização das Nações Unidas e a Organização Mundial da Saúde (OMS):

> As instituições globais obtêm sua jurisdição e seus poderes dos governos nacionais. Não segue necessariamente, entretanto, que todos os seus poderes se originam da delegação direta dos Estados. Por exemplo, existem instituições internacionais que não foram estabelecidas por governos nacionais, mas por outros organismos internacionais (por exemplo, a Comissão do Codex Alimentarius).[211]

Ainda em relação à Codex e à força vinculativa de suas normas, Sabino Cassese expressa o sentido da interpenetração horizontal de estruturas globais[212] ao relatar que a OMC confere vinculação em âmbito global a normas produzidas pela Codex Alimentarius:

> Um exemplo da arena global é fornecido pelos padrões gerados pela Comissão do Codex Alimentarius. Estes não são, em si e por si mesmos, obrigatórios; a eles é dada força vinculativa pela Organização Mundial do Comércio. Uma autoridade produz regras, outra as dota de força vin-

[210] CASSESE, Sabino. What is global administrative law and why study it. Global administrative law: An Italian perspective. *RSCAS Policy Paper*, v. 4, p. 4, 2012.

[211] CASSESE, Sabino. What is global administrative law and why study it. Global administrative law: An Italian perspective. *RSCAS Policy Paper*, v. 4, p. 4, 2012.

[212] CASSESE, Sabino. Administrative law without the State: The challenge of global regulation. *New York University Journal of International Law and Politics*, v. 37, p. 675, 2004.

culativa. A regra não é vinculante desde o início, e sim apenas porque uma outra autoridade impõe conformidade àquelas sob sua jurisdição. Portanto, neste caso, a regra é vinculativa no campo do comércio global, mas não em outras áreas, dando origem a um "dédoublement".[213]

A partir dessas premissas, Sabino Cassese se mostra um otimista em relação ao DAG. A responder sua própria questão: "existe Direito Administrativo Global?",[214] o administrativista de Pisa afirma que "a questão deve ser respondida no afirmativo".[215-216] A definição mais recente e sintética de DAG por Cassese data de 2015, e foi formatada a partir de algumas convergências entre autores das escolas que integra (IRPA e IILJ) e do que o publicista denomina as três "três peculiaridades" do DAG:

> Agora está claro que o Direito Administrativo Global não é apenas global, não apenas administrativo e não apenas legal. Não é apenas global, porque inclui muitos acordos e autoridades regionais ou locais supranacionais. Não é apenas administrativo, porque inclui muitos elementos do direito privado e constitucional (embora o componente administrativo prevaleça, porque as constituições e a regulamentação privada, envolvendo questões de alta política ou interesses sociais, resistem à globalização). O Direito Administrativo Global não é apenas lei, porque também inclui muitos tipos de *soft law* e *standards*. [...]
>
> O Direito Administrativo Global é desterritorializado. Os regimes regulatórios globais apresentam legislação (tratados, regras, *policies, standards, soft law*) sem legislaturas; funções de solução de controvérsias com apenas um número limitado de *courts* (mas um grande número de *quasi-*

[213] CASSESE, Sabino. What is global administrative law and why study it. Global administrative law: An Italian perspective. *RSCAS Policy Paper*, v. 4, p. 5, 2012.

[214] CASSESE, Sabino. What is global administrative law and why study it. Global administrative law: An Italian perspective. *RSCAS Policy Paper*, v. 4, p. 7, 2012.

[215] CASSESE, Sabino. What is global administrative law and why study it. Global administrative law: An Italian perspective. *RSCAS Policy Paper*, v. 4, p. 7, 2012.

[216] No mesmo sentido, cf. CASSESE, Sabino. Is there a global administrative law? *In*: BOGDANDY, Armin von *et al.* (ed.). *The exercise of public authority by international institutions*. Heidelberg: Springer, 2010. p. 772.

-judicial reviewing bodies); implementação sem um poder executivo (através de *indirect rule*, e monitorando e controlando a implementação e aplicação através de órgãos nacionais). As instituições administrativas globais não possuem os mecanismos usuais de legitimidade e *accountability*, mas possuem autoridade baseada na sua capacidade[217] e são mantidas sob controle por meio de entidades delegadas.[218]

Outro aspecto a se considerar é que o contato da Escola de Viterbo com a Escola da NYU traz inegáveis proximidades. Uma delas é a postura metodológica de extrair do direito administrativo princípios para alcançar a regulação global.[219] Entretanto, o fato de estar situada no continente europeu traz à Viterbo o apego ao tema da estatalidade e uma agenda própria desenvolvida a partir das relações entre o DAG e o direito administrativo transnacional (DAT) no âmbito da UE.

Publicações produzidas por integrantes de Viterbo, como a obra coletiva *Global administrative law and EU administrative law: relationships, legal issues and comparison*,[220] ilustram bem a formação dessa agenda que investiga os contributos que o direito administrativo transnacional (DAT) no âmbito da UE pode trazer ao DAG. As abordagens da Escola de Viterbo incluem, por exemplo: i) análises comparativas entre esses dois campos teóricos, ii) estudos que verificam a viabilidade de intercâmbio de princípios jurídicos e iii) pesquisas que aprofundam a compreensão sobre as harmonizações convergentes e o desenvolvimento de ligações e redes. Portanto, uma agenda própria sobre a globalização jurídica formada no contexto da EU, o que denominamos globalização-europeização.

[217] Tradução sugerida para o termo "*capacity-based authority*", fundamentado na ideia de que a autoridade pode ser construída na suposição de que um ator é capaz de realizar coisas.

[218] CASSESE, Sabino. Global administrative law: The state of the art. *International Journal of Constitutional Law*, v. 13, n. 2, p. 466, 2015.

[219] SAVINO, Mario. EU "Procedural" supranationalism: On models for global administrative law. *Paper* apresentado no NYU Global Forum, em 13 de dezembro de 2006.

[220] CHITI, Edoardo. GAL and EU administrative law. A research agenda. *In*: Global administrative law: An Italian perspective. *RSCAS Policy Paper*, v. 4, 2012. p. 81-86. CHITI, Edoardo; MATTARELLA, Bernardo Giorgio (ed.). Global administrative law and EU administrative law: Relationships, legal issues and comparison. *Springer Science & Business Media*, 2011.

2.3.2 Escola de Max Planck

A Escola de Max Planck é constituída pelo Instituto Max Planck de Direito Público Comparado e Direito Internacional (*Max-Planck-Institut für ausländisches öffentliches Recht und Völkerrecht*), estabelecido na cidade de Heidelberg, na Alemanha.

Fundado em 1924, o Instituto centra suas investigações em temas relacionados ao direito internacional público (DIP), direito da UE e direito constitucional e administrativo comparados. Em razão da perenidade e do reconhecimento internacional de suas atividades de pesquisa, o Instituto conta com um grande intercâmbio de acadêmicos visitantes de todo o mundo, além de assessorar instituições nacionais, europeias e internacionais. No seu corpo de diretores e membros, há professores das mais reconhecidas universidades alemãs, entre os quais: Armin von Bogdandy (Heidelberg), Anne Peters (Heidelberg), Rüdiger Wolfrum (Heidelberg), Jochen von Bernstorff (Tübingen), Philipp Dann (Humboldt-University Berlin) e Matthias Goldmann (Goethe-Universität Frankfurt).

Embora não exista propriamente um projeto de pesquisa que carregue a denominação "direito administrativo global", há projetos na área de "*Public International Law*" que dialogam diretamente com essa teoria, notadamente: "*Global Constitutionalism and Global Governance*" e "*International Public Authority*".

As pesquisas do Instituto têm dedicado especial atenção às repercussões da governança global no Direito, abordando o tema a partir de uma perspectiva de direito público centrada na autoridade pública exercida por instituições internacionais. Nesse sentido, o projeto compartilha objetivos com as abordagens do direito administrativo e constitucionalismo global.

Entre as publicações de relevância, destaca-se a obra coletiva publicada em 2010 *The Exercise of public authority by international institutions.* O livro resulta de um projeto iniciado em 2007, com a comunhão de esforços dos diretores do Instituto Max Planck e de membros da Faculdade de Direito da Universidade de Heidelberg, e reflete as discussões do *workshop* internacional realizado no Instituto Max Planck em abril de 2008. A obra conta com a contribuição de autores de outras escolas[221] e evidencia as conver-

[221] Por exemplo: Sabino Cassese. Cf.: CASSESE, Sabino. Is there a global administrative law? *In*: BOGDANDY, Armin von *et al.* (ed.). *The Exercise of Public Authority by International*

gências e divergências da abordagem de Max Planck com as das Escolas da NYU e de Viterbo.

No artigo "Developing the publicness of public international law: towards a legal framework for global governance activities", Armin von Bogdandy, Philipp Dann e Matthias Goldmann acentuam como convergência o foco na abordagem do "direito aplicável aos mecanismos de governança para além do nível doméstico"[222] e alguma semelhança na orientação da metodologia empregada, que se pauta na valorização da comparação e inspiração intradisciplinar entre direito doméstico e internacional:[223]

> Embora ainda não tenha surgido nenhuma metodologia líder para o desenvolvimento de padrões administrativos globais, o denominador comum dessa vertente de pesquisa, a ênfase no direito administrativo doméstico, possui um grande potencial de inovação. Nossa abordagem corresponde, portanto, a essas abordagens, na medida em que também enfatizamos a utilidade do intercâmbio intradisciplinar em estudos jurídicos: o estudo do direito das instituições públicas internacionais deve ser informado pelo estudo das instituições públicas domésticas. O pleno desenvolvimento do direito internacional como direito inter-

Institutions. Heidelberg: Springer, 2010. p. 761-776.

222 De acordo com os autores: "No âmbito da pesquisa sobre o direito administrativo global (ou internacional), quatro orientações devem ser distinguidas: pesquisa sobre a administração de territórios por instituições internacionais, como Kosovo; pesquisa sobre colisões normativas entre diferentes ordens jurídicas administrativas domésticas; pesquisa sobre os efeitos do direito internacional no direito administrativo interno; e pesquisa que trata do direito aplicável aos mecanismos de governança para além do nível doméstico". VON BOGDANDY, Armin; DANN, Philipp; GOLDMANN, Matthias. Developing the publicness of public international law: Towards a legal framework for global governance activities. *In*: BOGDANDY, Armin von *et al.* (ed.). *The Exercise of Public Authority by International Institutions*. Heidelberg: Springer, 2010. p. 23.

223 Os autores ressaltam inclusive que quase todos os elementos do direito internacional foram desenvolvidos com um olho no direito interno. VON BOGDANDY, Armin; DANN, Philipp; GOLDMANN, Matthias. Developing the publicness of public international law: Towards a legal framework for global governance activities. *In*: BOGDANDY, Armin von *et al.* (ed.). *The exercise of public authority by international institutions*. Heidelberg: Springer, 2010. p. 24.

nacional público parece dificilmente viável sem se basear em *insights* e doutrinas legais administrativas nacionais elaboradas no século passado. O direito público, para ter impacto na sociedade, depende das burocracias e do direito administrativo.[224]

Entretanto, pautados nas diferenças entre as instituições domésticas e internacionais, que consideram deveras importantes para que se justifique a mera analogia de normas, von Bogdandy, Dann e Goldmann destacam os termos que diferenciam a proposta metodológica de Max Planck das Escola da NYU e de Viterbo:

> Isso não sustenta a solução simplista de "analogias domésticas": as diferenças entre instituições domésticas e instituições internacionais são bastante importantes. Precisamente por essa razão, nossa abordagem difere da do direito administrativo global, pois a concebemos como "global" demais: arrisca-se a apagar ou a borrar distinções essenciais à construção, avaliação e aplicação de normas relativas à autoridade pública. Em outras palavras, perguntamo-nos qual seria a base legal abrangente de uma lei administrativa global. Seriam princípios gerais? Ou teria um *status* próprio, acima da lei positiva? A noção de *direito administrativo global* implica uma fusão do direito administrativo e internacional doméstico que não leva em consideração o fato de que normas legais internacionais e normas internas possuem uma "legitimidade de entrada" categoricamente diferente: consentimento estatal *versus* soberania popular, de acordo com o entendimento clássico. Uma abordagem global, portanto, encobre e ameaça obscurecer essa diferença fundamental.[225]

224 VON BOGDANDY, Armin; DANN, Philipp; GOLDMANN, Matthias. Developing the publicness of public international law: Towards a legal framework for global governance activities. *In*: BOGDANDY, Armin von *et al.* (ed.). *The exercise of public authority by international institutions*. Heidelberg: Springer, 2010. p. 24.

225 VON BOGDANDY, Armin; DANN, Philipp; GOLDMANN, Matthias. Developing the publicness of public international law: Towards a legal framework for global governance activities. *In*: BOGDANDY, Armin von *et al.* (ed.). *The exercise of public authority by international institutions*. Heidelberg: Springer, 2010. p. 24.

Portanto, a postura metodológica da Escola de Max Planck mostra menos entusiasmo com o surgimento de um direito global capaz de suplantar as diferenças entre direito doméstico e internacional.

Em essência, o projeto de pesquisa do Instituto Max Planck possui duas camadas: i) realização de estudos temáticos e ii) reflexão em análises transversais.[226] As reflexões do Instituto possuem, assumidamente, pretensão normativa ou doutrinária.[227] Embora negue a viabilidade, em nosso tempo, de uma federação democrática global ou comunidade internacional que dispense níveis intermediários de governança, como o Estado, acreditam que "pode haver um mundo melhor, mais pacífico e mais integrado de políticas de cooperação relacionadas e bem-sucedidas governadas por instituições públicas internacionais",[228] e sustentam que "a formulação do caráter de direito público do direito internacional é uma condição essencial para isso".[229]

No penúltimo artigo da obra *The exercise of public authority by international institutions* da Escola de Max Planck, o administrativista e professor emérito da Faculdade de Direito da Universidade de Heidelberg, Eberhard Schmidt-Aßmann,[230] fundamentado na formação e

[226] VON BOGDANDY, Armin; DANN, Philipp; GOLDMANN, Matthias. Developing the publicness of public international law: Towards a legal framework for global governance activities. *In*: BOGDANDY, Armin von *et al.* (ed.). *The exercise of public authority by international institutions*. Heidelberg: Springer, 2010. p. 27.

[227] VON BOGDANDY, Armin; DANN, Philipp; GOLDMANN, Matthias. Developing the publicness of public international law: Towards a legal framework for global governance activities. *In*: BOGDANDY, Armin von *et al.* (ed.). *The exercise of public authority by international institutions*. Heidelberg: Springer, 2010. p. 32.

[228] VON BOGDANDY, Armin; DANN, Philipp; GOLDMANN, Matthias. Developing the publicness of public international law: Towards a legal framework for global governance activities. *In*: BOGDANDY, Armin von *et al.* (ed.). *The exercise of public authority by international institutions*. Heidelberg: Springer, 2010. p. 32.

[229] VON BOGDANDY, Armin; DANN, Philipp; GOLDMANN, Matthias. Developing the publicness of public international law: Towards a legal framework for global governance activities. *In*: BOGDANDY, Armin von *et al.* (ed.). *The exercise of public authority by international institutions*. Heidelberg: Springer, 2010. p. 32.

[230] Eberhard Schmidt-Aßmann, embora não integre *Max-Planck-Institut für ausländisches öffentliches Recht und Völkerrecht*, contribui para a obra do Instituto. O publicista alemão tem como campo de pesquisa o direito administrativo europeu e internacional e o direito

no conhecimento que tem sobre direito administrativo, não demonstra grande empolgação em relação à pertinência do surgimento de um novo campo teórico que se sustente em uma suposta superação da estatalidade: o DAG. Em outro artigo, o autor, inclusive, revela o seu ceticismo com o tema.[231] Para Schmidt-Aßmann, o DAG traz consigo experiências que já estão armazenadas no estoque analítico existente do direito internacional.[232]

A interpretação de Eberhard Schmidt-Aßmann possui algumas premissas relevantes, e o seu enfoque é mais operacional. Talvez a premissa mais importante para compreender a sua proposta de leitura é a de que, para o autor, o Estado continua a ser o foco no cenário internacional, e, por conseguinte, o "Tratado Internacional" e a "Lei" permanecem como as duas principais formas de estruturação legal das relações administrativas transnacionais:

> No intercurso internacional mundial, os Estados continuam sendo as forças formativas mais importantes. Aqui, é preciso ter cuidado para não ficar deslumbrado com as atividades espetaculares de ONGs internacionais ou corporações multinacionais. São os governos estaduais que concluem tratados. São principalmente os tribunais dos Estados que desenvolvem o direito internacional consuetudinário. São os instrumentos executivos dos Estados que são chamados a implementar tratados. Seja como for, a legitimidade da atividade política e a padronização legal no nível internacional ainda dependem das estruturas e processos de legitimação dos estados-nação.[233]

administrativo comparado, além de ser autor de diversas obras mundialmente consagradas sobre direito administrativo.

[231] SCHMIDT-AßMANN, Eberhard. Internationales Verwaltungsrecht: Begriffsbildung im Spiegel veränderter Staatlichkeit. *Revista Digital de Direito Administrativo*, v. 4, n. 1, p. 20, 2017.

[232] "No entanto, deslocou muito o foco do papel dos Estados e das simples relações interestaduais para uma grande interação entre os vários atores, e assim também traz consigo a experiência acumulada no corpo existente do Direito Internacional." SCHMIDT-AßMANN, Eberhard. Internationales Verwaltungsrecht: Begriffsbildung im Spiegel veränderter Staatlichkeit. *Revista Digital de Direito Administrativo*, v. 4, n. 1, p. 31, 2017.

[233] SCHMIDT-AßMANN, Eberhard. The internationalization of administrative rela-

> [...] Se os Estados são, de fato, ainda as forças mais importantes na política internacional, há boas razões para continuar confiando muito nas duas principais formas de estruturação jurídica: o tratado internacional e o estatuto parlamentar. E há também boas razões para considerar essas duas formas como os principais materiais de construção de uma lei sobre relações administrativas internacionais.[234]

O publicista alerta ainda para certa empolgação ilusória acerca de cooperações desenvolvidas sem tratado como base. Isso porque, nas hipóteses em que passaram a alcançar a esfera nacional, os Estados tiveram a tarefa de conformá-las sob a forma de um Tratado.[235] Mais do que isso, para o consagrado administrativista, os Estados servem para contrabalancear a forte segmentação da política em nível internacional.

Todavia, Schmidt-Aßmann não ignora o fato de que os desafios impostos pela internacionalização das relações administrativas não poderão ser superados por um conceito de Estado que procura maximizar o isolamento e que interpreta internacionalização como uma ameaça.[236] Em face dessa compreensão, o autor apresenta o conceito de "estatalidade aberta" (*Open Statehood*), fundamentado na ideia de que a internacionalização deve ser considerada a normalidade para um Estado constitucional – é claro, não sem riscos e dificuldades –, e não um desenvolvimento radical que invade e usurpa o domínio do Estado.[237] A partir dessa problematização, o administrativista revela o seu

tions as a challenge for administrative law scholarship. *In*: BOGDANDY, Armin von *et al.* (ed.). *The exercise of public authority by international institutions.* Heidelberg: Springer, 2010. p. 950-951.

[234] SCHMIDT-AßMANN, Eberhard. The internationalization of administrative relations as a challenge for administrative law scholarship. *In*: BOGDANDY, Armin von *et al.* (ed.). *The exercise of public authority by international institutions.* Heidelberg: Springer, 2010. p. 952.

[235] SCHMIDT-AßMANN, Eberhard. The internationalization of administrative relations as a challenge for administrative law scholarship. *In*: BOGDANDY, Armin von *et al.* (ed.). *The exercise of public authority by international institutions.* Heidelberg: Springer, 2010. p. 950.

[236] SCHMIDT-AßMANN, Eberhard. The internationalization of administrative relations as a challenge for administrative law scholarship. *In*: BOGDANDY, Armin von *et al.* (ed.). *The exercise of public authority by international institutions.* Heidelberg: Springer, 2010. p. 951.

[237] SCHMIDT-AßMANN, Eberhard. The internationalization of administrative relations

enfoque operacional ao abordar mecanismos processuais estatais de sistematizações das relações administrativas internacionais.

Em síntese, Schmidt-Aßmann mostra-se, para utilizar as próprias palavras do autor, cético (*skeptisch*) e reticente com o deslumbramento (*dazzle*) em relação à leitura do DAG proposta, sobretudo, por autores integrantes do *GAL Project*.[238] No entanto, ainda que sustente a manutenção da centralidade do Estado, o autor é sensível às mudanças ocorridas na esfera transnacional e pauta seus estudos em questões relativas à operacionalização das relações administrativas nesse âmbito, com fundamento no seu conceito de estatalidade aberta.

No cenário alemão, vale também fazer menção ao professor emérito de Direito na Faculdade de Direito da Universidade de Hamburg, Karl-Heinz Ladeur.[239] Além de estabelecer diálogos com outras ciências, o publicista alemão demonstra maior familiaridade com a linha teórica dos autores integrantes do *GAL Project*. De todo modo, sua origem na tradição europeia continental certamente contribuiu para que Karl-Heinz Ladeur compreendesse as diferenças entre as abordagens dessas duas tradições, que, na opinião do autor, são orientadas por uma questão de foco:

> nos EUA, pode-se observar um foco no "direito administrativo global" na faculdade de direito da NYU – e essa mudança de pronúncia para "global" em vez de "direito administrativo internacional" não é sem consequências. O foco é mais em estudos de caso e questões metodológicas. Essa abordagem corresponde às ideias de um grupo italiano de pesquisa-

as a challenge for administrative law scholarship. *In*: BOGDANDY, Armin von *et al.* (ed.). *The exercise of public authority by international institutions*. Heidelberg: Springer, 2010. p. 951.

238 SCHMIDT-AßMANN, Eberhard. Internationales Verwaltungsrecht: Begriffsbildung im Spiegel veränderter Staatlichkeit. *Revista Digital de Direito Administrativo*, v. 4, n. 1, p. 20, 2017. SCHMIDT-AßMANN, Eberhard. The internationalization of administrative relations as a challenge for administrative law scholarship. *In*: BOGDANDY, Armin von *et al.* (ed.). *The exercise of public authority by international institutions*. Heidelberg: Springer, 2010. p. 955.

239 Em contraste com a proposta de pesquisa de Eberhard Schmidt-Aßmann, que possui estudos mais circunscritos ao direito administrativo em sentido estrito, Karl-Heinz Ladeur possui estudos que dialogam bastante com outros campos. Os trabalhos do autor revelam uma forte influência da teoria dos sistemas, de Niklas Luhmann. Dentre seus temas de interesse, destacam-se: pós-modernidade e globalização.

dores, que foi criado em Viterbo, e com outros contribuintes individuais para a discussão internacional. Na medida em que já se pode falar sobre um campo de pesquisa estabelecido na Alemanha, pode-se observar um foco diferente em uma diferenciação sistemática bastante tradicional de certos "assuntos" que estão passando por um processo de internacionalização.[240]

Porém, em que pese o seu diálogo com os teóricos do *GAL Project*, Ladeur expressa algumas cautelas que vão na mesma linha de premissas de Schmidt-Aßmann. O professor emérito da Universidade de Hamburg enfatiza que o Estado não perdeu a sua relevância:

> Para ser claro: enquanto o Estado não perde sua relevância, seu papel vem mudando. O Estado não "recua" nem desaparece porque, como no passado, padrões cada vez mais complexos de diferenciação da sociedade, expressando-se em práticas policêntricas de experimentação no campo "privado", produzem bloqueios e efeitos perversos, que o Estado é chamado para resolver. Aqui, o Estado assume o papel de um jogador com responsabilidade pelas regras do jogo.[241]

E sustenta a possibilidade de novas compreensões do papel do Estado na conjuntura transnacional, sobretudo a ideia de que ele pode ser usado para irritar processos transnacionais de construção da norma:

> Pode-se até pensar em um novo papel para o direito público estatal no âmbito transnacional, no sentido de que pode ser usado para irritar processos transnacionais de construção de normas, por exemplo, usando os direitos civis internos ou regras procedimentais de justiça como critérios para controlar a legalidade das decisões das organizações transnacionais privadas que têm impacto sobre os direitos constitucionais dos indivíduos.[242]

[240] LADEUR, Karl-Heinz. The evolution of general administrative law and the emergence of postmodern administrative law. *Osgoode CLPE Research Paper*, n. 16, p. 3, 2011.

[241] LADEUR, Karl-Heinz. The emergence of global administrative law and transnational regulation. *Transnational Legal Theory*, v. 3, n. 3, p. 259, 2012.

[242] LADEUR, Karl-Heinz. The emergence of global administrative law and transnational

Outra premissa fundamental na compreensão de Ladeur é a negação da ideia de uma sociedade global homogênea, marcada por uma suposta unidade e pautada pela legitimidade, foco esse do direito global. Para o publicista alemão, a sociedade global é caracterizada muito mais pela fragmentação e por operação em redes.[243] A partir dessas premissas, o autor traz a sua noção funcional do DAG:

> O Direito Administrativo Global pode, portanto, ser associado ao conceito de "estado desagregado", que não se desintegra, mas se transforma por meio de tarefas regulatórias em "redes" relacionadas, nas quais a questão é menos a tomada seletiva de decisões do que realizar objetivos amplamente concebidos.[244]

Em suma, o emérito professor destaca a importância do DAG no contexto de fragmentação estatal e sustenta que ele pode ser associado ao conceito de "Estado desagregado", que não se desintegra, mas se transforma por meio de tarefas regulatórias em "redes" relacionadas. As novas formas baseadas em rede do DAG emergente, a longo prazo, também permitirão novas formas de controle público e responsabilização com base em uma nova lógica de lei de direito cooperativo no nível transnacional.[245]

regulation. *Transnational Legal Theory*, v. 3, n. 3, p. 259, 2012.

243 LADEUR, Karl-Heinz. The emergence of global administrative law and transnational regulation. *Transnational Legal Theory*, v. 3, n. 3, p. 247, 2012.

244 LADEUR, Karl-Heinz. The State in international law. *Comparative Research in Law & Political Economy Research Paper*, n. 27, p. 17, 2010.

245 "A acentuação conceitual do internacional em oposição ao direito administrativo global está ligada à compreensão próxima ao direito público nacional e sua orientação estatal [...], enquanto a questão do 'direito público global' negligencia essa premissa inicial e, como resultado, presta mais atenção à ascensão de atores privados na arena global. Consequentemente, o Estado apresenta-se 'fragmentado' na era da globalização a partir do deslocamento em uma multiplicidade de funções públicas e agências que mantêm sua orientação em 'redes' transnacionais, que são geradas em conjunto com outros atores públicos e privados em arenas particulares". LADEUR, Karl-Heinz. The State in international law. *Comparative Research in Law & Political Economy Research Paper*, n. 27, p. 17, 2010.

2.3.3 Leituras teóricas alternativas do direito administrativo global no continente europeu

Para além das abordagens realizadas pelas escolas anteriormente referidas (Viterbo e Max Planck), que protagonizam o debate sobre o DAG no continente europeu, é interessante dar destaque a análises promovidas por autores de outros países que, a despeito de não se inserirem nesses grupos, trazem contribuições autônomas relevantes para compreensão e análise crítica do tema. Sem qualquer pretensão de estabelecer um catálogo definitivo, fazemos menção a seguir a algumas análises de pesquisadores situados em universidades da Espanha, Portugal, França e Reino Unido. As escolhas dos autores, em que pese alcançadas mediante revisão bibliográfica, não deixam de se orientar pela influência que exerceram em nossas leituras.

2.3.3.1 Espanha

As interpretações dos publicistas espanhóis Manuel Ballbé[246] e Jaime Rodríguez-Arana[247] sobre o DAG partem de um esforço de distinguir as tradições europeia e norte-americana de direito administrativo.[248] Em "El futuro del derecho administrativo en la globalización: entre la americanización y la europeización", Manuel Ballbé analisa de modo originário[249] os fundamentos da formação do pensamento jurí-

[246] Manuel Ballbé é professor catedrático de Direito Administrativo da Universidade Autônoma de Barcelona (UAB), coordenador do doutorado em Seguridad Humana y Derecho Global.

[247] Jaime Rodríguez-Arana é professor catedrático de Direito Administrativo da Universidade da Corunha, na qual dirige o grupo de estudo de Direito Público Global e o doutorado internacional de Direito Administrativo Iberoamericano.

[248] BALLBÉ, Manuel. El futuro del derecho administrativo en la globalización: entre la americanización y la europeización. *Revista de Administración Pública*, n. 174, p. 215-249, 2007. MUÑOZ, Jaime Rodríguez-Arana. El derecho administrativo global: un derecho principal. *Revista Andaluza de Administración Pública*, n. 76, p. 15-50, 2010.

[249] A originalidade da abordagem de Manuel Ballbé se deve aos estudos que o professor da UAB realiza sobre o tema da "Seguridad Humana" e a sua relação com o direito global. A partir da análise histórica do tema da segurança nos EUA (*"modelo individuocéntrico de seguridad norteamericano"*), Ballbé pôde extrair conclusões até então pouco refletidas, até mesmo por estudo que se propunha a comparar os sistemas de direito administrativo Europeu e o *U.S. Administrativo Law.*

dico norte-americano e as origens das suas diferenças com o modelo europeu.

Porém, além do registro histórico que as análises desses dois professores espanhóis fornecem, seus escritos expressam um sentido normativo bastante peculiar. A partir do estudo comparativo que realizam, os autores qualificam[250] e comparam[251] as características dos sistemas. Com apoio nessas comparações, Jaime Rodríguez-Arana defende a conciliação ou síntese[252] de tradições jurídicas culturais distintas na busca de "obter o melhor dos dois sistemas legais, a partir de esquemas de complementaridade",[253] em uma espécie de convergência regulatória "ideal". Para o autor, a maior contribuição do sistema europeu seriam os corolários da noção de "Estado de Direito", positivada seja como valor fundante da união dos Estados-membros no Tratado da União Europeia (art. 2º), seja como um dos princípios gerais da UE no Tratado de Amsterdã (art. 1º):

> A cláusula do Estado de Direito ajuda a compreender o sentido que tem o Direito Administrativo Global também como Direito do poder público global para o exercício solidário das liberdades pelos cidadãos

[250] Na abordagem realizada pelos dois autores aparecem termos como: "*perversiones del modelo individuocéntrico de seguridad norteamericano*", "*resultados ineficientes de ese modelo*" e "*los problemas de la seguridad o de la mercantilización institucional estadounidense*". BALLBÉ, Manuel. El futuro del derecho administrativo en la globalización: entre la americanización y la europeización. *Revista de Administración Pública*, n. 174, p. 222 e 249, 2007. MUÑOZ, Jaime Rodríguez-Arana. El derecho administrativo global: un derecho principal. *Revista Andaluza de Administración Pública*, n. 76, p. 25, 2010.

[251] "O sistema anglo-saxão opera sobre a ideia de 'liberdade' liberal e tende a conceber os direitos e liberdades políticos como limites às ações dos poderes públicos. Em contraposição, a tradição romano-germânica que impera no continente nos mostra esses direitos como inseparavelmente ligados a certas obrigações positivas que os poderes públicos devem adotar em relação aos cidadãos." MUÑOZ, Jaime Rodríguez-Arana. El derecho administrativo global: un derecho principal. *Revista Andaluza de Administración Pública*, n. 76, p. 43, 2010.

[252] MUÑOZ, Jaime Rodríguez-Arana. El derecho administrativo global: un derecho principal. *Revista Andaluza de Administración Pública*, n. 76, p. 25, 2010.

[253] MUÑOZ, Jaime Rodríguez-Arana. El derecho administrativo global: un derecho principal. *Revista Andaluza de Administración Pública*, n. 76, p. 42, 2010.

do espaço jurídico administrativo global. A Europa é um espaço jurídico comprometido com a liberdade e com a eficácia dos direitos fundamentais da pessoa.[254]

Por meio de uma principiologia guiada pela intenção de obter uma síntese do melhor dos sistemas legais norte-americano e europeu,[255] Jaime Rodríguez-Arana confere uma tarefa hercúlea ao jurista do DAG:

> Diante dessa orientação, encontramos, por outro lado, tentativas de converter o Direito Administrativo Global na "*longa manus*" da tecnoestrutura global que intenta a todo custo impor determinados critérios e instruções de ordem social, econômica e, sobretudo, ideológica, com o fim de garantir o domínio e controle das sociedades. Diante desta nova ditadura global, às vezes sutil e imperceptível [...], está-se travando uma nova batalha pelo Direito que há de convocar o jurista do Direito Administrativo Global para defender com afinco e determinação os princípios do Estado de Direito, princípios que no âmbito do espaço jurídico global permite integrar o melhor da tradição jurídica continental com o melhor da tradição jurídica anglo-saxônica.[256]

Manuel Ballbé, por sua vez, não advoga deliberadamente por uma síntese, mas defende a prevalência da europeização sobre a americanização em campos cuja regulação europeia, na opinião do autor, mostra-se mais avançada, notadamente: segurança e meio ambiente.[257]

[254] MUÑOZ, Jaime Rodríguez-Arana. El derecho administrativo global: un derecho principal. *Revista Andaluza de Administración Pública*, n. 76, p. 41, 2010.

[255] Para um contraponto crítico acerca da apropriação na esfera global de princípios e valores ocidentais do Estado de direito, cf.: HARLOW, Carol. Global administrative law: The quest for principles and values. *European Journal of International Law*, v. 17, n. 1, p. 187-214, 2006.

[256] MUÑOZ, Jaime Rodríguez-Arana. El derecho administrativo global: un derecho principal. *Revista Andaluza de Administración Pública*, n. 76, p. 37-38, 2010.

[257] BALLBÉ, Manuel. El futuro del derecho administrativo en la globalización: entre la americanización y la europeización. *Revista de Administración Pública*, n. 174, p. 249-252 e 260, 2007.

2.3.3.2 Portugal

Quando se contrapõe a concepção de DAG formulada por administrativistas de países da matriz europeia continental com a de autores filiados à tradição estadunidense, notam-se algumas diferenças fundamentais.

As análises realizadas nas obras dos administrativistas portugueses Suzana Tavares da Silva[258] e Miguel Prata Roque[259] revelam algumas distinções relevantes em termos de escopo do DAG. Em resumo, e em contraponto às leituras de Benedict Kingsbury e Richard Stewart, Suzana Tavares da Silva e Miguel Prata Roque: i) partem do estudo histórico-conceitual do direito administrativo e da sua capacidade de regular relações transnacionais/globais; e ii) apresentam uma leitura restritiva do conceito de DAG. Outra nota é que Miguel Prata Roque parece dar preferência às análises europeias do DAG, sobretudo as alemãs, em lugar de um diálogo mais direto com os estudos realizados no âmbito do IILJ da NYU.

Miguel Prata Roque traz a seguinte definição de DAG:

> Já o "Direito Global" tende a emancipar-se do julgo estadual,[260] alicerçando a legitimação da sua força vinculativa em modelos de intercooperação transnacional (ou transestadual) de indivíduos, de pessoas coletivas privadas, de formas associativas não institucionalizadas e até de pessoas coletivas públicas [...].
>
> Mais uma vez, concebo o "Direito (Público) Global" – nele incluído o "Direito Administrativo Global" – como um dos ramos do "Direito

[258] Suzana Tavares da Silva é professora de Direito Administrativo e Direito Fiscal da Faculdade de Direito da Universidade de Coimbra. Dentre as obras que escreveu sobre o tema, merecem destaque: *Direitos fundamentais na arena global.* Coimbra: Imprensa da Universidade de Coimbra, 2011, *Direito Administrativo Europeu.* Coimbra: Imprensa da Universidade de Coimbra, 2010 e *Um novo direito administrativo?* Coimbra: Imprensa da Universidade de Coimbra, 2010.

[259] Miguel Prata Roque, por sua vez, é Professor de Direito da Universidade de Lisboa, tendo lecionado as disciplinas de Direito Administrativo Europeu e de Direito Administrativo Global nessa mesma universidade. Seu trabalho mais significativo é a sua tese de doutorado intitulada *A dimensão transnacional do direito administrativo – uma visão cosmopolita das situações jurídico-administrativas*, que revela um estudo profundo sobre o tema.

[260] No contexto da federação brasileira, em lugar de "estadual", o termo mais adequado seria "estatal".

(Público) Cosmopolita". Não se confundindo com o "Direito Internacional (Público)", o Direito Global consiste num complexo normativo e principiológico autónomo que se beneficia das experiências de Direito Comparado, operando uma síntese dos vários ordenamentos jurídicos estaduais num corpo normativo relativamente flexível e desestruturado. Nele imperam as fontes não escritas e uma força vinculativa mais alicerçada num consenso inerente ao funcionamento de mecanismos informais de expressão da própria vontade da "Sociedade Cosmopolita", do que na institucionalização de órgãos públicos representativos da comunidade global. Por sua vez, ao acolher os traços essenciais e os princípios gerais dos vários ordenamentos jurídicos que compõem a "Sociedade Cosmopolita", o "Direito Global" irradia uma força vinculativa que se autonomiza dos parâmetros normativos estaduais para criar um novo parâmetro de "normatividade global".[261]

O autor expressa ao longo de seu estudo uma preocupação em distinguir o DAG sem hesitações de disciplinas já existentes, como o direito internacional administrativo (DIA), direito administrativo internacional (DAI) e o Direito Administrativo da União Europeia.[262] A mesma intenção delimitadora é percebida no texto de Suzana Tavares da Silva, de acordo com a qual:

> Alguns autores tendem a incluir o direito administrativo global no contexto do direito administrativo das organizações internacionais, posição que não subscrevemos, na medida em que este direito assume verdadeira autonomia pelo facto de consubstanciar não apenas um ordenamento "desestadualizado", mas também sem "organizações responsáveis pela gestão de interesses supranacionais", assente numa confluência de interesses jurigénica, autossustentada e autocontrolada a partir de referentes produzidos segundo esquemas dialécticos, de que é ilustrativo o modelo de regulação da internet.[263]

261 ROQUE, Miguel Prata. *A dimensão transnacional do direito administrativo*: uma visão cosmopolita das situações jurídico-administrativas. Lisboa: AAFDL, 2014. p. 861, 863 e 864.

262 Cf.: ROQUE, Miguel Prata. *A dimensão transnacional do direito administrativo*: uma visão cosmopolita das situações jurídico-administrativas. Lisboa: AAFDL, 2014. p. 502, 514 e 858-865.

263 SILVA, Suzana Tavares da. *Um novo direito administrativo?* Coimbra: Imprensa da Uni-

Portanto, se confrontada com os cinco tipos de "administrações globais", a que faz referência o *framework paper*[264] dos fundadores da Escola da NYU, a posição de Suzana Tavares da Silva se pautaria apenas pela última categoria – "v) administração por instituições privadas com funções regulatórias" –, com alguma assimilação da penúltima – "iv) administração por acordos híbridos-intergovernamentais-privados".

De acordo com a autora portuguesa, a ideia de DAG deve consubstanciar não apenas um ordenamento "desestatalizado", mas também sem "organizações responsáveis pela gestão de interesses supranacionais". Com base nessa linha de argumentação, Suzana Tavares sustenta uma concepção do DAG nos termos de uma "administração de interesses públicos sem Estado".[265]

Como já pontuado, entendemos que essas distinções decorrem sobretudo da matriz de direito administrativo à qual os autores estão filiados. A revisão bibliográfica de Miguel Prata Roque revela uma grande influência da construção histórica e da evolução do direito administrativo de tradição europeia em suas formulações sobre o DAG, no sentido de expressar com clareza o que "já existia" e "já era operacionalizado" muito antes da juridificação dos fenômenos sociais, econômicos e culturais suscitados pela globalização.

Há também outro elemento que impacta na leitura dos autores: o enfoque administrativista da questão ("de dentro para fora"), por se tratar de dois pesquisadores e professores com vasto conhecimento das estruturas e da lógica operacional do direito administrativo. Esse conhecimento arrefece o tom novidadeiro de um contato aparentemente inicial com essa "nova" realidade global, em razão do contato com os campos já desenvolvidos relacionados à internacionalização do direito administrativo (DIA e DAI), bem como do direito administrativo transnacional (DAT) vivenciado no âmbito da UE.

versidade de Coimbra, 2010. p. 20.

264 KINGSBURY, Benedict; KRISCH, Nico; STEWART, Richard B. The emergence of global administrative law. *Law and Contemporary Problems*, v. 68, n. 3/4, p. 20, 2005.

265 SILVA, Suzana Tavares da. *Um novo direito administrativo?* Coimbra: Imprensa da Universidade de Coimbra, 2010. p. 21.

Quanto aos autores portugueses, menciona-se, por fim, Vasco Pereira da Silva, professor da Faculdade de Direito da Universidade de Lisboa e da Universidade Católica Portuguesa. Ele propõe a expressão "direito administrativo sem fronteiras" como meio de abarcar as múltiplas vertentes e denominações que marcam a superação do caráter estritamente nacional do direito público, quais sejam: o direito administrativo comparado, o DAG e o direito administrativo europeu.[266] Em nosso entendimento, as maiores contribuições das análises do autor situam-se na descrição histórica e na síntese conceitual dessas vertentes.

2.3.3.3 França

Em França, ainda que sem a evidenciação de um núcleo de pensamento sobre o DAG – com a definição de uma linha de pesquisa própria, financiamento e agregação de pesquisadores de sólida formação acadêmica e aprofundado conhecimento sobre o tema –, pode-se verificar abordagens autônomas sobre os impactos da globalização no direito administrativo, que dialogam com vertentes do DAG. Para além dos atributos das abordagens, a menção se faz oportuna por tratar-se do país onde se originou parcela significativa dos institutos clássicos do direito administrativo de matriz eurocêntrica.

As abordagens sobre globalização e direito de Jean-Bernard Auby, professor de Direito Público na Sciences Po Paris, têm protagonizado o debate nesse país, com diálogo crítico com autores de diferentes escolas do DAG. Já em 2003, Auby publicou a primeira edição do livro *La globalisation, le droit et l'État*,[267] obra em que pretende enfrentar temas fundamentais do fenômeno da globalização jurídica. Muito além de uma análise jurídica, o autor procura explorar as dimensões econômicas, políticas e culturais do fenômeno e as utiliza para exa-

[266] Cf.: SILVA, Vasco Pereira da. Do direito administrativo nacional ao direito administrativo sem fronteiras (breve nota histórica). *In*: SILVA, Vasco Pereira da; SARLET, Ingo Wolfgang. *Direito público sem fronteiras*. Lisboa: ICJP, 2011. p. 211-215. SILVA, Vasco Pereira da. O impacto do direito administrativo sem fronteiras no direito administrativo português. *In*: SILVA, Vasco Pereira da. *Direito constitucional e administrativo sem fronteiras*. Coimbra: Almedina, 2019. p. 37-66.

[267] Cf.: AUBY, Jean-Bernard. *La globalisation, le droit et l'État*. Paris: Montchrestien, 2003.

minar os desafios existentes e emergentes aos modelos territoriais e estadocêntricos de Direito e governança. Em 2007, no seminário *Droit Administratif Comparé, Européen et Global*, o autor acentua o diálogo com a proposta metodológica da escola da NYU ao apresentar o *paper* "La théorie du droit administratif global: Brève présentation critique".[268] Em 2011, Auby coordenou em conjunto com os professores Gordon Anthony (Queen's University Belfast), John Morison (Queen's University Belfast) e Tom Zwart (Utrecht School of Law) a obra coletiva *Values in global administrative law*.[269] O livro contou com textos de renomados publicistas, notadamente Carol Harlow (London School of Economics), Paul Craig (University of Oxford), Eberhard Schmidt-Aßmann (Heidelberg) e Sabino Cassese (University of Rome "La Sapienza").

Uma das questões fundamentais que movem as análises de Jean-Bernard Auby é saber se e como a globalização jurídica é regulada. O texto "Is Legal Globalization Regulated-Memling and the Business of Baking Camels", publicado pelo autor em 2008,[270] traz a síntese desse pensamento. A partir da descrição do fenômeno da globalização, Auby fornece uma visão clara de seu posicionamento acerca da diminuição e substituição da influência do espaço soberano dos Estados e suas leis.[271] Em um esforço descritivo, ele defende que a globalização, inauguradora do Direito pós-moderno, seria regulada mediante uma mistura de processos tradicionais e novos, ao mesmo tempo internacionais e domésticos, públicos e privados. Abordagem teórica inspirada na leitura de François Ost e Michel van de Kerchove, que no livro *De la pyramide au réseau*[272]

[268] Cf.: AUBY, Jean-Bernard. La théorie du droit administratif global: brève présentation critique. *In*: *Science Po*: Troisième session du Séminaire – "Droit Administratif Comparé, Européen et Global". 2007.

[269] Cf.: ANTHONY, Gordon; AUBY, Jean-Bernard; MORISON, John; ZWART, Tom. *Values in global administrative law*. London: Bloomsbury Publishing, 2011.

[270] AUBY, Jean-Bernard. Is legal globalization regulated-memling and the business of baking camels. *Utrecht Law Review*, v. 4, p. 210-217, 2008.

[271] AUBY, Jean-Bernard. Is legal globalization regulated-memling and the business of baking camels. *Utrecht Law Review*, v. 4, p. 211-212, 2008.

[272] Cf.: OST, François; KERCHOVE, Michel Van De. *De la pyramide au réseau*: pour une

procuram demonstrar que o direito pós-moderno não é mais piramidal, mas sim baseado em redes.

2.3.3.4 Reino Unido

Com relação a autores do Reino Unido, os renomados publicistas Carol Harlow e Paul Craig têm desempenhado relevante papel na disseminação e no desenvolvimento crítico do tema. Carol Harlow, professora emérita da LSE, publicou em 2006 no *The European Journal of International Law paper* sobre a definição de princípios para um DAG.[273] O texto evidencia uma visão crítica acerca da transposição de valores e princípios constituídos historicamente no âmbito dos sistemas nacionais de direito administrativo, voltados, segundo a autora, à proteção dos interesses ocidentais, para o âmbito global. Do rol descrito pela Harlow, constam princípios procedimentais, notadamente os princípios da legalidade e *due process*; conjunto de valores do Estado de Direito, promovidos pelos defensores do livre comércio e do liberalismo econômico; bem como valores de boa governança e, mais particularmente, transparência, participação e *accountability*, promovidos pelo Banco Mundial e pelo Fundo Monetário Internacional (FMI).

Para Carol Harlow, além de um impacto desfavorável nas economias em desenvolvimento, a evolução do DAG em fóruns de julgamento estaria levando a uma indesejável "juridificação do processo político". Por essa razão, Carol Harlow se mostra cética em relação à formulação de um conjunto universal de princípios de direito administrativo, demonstrando preferência pela diversidade e pelo pluralismo.

Por sua vez, Paul Craig, professor emérito da Universidade Oxford, publicou em 2015 obra extensa sobre os pontos de intersecção e as diferenças entre os pressupostos fundamentais dos "direitos administrativos" do Reino Unido, UE e Global. O autor oferece uma obra de caráter descritivo, com ganhos analíticos em relação à compreensão da tensão verificada na inter-relação entre esses três níveis.[274]

théorie dialectique du droit. Bruxelles: Saint-Louis, 2002.

[273] Cf.: HARLOW, Carol. Global administrative law: The quest for principles and values. *European Journal of International Law*, v. 17, n. 1, p. 187-214, 2006.

[274] Cf.: CRAIG, Paul. UK, EU and global administrative law: Foundations and challenges. Cambridge: Cambridge University Press, 2015.

2.4 Teorização do direito administrativo global a partir dos dilemas da sul-globalização

Além dos debates "globalização-americanização" e "globalização-americanização" centrados na influência que os EUA e a UE exercem no movimento de globalização jurídica, há uma terceira via de pesquisa que pretende problematizar a teorização do DAG a partir dos dilemas da "sul-globalização".

Trata-se de debates promovidos por autores de países que não integram o *mainstream*, e que procuram abordar criticamente os aspectos fáticos da sua condição de marginalização diante das duas forças preponderantes no contexto da governança global, bem como lidar com os desafios impostos pelos hibridismos verificáveis nos seus sistemas jurídicos, que dificultam o enquadramento em tipos ideais e a adequação aos elementos normativos desenvolvidos no âmbito dos EUA e da Europa continental.

A perspectiva sul-globalista conta com uma gama numerosa de autores e núcleos de pensamento que dialogam entre si e que também integram a rede do *GAL Project* fundada pelo IILJ. Dentre os núcleos de pensamento que promoveram essa perspectiva, destacam-se: Escola de Direito da Fundação Getulio Vargas em São Paulo (FGV DIREITO SP), *Centre for Policy Research* em Déli (Índia), Faculdade de Direito da Universidade Los Andes em Bogotá (Colômbia), Universidade San Andres em Buenos Aires (Argentina), Escola de Direito da Universidade Tsinghua em Pequim (China) e Faculdade de Direito da University of Cape Town (África do Sul). Um processo de aproximação de diversas universidades, em uma agenda mobilizada com apoio do capital financeiro e humano da NYU, assim como no caso europeu da Escola de Viterbo.

Em razão da proximidade que temos, da integração com o debate promovido internacionalmente e da relevância de suas publicações coletivas para compreensão da perspectiva sul-globalista do DAG, iremos dedicar especial atenção à análise da FGV DIREITO SP.

2.4.1 Escola de Direito de São Paulo da Fundação Getulio Vargas

A Escola de Direito de São Paulo da Fundação Getulio Vargas (FGV DIREITO SP) está inserida na rede do *GAL Project*, fundada pelo IILJ, e tem atuado para gerar e disseminar as pesquisas sobre o impacto da regulação e governança global no âmbito dos países em desenvolvimento, com intuito de promover a defesa dos seus interesses de forma mais eficaz diante das ações de agências globais e internacionais.

O direito público brasileiro permanece fundamentado nos "dogmas" do estadocentrismo, fruto da influência das construções teóricas do continente europeu.[275] Por outro lado, também se verifica a presença de um sistema judiciário unitário e de institutos do *U.S. administrative law*, por exemplo, as agências reguladoras, a evidenciar hibridismo em nosso sistema jurídico. Sob o ponto de vista do debate teórico, os publicistas brasileiros em geral encontram-se fora do *mainstream*, muito mais receptores das formulações estrangeiras do que protagonistas do debate acadêmico internacional. Todavia, esse desenho, com seus hibridismos e contradições, evidencia os desafios em se enquadrar o direito público brasileiro aos tipos ideais fornecidos pelas práticas e teóricos situados no âmbito da "globalização-americanização" e "globalização-europeização", dificultando o emprego de categorias de análises e elementos normativos predominantes.

Mais do que isso, princípios consagrados no sistema jurídico norte-americano e nomeados com expressões que nem sequer têm equivalente em língua portuguesa, por exemplo, *accountability*,[276] demonstram

[275] Em estudo anterior, pudemos verificar hibridismos e contradições na construção do direito administrativo brasileiro, resultantes, entre outros fatores: i) da apropriação, por vezes irrefletida, por autores brasileiros das teses consagradas na doutrina francesa, que, por sua vez, resultava, basicamente, da sistematização das interpretações do *Conseil d'État*; ii) do sistema judiciário, que a partir da primeira Constituição Republicana passou a ser equivalente ao modelo unitário da *common law*; iii) da adoção do modelo de agências reguladoras, sob influência do *U.S. administrative law*, para regular a prestação dos serviços públicos concedida à iniciativa privada a partir da década de 1990. VENTURINI, Otavio Augusto de Sousa. O paradigma "atocêntrico" da atividade administrativa. *Revista Brasileira de Estudos da Função Pública: RBEFP*, Belo Horizonte, v. 4, n. 11, p. 9-29, maio/ago. 2015. Para uma análise teórica aprofundada da gênese e evolução do direito administrativo brasileiro a partir da influência dos sistemas francês e americano, e os desdobramentos no plano fático das contradições decorrentes, refletidos na ineficácia da Administração Pública no Brasil, cf.: BUCCI, Maria Paula Dallari. *Direito administrativo e políticas públicas*. São Paulo: Saraiva, 2002. Cap. III.

[276] Sobre os desafios para tradução de "*accountability*", cf.: CAMPOS, Anna Maria. *Accountability*: quando poderemos traduzi-la para o português? *Revista de Administração Pública*, v. 24, n. 2, p. 30-50, 1990.

como a predominância de um modelo jurídico no contexto da globalização traz desafios imensos aos Estados que a ele devem se adaptar.

No campo da convergência regulatória em âmbito global, outro dilema vivenciado no contexto da "sul-globalização" é a predominância dos EUA e da UE na imposição de seus padrões a outros atores e Estados, promovendo custos de ajuste para manutenção no mercado.[277] Jonathan R. Macey explicita uma abordagem crítica no campo da regulação global ao categorizar o "imperialismo regulatório", consistente na capacidade de introduzir unilateralmente suas preferências regulatórias nos regimes domésticos de outros países.[278]

Em face da condição marginalizada e das incoerências do sistema jurídico brasileiro, a FGV DIREITO SP desempenha um papel crítico relevante em relação aos efeitos da globalização jurídica sobre as instituições nacionais.

As pesquisas no campo do DAG da FGV DIREITO SP são lideradas pela professora Michelle Ratton Sanchez Badin, que tem focado seus estudos no campo do direito internacional econômico, analisando as relações econômicas envolvendo países do sul global no sistema econômico internacional e instrumentos não tradicionais do direito internacional moderno. Michelle Badin possui formação acadêmica vinculada à Escola da NYU e diálogo sobre o DAG com os seus autores centrais.[279]

A autora foi responsável por inaugurar o debate sobre o DAG no Brasil, a partir do texto seminal "El Proyecto Derecho Administrativo Global: Una Reseña Desde Brasil"[280] apresentado no *workshop* de Buenos Aires em março de 2007 e publicado em 2010. O texto também

[277] DREZNER, Daniel W. Globalization, harmonization, and competition: The different pathways to policy convergence. *Journal of European Public Policy*, v. 12, n. 5, p. 846, 2005.

[278] MACEY, Jonathan R. Regulatory globalization as a response to regulatory competition. *Emory LJ*, v. 52, p. 1367-1371, 2003.

[279] A professora-pesquisadora concluiu pós-doutorado na NYU e realizou estudo com autores da Escola da NYU. Cf.: STEWART, Richard B.; BADIN, Michelle Ratton Sanchez. The World Trade Organization: Multiple dimensions of global administrative law. *International Journal of Constitutional Law*, v. 9, n. 3-4, p. 556-586, 2011.

[280] BADIN, Michelle Ratton Sanchez. El proyecto derecho administrativo global: una reseña desde Brasil. *Revista de Derecho Público*, v. 24, 2010.

evidencia o enfoque dos trabalhos posteriores da Escola: "o primeiro – e mais importante – desafio na região é a falta de abordagem crítica ao debate de governança global e o indiferente debate acadêmico em questões conexas".[281]

Em 2016, é publicada a obra *Ensaios sobre o direito administrativo global e sua aplicação no Brasil*, que sintetiza o sentido crítico e a contribuição da FGV DIREITO SP para o debate do DAG a partir da perspectiva sul-globalista. O livro, para além das análises de autores brasileiros, conta com a contribuição de Chimni, um dos principais expoentes da abordagem terceiro-mundista no direito internacional, que expôs algumas reflexões referentes à emergência do DAG na perspectiva do terceiro mundo, no texto intitulado "Cooptação e resistência: duas faces do direito administrativo global".[282] O estudo de Maíra Rocha "Faz diferença ser membro? Notas sobre os desafios descritivos do direito administrativo global",[283] professora da FGV DIREITO SP, também ilustra a postura metodológica e os objetivos da abordagem crítica da Escola, que procura evidenciar os aspectos fáticos da sua condição de marginalização diante das forças preponderantes no contexto da globalização jurídica ("globalização-americanização" e "globalização-europeização").

2.5 Síntese comparativa das diferentes vertentes do direito administrativo global

Ao longo deste capítulo, que teve por objetivo sistematizar o debate realizado por vertentes do DAG sobre os fenômenos normativos globais, percorreram-se as formulações de escolas e autores oriundos de países de diferentes matrizes de direito administrativo.

[281] BADIN, Michelle Ratton Sanchez. El proyecto derecho administrativo global: una reseña desde Brasil. *Revista de Derecho Público*, v. 24, p. 8, 2010.

[282] CHIMNI, Bhupinder S. Cooptação e resistência: duas faces do direito administrativo global. *In*: BADIN, Michelle Ratton Sanchez (org.). *Ensaios sobre o direito administrativo global e sua aplicação no Brasil*. São Paulo: Academica Livre, 2016. v. 1. p. 117-156.

[283] MACHADO, Maíra Rocha. Faz diferença ser membro? Notas sobre os desafios descritivos do direito administrativo global. *In*: BADIN, Michelle Ratton Sanchez (org.). *Ensaios sobre o direito administrativo global e sua aplicação no Brasil*. São Paulo: Academica Livre, 2016. v. 1. p. 189-211.

As premissas e conclusões de cada autor sobre o DAG revelaram algumas diferenças fundamentais que merecem uma catalogação e sobre as quais é possível, em nosso entender, encontrar ao menos elementos motivadores. Isso representaria um ganho em termos de compreensão conceitual dessa temática, ainda em fase de desenvolvimento.

No que se refere à catalogação, com apoio no que se descreveu até aqui, evidenciaram-se algumas diferenças metodológicas e conceituais. Essas diferenças são mais bem percebidas quando se contrapõem as análises de Benedict Kingsbury e Richard Stewart com as dos portugueses Suzana Tavares da Silva e Miguel Prata Roque.

Benedict Kingsbury e Richard Stewart, fundadores da Escola da NYU: i) partem do fenômeno social da governança global para tomar emprestado do direito administrativo soluções para questões relacionadas à sua regulação; ii) apresentam uma leitura ampliativa do conceito de DAG ao inserirem no quadro analítico dos tipos de regulação global categorias normativas produzidas por organizações constituídas por meio de instrumentos convencionais do direito internacional público (DIP); e iii) adotam uma proposta metodológica do *GAL Project*, pautada em estudo de casos.

Suzana Tavares da Silva e Miguel Prata Roque: i) apresentam uma leitura restritiva do conceito de DAG; e ii) não seguem uma linha metodológica definida por algum núcleo de pensamento – Miguel Prata Roque é mais dedutivo e teórico-conceitual, parte do estudo histórico-conceitual do direito administrativo e da sua capacidade de regular relações transnacionais/globais, enquanto Suzana Tavares, depois de apresentar as linhas teóricas gerais, realiza, inclusive, alguns estudos de casos no seu livro.[284] Também se pode destacar que esses autores portugueses dão preferência às análises sobre o DAG realizadas por autores europeus, em detrimento dos estudos realizados no âmbito do IILJ da NYU.

Outra chave distintiva possível é a distinção entre globalistas otimis-

[284] A autora portuguesa realiza os seguintes estudos de caso: "O modelo de regulação da internet ('administração de interesses públicos sem Estado')"; "Afloramentos impressivos da global administrative law aplicada por organismos internacionais"; e "A caminho de uma global administrative environmental law ('a Convenção de Aahrus')?".

tas e internacionalistas céticos[285] com relação à autonomia do DAG em face do campo do direito internacional, distinção essa que tem repercussões na compreensão do papel do Estado entre esses autores.

A partir das premissas dos autores mencionados neste estudo, pôde-se verificar que as relações do DAG com o direito internacional ainda não estão resolvidas. Os globalistas otimistas – representados aqui por Benedict Kingsbury e Richard Stewart – compartilham a ideia de que o campo do DAG transcende o direito internacional, porque, entre outras distinções, também inclui as sociedades civis nacionais entre seus atores.[286]

No entanto, os administrativistas da tradição estadocêntrica da Europa Ocidental continental, com sólida formação em direito administrativo internacional (DAI) e direito internacional administrativo (DIA), tendem a considerar o DAG parte de sua disciplina. Essa leitura um tanto cética do DAG foi explicitada nos textos do publicista alemão Eberhard Schmidt-Aßmann e encontra-se presente na delimitação que lhe conferiu o português Miguel Prata Roque, ambos autores oriundos da matriz europeia continental.

Outro tipo de ceticismo diz menos respeito à autonomia científica do DAG em relação ao direito internacional, e mais à função do DAG de alcançar a legitimação "jurídica" unificadora de uma sociedade global homogênea em suposta formação. Alguns autores, como Karl-Heinz Ladeur, embora defensores da autonomia e relevância do DAG, negam a viabilidade de uma sociedade global homogênea, marcada por uma suposta unidade e pautada pela legitimidade, foco esse do direito global. Para o publicista alemão, a sociedade global é caracterizada muito mais pela fragmentação e por operação em redes.

Todas essas distinções têm repercussões na leitura que os autores fazem do papel do Estado. De acordo com Sabino Cassese, alguns estudiosos do DAG têm subestimado o papel desempenhado pelos Estados

285 Sabino Cassese propõe classificação em termos próximos. Cf.: CASSESE, Sabino. Global administrative law: The state of the art. *International Journal of Constitutional Law*, v. 13, n. 2, p. 466, 2015.

286 CASSESE, Sabino. Global administrative law: The state of the art. *International Journal of Constitutional Law*, v. 13, n. 2, p. 466, 2015.

no espaço global e sobrevalorizado os chamados atores globais.[287] Em nossa opinião, o entusiasmo com a globalização e a preterição da função do Estado é verificada, principalmente, em autores do *Institute for International Law and Justice* (IILJ). Há uma tendência de autores oriundos da matriz europeia continental de direito administrativo defenderem, com nuances e intensidade distintas entre si, que o Estado permanece como figura central nas relações nos âmbitos transnacional e global, se não a mais relevante. Eberhard Schmidt-Aßmann sustenta a manutenção da centralidade, ou mesmo a inescapabilidade, das figuras do Tratado e da Lei[288] na efetivação das normas globais. Até mesmo Sabino Cassese, que possui laços estreitos com o IILJ, realizou recentemente uma crítica à subvalorização do Estado, ressaltando que "O Estado e sua interação com os regimes regulatórios globais devem ser reintroduzidos no contexto do Direito Administrativo Global".[289]

Ao final dessas leituras e comparações, a influência da matriz de direito administrativo no conceito de DAG parece se confirmar. A análise dos textos desses diversos autores indica certa convergência de posição entre autores oriundos da Europa continental em relação a temas sensíveis, como a distinção do DAG em relação ao DAI e DIA e o papel do Estado nos âmbitos transnacional e global.

Uma segunda questão a ser respondida é saber o porquê dessa suposta influência. Entendemos que há distinções ideológicas e operacionais.

Por parte dos autores integrantes do *GAL Project* – muito embora sempre existam distinções entre eles, o que só tende a aumentar com o passar do tempo e a inclusão de novos pesquisadores do mundo inteiro –, notamos um grande entusiasmo com o fenômeno da governança global

[287] CASSESE, Sabino. Global administrative law: The state of the art. *International Journal of Constitutional Law*, v. 13, n. 2, p. 467, 2015.

[288] De acordo com o autor: "Onde formas intensivas de cooperação foram desenvolvidas sem um tratado como base, mas com efeitos alcançando a esfera nacional, os Estados têm a tarefa de 'reincorporar' essas formas sob o Direito dos Tratados". SCHMIDT-AßMANN, Eberhard. The internationalization of administrative relations as a challenge for administrative law scholarship. *German Law Review*, p. 2069, 2008.

[289] CASSESE, Sabino. Global administrative law: The state of the art. *International Journal of Constitutional Law*, v. 13, n. 2, p. 467, 2015.

e uma subestimação do papel do Estado (percepção também compartilhada por Sabino Cassese).[290] Para esses autores, o direito administrativo não é o ponto de partida, tampouco o elemento principal da pesquisa. O foco é o fenômeno da governança global, e o direito administrativo pode "servir" na medida em que possui uma lógica operacional que pode ser "aproveitada" e "adaptada" às regulações de ordem global, mormente pelo fato de o *U.S. administrative* possuir natureza processual e ser tipicamente o direito da regulação, a expressar valores úteis à proposta de legitimação da governança global: *accountability, transparency, participation, reasoned decision, effective review*, entre outros, relacionados com a tradição estadunidense.

Portanto, a nosso ver, trata-se de uma apropriação bastante pragmática e de pretensões normativas do *U.S. administrative law*, sem maiores preocupações com investigações histórico-conceituais.

No que se refere a autores oriundos da matriz europeia continental de direito administrativo, a proposta parece ser diferente. Esses autores certamente foram provocados pelo destaque dos estudos do *GAL Project*, mas se mostraram menos entusiasmados com a globalização e o suposto "sumiço" do Estado. São autores, ademais, que já conviviam com um histórico de investigações sobre temáticas bastante próximas, uma vez que o DIA e o DAI tiveram desenvolvimentos teóricos iniciais na metade do século XIX, além da própria experiência com o direito administrativo transnacional (DAT) no âmbito da UE.

Por fim, a teorização do DAG a partir dos dilemas da "sul-globalização" tem por enfoque gerar e disseminar as pesquisas sobre o impacto da regulação e governança global no âmbito dos países fora do eixo central, com intuito de promover a defesa dos seus interesses de forma mais eficaz diante das ações de agências globais e internacionais.

2.6 Conclusões parciais

Neste capítulo, procuramos realizar uma sistematização de diferentes vertentes teóricas do DAG por meio das categorias da "globalização-americanização" e "globalização-europeização", bem como da leitura

[290] Cf. CASSESE, Sabino. Global administrative law: The state of the art. *International Journal of Constitutional Law*, v. 13, n. 2, p. 467, 2015.

alternativa a partir dos desafios da "sul-globalização". Além da sistematização teórica, o capítulo representou um esforço conceitual para o desenvolvimento da pesquisa ao perscrutar as respostas que as diferentes vertentes teóricas do DAG fornecem para questões fundamentais concernentes à relação dos fenômenos normativos globais com a estatalidade do Direito.

Com o propósito de verificar a capacidade analítica do DAG, e adotando como referência o quadro analítico dos cinco tipos de regulação global definido no *framework paper* dos fundadores da Escola da NYU, constatamos na confrontação de diversas vertentes do DAG que as categorias que desafiam com maior intensidade os fundamentos da estatalidade são: i) administração por instituições privadas com funções regulatórias e ii) administração por acordos híbridos-intergovernamentais-privados. Em suma, regulações realizadas por entidades não estatais. No Capítulo 3, buscaremos evidenciar os elementos da postura analítica do DAG diante de fenômenos normativos de fonte não estatal, notadamente os *standards*, no que diz respeito à sua capacidade para: i) descrevê-los, ii) categorizá-los e iii) normatizá-los.

3

Direito Administrativo Global e *Standards*

Nos dois capítulos anteriores procuramos apresentar a experiência do estadocentrismo no continente europeu e os fundamentos do limiar da globalização jurídica, bem como uma sistematização de diferentes vertentes teóricas do direito administrativo global (DAG), enfatizando o diálogo que elas realizam sobre os desafios dos fenômenos normativos globais ao monopólio do Direito pelo Estado.

Em face das conclusões parciais alcançadas até aqui, este capítulo tem por enfoque a descrição da postura analítica do DAG em relação aos fenômenos normativos de fonte não estatal, analisando-se a sua capacidade para: i) descrevê-los, ii) categorizá-los e iii) normatizá-los. O capítulo também desempenha a função de servir como transição da análise teórica para o estudo empírico realizado na sequência do livro, trazendo elementos importantes para exposição da situação-problema da produção e do ingresso da ISO 37001 no ordenamento jurídico brasileiro.

Para tanto, este capítulo está organizado em quatro partes, que se destinam a: i) apresentar a abordagem do DAG em relação aos fenômenos normativos de fonte não estatal, destacando-se a importância e as consequências do reconhecimento do caráter jurídico a esses fenômenos; ii) retratar a leitura estatalista que diferencia os *standards* do Direito, e os mecanismos convencionais do direito administrativo de incorporação e remissão pelo direito estatal; iii) analisar o processo de expansão da *standardization* para domínios tradicionalmente regulados pelo direito do Estado e a proposta normatizadora do DAG; e iv) investigar a natureza jurídica e o funcionamento da ISO, destacando-se as características que a diferenciam das organizações internacionais oriundas de instrumentos do direito internacional público (DIP).

Em suma, o desenvolvimento dos tópicos seguintes se insere no âmbito da tensão entre os *standards* e o Direito produzido pelo Estado, evidenciando as razões e as características da transição de uma leitura estatalista, com ênfase nos mecanismos convencionais do direito administrativo de incorporação e remissão dos *standards* pelo direito estatal para a proposta normatizadora do DAG da sua produção e aplicação.

3.1 Direito administrativo global e reconhecimento do caráter jurídico a normas de fonte não estatal

A especificidade e a relevância do DAG justificam-se, em nosso entendimento, pela forma como esse campo teórico descreve, categoriza e normatiza os fenômenos normativos de fonte não estatal. Diferentemente de linhas investigativas que traçam uma distinção *a priori* entre ordenamento jurídico estatal e normalização técnica,[291] o DAG reconhece juridicidade ou *status* de "*law*" às normas de fonte não estatal, a depender da relação que estabelecem com as instituições públicas.

Além das menções presentes no *framework paper*[292] às funções regulatórias de atores privados, Benedict Kingsbury, no texto "The concept of 'law' in global administrative law", que representa um esforço do autor para responder à questão sobre o que constitui Direito no campo emer-

[291] A tese de doutorado e os estudos de Marc Tarrés Vives, professor de Direito Administrativo da Universidade de Barcelona, ilustra essa postura. Ainda que centrada na interação entre os campos do ordenamento jurídico com o ordenamento da técnica, trata-se de uma visão tributária da estatalidade do Direito e que parece empreender mais esforços para distinguir do que aproximar conceitualmente os dois campos. Cf.: VIVES, Marc Tarrés. *Normas técnicas y ordenamiento jurídico*. Universitat de Girona, 2002. p. 234-286. VIVES, Marc Tarrés. Las normas técnicas en el derecho administrativo. *Documentación Administrativa*, n. 265-266, 2003.

[292] KINGSBURY, Benedict; KRISCH, Nico; STEWART, Richard B. The emergence of global administrative law. *Law and Contemporary Problems*, v. 68, n. 3/4, p. 22-24, 2005.

gente do DAG,[293] opera uma distinção entre "*formal state-based law*" e "*non-state norms*" ou esfera da "*private ordering*".[294]

Para Kingsbury, o elemento-chave para que "*private ordering*" receba o *status* de "*law*" é a "*publicness*", uma vez que as normas não estatais só se enquadram no conceito de Direito quando se relacionam com atividades reguladoras das instituições públicas.[295] Em essência, um critério (*publicness*) que se orienta muito mais pela natureza substantiva da norma, isto é, se ela "foi feita por toda a sociedade, pelo público" e "aborda questões de interesse da sociedade como tal",[296] do que pelas formalidades de sua produção, não se exigindo o "carimbo" de algum órgão do Estado. Com apoio na "*publicness*" como critério para "regra de reconhecimento",[297] Kin-

[293] A questão apresentada pelo autor logo no início do texto é "What constitutes 'law' in the efflorescent field of 'global administrative law'?". KINGSBURY, Benedict. The concept of "law" in global administrative law. *European Journal of International Law*, v. 20, n. 1, p. 23, 2009.

[294] KINGSBURY, Benedict. The concept of "law" in global administrative law. *European Journal of International Law*, v. 20, n. 1, p. 52-55, 2009.

[295] KINGSBURY, Benedict. The concept of "law" in global administrative law. *European Journal of International Law*, v. 20, n. 1, p. 57, 2009.

[296] KINGSBURY, Benedict. The concept of "law" in global administrative law. *European Journal of International Law*, v. 20, n. 1, p. 31, 2009.

[297] Benedict Kingsbury faz expressa alusão à *rule of recognition* de Hart; muito embora Hart se aproxime do monismo jurídico, conforme se extrai do último capítulo da sua obra *The concept of law*, ao afirmar que o direito internacional não possui a mesma "qualidade" legal que o direito do Estado, esse sim propriamente um direito. *In verbis*: "Talvez o Direito Internacional esteja atualmente em um estágio de transição para a aceitação desta e de outras formas que o aproximariam mais da estrutura de um sistema de direito estatal. Se, e quando, essa transição for completada, as analogias formais, que no momento parecem insuficientes e até ilusórias, adquirirão substância, e as últimas dúvidas do cético sobre a 'qualidade' legal do Direito Internacional poderão então ser colocadas de lado. Até que este estágio seja alcançado, as analogias são seguramente aquelas de função e conteúdo, não de forma. [...] Bentham, o inventor da expressão 'Direito Internacional', defendeu-o simplesmente dizendo que era 'suficientemente análogo' à lei do Estado. Primeiro, que a analogia é de conteúdo, não de forma; segundo, que, nessa analogia de conteúdo, nenhuma outra regra social é tão próxima do Direito estatal quanto as do Direito Internacional". HART, Herbert Lionel Adolphus. *The concept of law*. Oxford: Oxford University Press, 2012. p. 236-237. Jeremy Waldron realiza uma análise aprofundada sobre a visão

gsbury sustenta que a análise do DAG desvinculado do Estado pode enriquecer a teoria jurídica.

O mesmo critério da "*publicness*", como requisito para conferir o *status* de Direito a uma norma de fonte não estatal, é replicado por Lorenzo Casini da Escola de Viterbo ao realizar estudo sobre a *World Anti-Doping Agency* (WADA).[298]

O caráter jurídico atribuído pelo DAG a normas de fonte não estatal, por meio de uma regra de reconhecimento pautada pelo critério "*publicness*", é fator que vai permitir a incidência da proposta normatizadora desse campo teórico. Aqui se tem uma verdadeira revolução: se até então os estudos se orientavam pela distinção que operavam entre ordenamento jurídico e normas técnicas, limitando-se, portanto, a investigar os critérios e mecanismos de integração de um campo ao outro, com o reconhecimento do caráter jurídico, mediante o critério da "*publicness*", justifica-se a normatização do conteúdo e do processo de elaboração de normas técnicas.[299]

3.2 *Standards* e ordem jurídica estatal: distinções conceituais e integração a partir de uma leitura estatalista do Direito

O livro traz no Capítulo 4 um estudo empírico sobre a produção e o ingresso do *standard* ISO 37001 no ordenamento jurídico brasileiro, que se enquadra no âmbito dos fenômenos normativos de fonte não estatal. Neste tópico, apresentaremos a noção e os mecanismos convencionais do direito administrativo de incorporação e remissão a *standards* pelo

de Hart sobre o direito internacional: Cf.: WALDRON, Jeremy. International law: "A relatively small and unimportant" part of jurisprudence? *NYU School of Law, Public Law Research Paper*, n. 13-56, 2013. Para uma análise da relação do DAG com a teoria hartiana, cf.: KUO, Ming-Sung. Inter-public legality or post-public legitimacy? Global governance and the curious case of global administrative law as a new paradigm of law. *International Journal of Constitutional Law*, v. 10, n. 4, p. 1058 e 1060-1064, 2012.

[298] CASINI, Lorenzo. Global hybrid public-private bodies: The World Anti-Doping Agency (WADA). *Draft paper for the Global Administrative Law Conference on "Practical Legal Problems of International Organizations"*, Geneva, March 20-21, p. 18, 2009.

[299] KUO, Ming-Sung. Inter-public legality or post-public legitimacy? Global governance and the curious case of global administrative law as a new paradigm of law. *International Journal of Constitutional Law*, v. 10, n. 4, p. 1058 e 1060-1064, 2012.

direito estatal, a partir de uma leitura estatalista do Direito. Para tanto, as análises de Marc Tarrés Vives, professor de Direito Administrativo da Universidade de Barcelona, que dedicou tese de doutorado sobre o tema, são de fundamental importância, quanto mais evidenciando-se a sua ligação com a tradição estadocêntrica que opera uma cisão entre os campos da técnica e do Direito, compreendendo nos mecanismos de incorporação e remissão o elemento de ligação entre esses dois "mundos distintos".[300]

Mas, afinal, o que são *standards*? Em uma leitura convencional, a *standardization* (ou normalização) pode ser conceituada como "atividade que estabelece, em relação a problemas existentes ou potenciais, prescrições destinadas à utilização comum e repetitiva com vistas à obtenção do grau ótimo de ordem em um dado contexto. Consiste, em particular, na elaboração, difusão e implementação das normas".[301] Em essência, nos termos dessa definição, a finalidade da *standardization* é definir padrões.

Apontam-se diferenças categoriais entre a *standardization* e o ordenamento jurídico estatal. Muito embora mereçam ser problematizadas, essas diferenças são descritas na doutrina,[302] nos regulamentos das organizações de normalização técnica e na própria legislação. Em suma, distingue-se a normalização técnica da norma jurídica, da regulação estatal e até mesmo do poder de polícia, por meio dos critérios: vinculação, processo de elaboração, finalidade e técnica de redação. A Resolução Conmetro n. 06/2002, que aprova o Termo de Referência do Sistema Brasileiro de Normalização (SBN), define "norma" técnica ou *standard* como:

[300] Marc Tarrés Vives defendeu a tese de doutorado *Normas técnicas y ordenamiento jurídico* em 2002 na Universidade de Girona. O publicista opera uma distinção entre os campos da ordenação técnica e da ordem legal, destacando nessas duas realidades uma racionalidade própria (social e estadual). Vale mencionar que o desenvolvimento da pesquisa se deu sob a orientação de José Esteve Pardo, um dos pioneiros no estudo da autorregulação e novos modos de produção normativa na Espanha.

[301] ABNT. *Normalização*. Disponível em: http://www.abnt.org.br/normalizacao/o-que-e/o-que-e. Acesso em: 21 jan. 2018.

[302] Cf.: VIVES, Marc Tarrés. *Normas técnicas y ordenamiento jurídico*. Universitat de Girona, 2002. p. 234-262.

> documento, estabelecido por consenso e aprovado por um organismo reconhecido, que fornece, para uso comum e repetitivo, regras, diretrizes ou características para atividades ou seus resultados, visando à obtenção de um grau ótimo de ordenação em um dado contexto. (ABNT ISO/IEC GUIA 2)

E destaca que, "no âmbito do Sinmetro, norma é considerada de *caráter voluntário*".[303-304] Portanto, os *standards* são, nos termos da legislação brasileira, voluntários, isto é, instrumentos não vinculativos, o que significa dizer que não há obrigação de os membros que integram a organização criadora (por exemplo, a ISO) adotá-los ou de um Estado torná-los obrigatórios, quer lhes fazendo referência, quer os incorporando na própria legislação. O mesmo se diga em relação à inexistência de obrigação de entidades privadas se adequarem a eles.

No caso da experiência brasileira, a condição de foro nacional de normalização da ABNT não representa, nos termos da legislação, delegação de atividade de poder de polícia ou regulação estatal, o que afasta a possibilidade de ser equiparada à atividade de produzir atos administrativos normativos (os regulamentos) conferidaà Administração Pública. A Resolução n. 06/2002 evidencia essa distinção no direito brasileiro ao definir "regulamento" como: "documento que contém regras de *caráter obrigatório*[305] e que é adotado por uma autoridade (ABNT ISO/IEC GUIA 2)".[306]

[303] Grifo nosso.

[304] A Resolução traz como nota a definição de "norma" expressa no Acordo sobre Barreiras Técnicas da OMC: "Documento aprovado por uma instituição reconhecida, que fornece, para uso comum e repetitivo, regras, diretrizes ou características para os produtos ou os processos e métodos de produção relacionados e cuja observância não é obrigatória. Também pode incluir prescrições em matéria de terminologia, símbolos, embalagem, marcação ou rotulagem aplicáveis a um produto, processo ou método de produção, ou tratar exclusivamente delas".

[305] Grifo nosso.

[306] A ideia de "voluntariedade" merece ser problematizada, pois não diminui, por si só, a relevância e aplicabilidade dos *standards*. Em uma economia globalizada, a padronização é compreendida como peça fundamental para estimular o aumento da competitividade e eficiência econômicas e a facilitação do comércio internacional. ISO.

Todavia, é interessante observar, na esteira das análises comparadas do administrativista de Barcelona Marc Tarrés Vives e do colombiano Héctor Quintero, a existência de interpretação em França, respaldada pelo *arrêt Monpeurt* de 31 de julho de 1942 do *Conseil d'Etat*, segundo a qual a atividade de normalização da *Association Française de Normalisation* (AFNOR) – organismo de normalização da França – configura, ocasionalmente, função administrativa delegada a organismo privado e possui *status* de ato administrativo, passível de anulação:[307]

> Na França ocasionalmente se pode ostentar essa condição. Nesse ordenamento, desde o *arrêt Monpeurt* (31 de julho de 1942) o *Conseil d'Etat* tem reconhecido a possibilidade de anular atos emanados de organizações privadas – nesse caso legalmente previstos – se exercerem a sua atividade no âmbito do serviço público. De igual modo, no *arrêt Magnier* (de 13 de janeiro de 1963) reconhece que pessoas de direito privado podem adotar decisões constitutivas de atos administrativos, pois constituem órgãos dotados de poder decisório que pode ser classificado como prerrogativa de autoridade pública. No caso da AFNOR – organismo de normalização francês –, o Decreto de 26 de janeiro de 1984 confere-lhe prerrogativas de poder público por causa da missão de serviço público que têm no comando. Esta associação privada também se submete a uma rígida tutela administrativa. Trata-se, em suma, de um ordenamento diferente, no qual o fenômeno da normalização, dada sua conotação de serviço público, é tratado como uma função administrativa delegada aos organismos privados.

Em relação ao processo de elaboração e aprovação dos *standards*, a natureza privada dos organismos de *standardization* e o rito para alcance de consenso divergem substancialmente do modelo de produção de nor-

The main benefits of ISO standards. Disponível em: www.iso.org/iso/home/standards/benefitsofstandards.htm. Acesso em: 21 jan. 2018.

[307] QUINTERO, Héctor Santaella. *Normas técnicas y derecho en Colombia*: desafíos e implicaciones para el derecho en un entorno de riesgo. Bogotá: Universidad externado de Colombia, 2014. Cf.: VIVES, Marc Tarrés. *Normas técnicas y ordenamiento jurídico*. Universitat de Girona, 2002. p. 255.

mas pelo Estado, orientado por processo legislativo, sob a pressuposição do monopólio do Direito contida em seu *potestas normandi*.

Por sua vez, as diferenças relativas à finalidade e técnica de redação decorrem umas das outras. A finalidade do Direito é regular deveres de condutas (dever-ser), por meio do binômio lícito/ilícito, ao passo que a finalidade da normalização técnica é obter um grau ótimo de ordenação em um dado contexto, por meio da definição de padrões de utilização comum e repetitiva.

Todas essas distinções entre *standards* e Direito pautadas pela concepção estatalista merecem ser problematizadas, o que aliás vem sendo realizado pelo referencial teórico do DAG. Entretanto, mesmo na perspectiva estatalista, não se nega o contato entre esses dois campos, por meio de mecanismos de integração.

Nesse sentido, a Resolução n. 06/2002 do Conmetro faz menção a uma terceira categoria situada entre o *standard* e o regulamento jurídico, um *tertium genus* denominado "regulamento técnico". De acordo com a Resolução, esse é o "regulamento que estabelece requisitos técnicos, seja diretamente, seja pela referência ou incorporação do conteúdo de uma norma, de uma especificação técnica ou de um código de prática (ABNT ISO/IEC GUIA 2)".[308] A categoria do regulamento técnico mostra-se relevante na medida em que revela o "caminho tradicional" de "assimilação" dos *standards* pelo ordenamento jurídico.[309]

[308] A Resolução traz como nota a definição de "regulamento técnico" expressa no Acordo sobre Barreiras Técnicas da OMC: "Documento em que se estabelecem as características de um produto ou processos e métodos de produção com elas relacionados, com a inclusão de disposições administrativas aplicáveis, e cuja observância é obrigatória. Também pode incluir prescrições em matéria de terminologia, símbolos, embalagem, marcação ou rotulagem aplicáveis a um produto, processo ou método de produção, ou tratar exclusivamente delas".

[309] A Resolução Conmetro n. 02/2005 destaca, inclusive, no seu preâmbulo a importância da harmonização da relação entre normas técnicas e regulamentos técnicos e que "cabe às autoridades regulamentadoras definir e especificar quais os requisitos objeto de documento normativo de caráter compulsório e a distinção entre esses e os que poderiam ser objeto de um documento normativo de caráter voluntário, emitido pelo Foro Nacional de Normalização".

3.2.1 Incorporação e remissão a *standards* pela ordem jurídica estatal

O processo de integração de um *standard* ao direito nacional ou internacional pode ser denominado "incorporação" ou "referência"; essa segunda modalidade também é nomeada como "remissão"[310] a *standard* pela ordem jurídica estatal.

Em uma leitura orientada pelo estatalismo jurídico, a incorporação e a remissão a *standard* pelo direito estatal são o caminho para que um padrão adquira significação jurídica, não por uma qualidade intrínseca, mas, justamente, por ser introduzido no âmbito do Direito produzido pelo Estado.[311] Essa interpretação contrapõe-se à proposta do DAG, que, em razão do critério da "*publicness*" – mais atento à natureza substantiva da norma do que ao processo de incorporação e remissão a um *standard* pelo direito do Estado –, reconhece juridicidade com mais naturalidade às normas de fonte não estatal.[312]

Para além da relação com a ordem jurídica estatal, há também exemplos de OIs que se apoiam em *standards*, é o caso do Acordo sobre Barreiras Técnicas ao Comércio (TBT) da OMC, que reconhece a importância e incentiva os membros a se adequarem a *standards* internacionais, como os desenvolvidos pela ISO ou outras *standard-setting organisations*.[313]

[310] A Resolução n. 06/2002 do Conmetro utiliza o termo "referência", e a doutrina de Marc Tarrés Vives emprega a expressão "remissão" para analisar o mesmo fenômeno. VIVES, Marc Tarrés. Las normas técnicas en el derecho administrativo. *Documentación Administrativa*, n. 265-266, 2003.

[311] De acordo com Marc Tarrés Vives: "Conforme assinalado, a norma técnica pode alcançar significação legal quando uma norma do ordenamento jurídico se refere a ela. Essa possibilidade é frequentemente usada tanto pelo Direito técnico quanto pelo Direito ambiental. Pode-se dizer que mediante técnica de remissão o conteúdo das normas oriundas de organizações privadas passa a adquirir os atributos de validade e eficácia característicos da norma jurídica". VIVES, Marc Tarrés. Las normas técnicas en el derecho administrativo. *Documentación Administrativa*, n. 265-266, p. 170, 2003. O autor também possui tese de doutoramento sobre o tema: VIVES, Marc Tarrés. *Normas técnicas y ordenamiento jurídico*. Universitat de Girona, 2002.

[312] KINGSBURY, Benedict. The concept of "law" in global administrative law. *European Journal of International Law*, v. 20, n. 1, p. 31, 2009.

[313] GATT. *Agreement on Technical Barriers to Trade*. 12 April, T/TR/A/5, 1979. Disponível em: www.wto.org/english/docs_e/legal_e/tokyo_tbt_e.pdf. Acesso em: 20 dez. 2017.

Isso sem olvidar que mais de 700 atores internacionais, com os quais a ISO coopera, dependem do sistema para desenvolver *standards* internacionais.

3.2.2 Modelos de remissão a *standards* e princípio da legalidade

A relação dos *standards* com a ordem jurídica estatal indica um ponto de tensão sob o sob o prisma do princípio da legalidade, elemento basilar do direito público do Estado. Essa percepção é evidenciada em Marc Tarrés Vives, para quem "o ressentimento dos publicistas contra a norma técnica deriva principalmente de sua incompatibilidade com um dos princípios básicos do Estado de Direito: o princípio da legalidade".[314]

Adotando o mesmo critério de classificação proposto por Marc Tarrés Vives,[315] a remissão aos *standards* pela norma jurídica estatal pode se dar de modo: i) direto e ii) indireto; e a remissão direta da norma jurídica aos *standards* admite as modalidades de: i) reenvio estático e ii) reenvio dinâmico.

A remissão por reenvio direto estático consiste em formato de recepção pela norma jurídica estatal em que o *standard* é explicitamente designado e identificado por seus dados externos (título e número, ano de aprovação ou edição). Diz-se estático justamente porque, ao identificar determinado *standard* por seus dados externos, essa modalidade de remissão afasta o contato com as atualizações que sejam operadas no *standard* pela organização por ele responsável.

[314] VIVES, Marc Tarrés. Las normas técnicas en el derecho administrativo. *Documentación Administrativa*, n. 265-266, p. 171, 2003.

[315] Há, entretanto, diferentes classificações para fórmulas de intersecção entre os campos da *standardization* e do direito. Estudo divulgado pela OCDE promove uma classificação distinta dessas fórmulas de referência a *standards* pelo Direito, que, de acordo com a Organização, pode ser: i) obrigatória: o uso do padrão internacional referenciado é obrigatório; ii) opcional: o uso do padrão internacional referenciado é opcional; iii) direta: o padrão internacional é citado diretamente em um texto legal usando seu número de identificação e título; iv) indireta: uma lista de padrões considerados adequados pelo regulador é compilada e publicada como fonte de informação oficial externa ao texto regulatório; v) datada: apenas uma edição específica de um padrão é usada; e vi) sem data: a última edição do padrão em questão é usada. OECD/ISO. *International Regulatory Co-operation and International Organisations*: The Case of the International Organization for Standardization (ISO). Geneva: OECD/ISO, 2016. p. 16.

Um aspecto problemático dessa metodologia é o risco de obsolescência da norma jurídica remetente ante a impossibilidade de atualização da referência às possíveis novas versões do *standard*.

No plano dos corolários do princípio da legalidade, uma questão que se revela é a ausência de publicação desses *standards*, que são protegidos por direitos de propriedade intelectual. A venda de exemplares é fonte de financiamento das organizações privadas responsáveis pela sua elaboração e, portanto, elemento essencial para afirmação da sua independência perante o Estado. No entanto, poder-se-ia levantar argumentos de que a referência por uma norma jurídica confere ao *standard* validade e eficácia jurídica, o que ensejaria a sua reprodução integral na imprensa oficial.[316]

A remissão por reenvio direto dinâmico, por sua vez, propicia outras considerações críticas em relação ao princípio da legalidade. Nessa modalidade de reenvio direto, a norma jurídica remetente não especifica o *standard* em um momento concreto, referindo-se à sua versão válida presente ou futura. A vantagem desse formato é que permite a atualização dos padrões técnicos remetidos sem a necessidade de proceder à atualização da norma jurídica remetente, superando a rigidez do modelo anterior. No entanto, essa atualização automática enseja objeções da doutrina relativamente à sua validade jurídica,[317] uma vez que, de alguma forma, o ordenamento jurídico estatal perde o domínio sobre a norma que a ele se incorpora. Nas palavras de Marc Tarrés Vives, "a norma remetente converte-se em uma 'lei em branco', uma 'lei do conteúdo móvel'".[318]

Ainda com Marc Tarrés Vives, a adaptação automática da norma jurídica remetente ao *standard* remetido converteria na prática a organização privada de normalização em titular de um poder regulamentar quase autônomo:[319]

316 VIVES, Marc Tarrés. Las normas técnicas en el derecho administrativo. *Documentación Administrativa*, n. 265-266, p. 173-177, 2003.

317 Cf.: ESTEVE PARDO, José. *Técnica, riesgo y derecho*. Barcelona: Ariel, 1999. p. 174.

318 VIVES, Marc Tarrés. Las normas técnicas en el derecho administrativo. *Documentación Administrativa*, n. 265-266, p. 179, 2003.

319 VIVES, Marc Tarrés. Las normas técnicas en el derecho administrativo. *Documentación*

> É dizer, mediante a remissão dinâmica o legislador realiza uma delegação fática da sua competência normativa em um organismo privado ao permitir alterar o conteúdo normativo de um preceito legal. Não estamos, pois, diante de uma criação *ex novo* de direito por sujeitos privados, mas ante uma substituição do poder regulador ou, nesse caso, legislativo, o qual atenta contra os princípios do Estado de Direito e, consequentemente, não é constitucionalmente admissível.[320]

Por fim, tem-se a remissão indireta da norma jurídica estatal aos *standards*. Nesse caso, como a própria denominação indica, não há remissão direta a um *standard*, mas sim referência genérica por meio da utilização de conceito jurídico indeterminado, por exemplo, "estado da técnica", "melhor tecnologia disponível", "melhor técnica conhecida", entre outros.[321]

Todavia, se o emprego de conceito jurídico indeterminado, sem uma remissão normativa direta, constitui técnica legislativa que afasta a possibilidade de obsolescência da regulamentação técnica, transfere, em última instância, a tarefa e os desafios de fixação desse conteúdo à Administração Pública e ao Poder Judiciário.[322-323]

Administrativa, n. 265-266, p. 179, 2003.

[320] VIVES, Marc Tarrés. Las normas técnicas en el derecho administrativo. *Documentación Administrativa*, n. 265-266, p. 179, 2003.

[321] VIVES, Marc Tarrés. Las normas técnicas en el derecho administrativo. *Documentación Administrativa*, n. 265-266, p. 180, 2003.

[322] VIVES, Marc Tarrés. Las normas técnicas en el derecho administrativo. *Documentación Administrativa*, n. 265-266, p. 180, 2003. ESTEVE PARDO, José. *Técnica, riesgo y derecho*. Barcelona: Ariel, 1999. p. 174.

[323] O ordenamento jurídico brasileiro possui exemplos de remissão por leis a *standards* que têm sido objeto do crivo e de ponderações críticas de diversas instâncias no que concerne a questões relacionadas ao princípio da legalidade. Esse é o caso do inciso VIII do art. 39 do Código de Defesa do Consumidor (Lei n. 8.078/90), que dispõe que: "É vedado ao fornecedor de produtos ou serviços, dentre outras práticas abusivas: [...] VIII – colocar, no mercado de consumo, qualquer produto ou serviço em desacordo com as normas expedidas pelos órgãos oficiais competentes *ou, se normas específicas não existirem, pela Associação Brasileira de Normas Técnicas ou outra entidade credenciada pelo Conselho Nacional de Metrologia, Normalização e Qualidade Industrial (Conmetro)*". Registra-se que a norma do CDC já foi objeto de análise em decisões judiciais (cite-se, por exemplo, o

3.3 Expansão do escopo material da *standardization* e direito administrativo global: uma proposta normativa

A *standardization* é tradicionalmente relacionada à finalidade de estabelecer padrões para otimizar o processo produtivo industrial. Trata-se, portanto, de uma noção que indica o vínculo da atividade de *standardization* com o setor industrial, uma vez que expressa a sua utilidade para a racionalização de variados processos produtivos. Esse escopo, aliás, é refletido na técnica de redação dos *standards*: nos termos e definições utilizadas, na organização das cláusulas e subseções, nas notas e exemplos fornecidos, na utilização de tabelas e figuras e na descrição de fórmulas matemáticas.[324]

Entretanto, a partir da década de 1970, tem-se início um processo de ampliação do escopo material da *standardization* em relação a novas dimensões temáticas, para além da otimização do processo de produção do setor industrial. A mudança foi possível em razão da inclusão de requisitos de qualidade nos *standards*, o que representou ganho de repertório na técnica de redação e possibilitou a ampliação do seu escopo para temas mais abrangentes, como: responsabilidade social das empresas,

acórdão AC 2005.70.00.022807-2 do TRF4 – 4ª Turma, Rel. Marga Inge Barth Tessler, *D.E.* 01/06/2009), bem como de Parecer do Ministério do Desenvolvimento, Indústria e Comércio Exterior – MDIC (Processo n. 52.000-007313/2006-96 em 23/05/2006). Recai também sobre a norma proposta de alteração de redação expressa no Projeto de Lei (PL) 6.038/2019, apensado ao PL 1566/2011, em tramitação na Câmara dos Deputados. O PL 6.038/2019 propõe como redação final: "colocar, no mercado de consumo, qualquer produto ou serviço em desacordo com as normas expedidas pelos órgãos oficiais competentes", retirando, portanto, a menção à ABNT. No item "Justificação" do PL, para além da menção ao caráter voluntário e da ausência de publicação dos *standards*, o projeto enfatiza que, "com o dispositivo legal supracitado, o legislador teria delegado uma função legislativa à ABNT, dando poderes para esta entidade privada atuar como 'legisladora'". Outro exemplo conhecido de remissão a *standard* pela legislação brasileira é o inciso X do art. 6º da Lei Geral de Licitações e Contratos Administrativos (Lei n. 8.666/93), que dispõe que: "Para os fins desta Lei, considera-se: [...] X – Projeto Executivo – *o conjunto dos elementos necessários e suficientes à execução completa da obra, de acordo com as normas pertinentes da Associação Brasileira de Normas Técnicas – ABNT*". CÂMARA DOS DEPUTADOS. PL 6.038/2019. Altera a Lei n. 8.078, de 1990, Código de Defesa do Consumidor para dispor sobre normas expedidas pelos órgãos oficiais. Disponível em: https://www.camara.leg.br/proposicoesWeb/fichadetramitacao?idProposicao=2229815. Acesso em: 17 mar. 2019.

[324] ISO. *How to write standards.* Geneva: ISO, 2013.

segurança ambiental e combate à corrupção. Essa leitura é compartilhada pela OCDE, que, à luz da análise da evolução das atividades da ISO, descreve o desempenho pela entidade de papel mais abrangente no cenário internacional:

> Como muitas outras OIs, o escopo das atividades da ISO se expandiu ao longo dos anos (OECD, 2016). Um dos principais objetivos da padronização é racionalizar a produção através da adoção de padrões comuns para "simplificar, unificar e especificar". Isso permite a remoção de produção desnecessária ou duplicada em favor dos "melhores" produtos e promove o intercâmbio de peças sobressalentes, especialmente em nível internacional. Assim, o escopo material da padronização foi inicialmente confinado ao setor industrial. Desde então, expandiu consideravelmente e hoje engloba muitos outros setores, relacionados à gestão, serviços, saúde, meio ambiente e outros. Essa mudança pode ser remetida aos anos 70, quando a ISO passou a incluir requisitos de qualidade em padrões. Padrões posteriores evoluíram ainda mais para focar não apenas na qualidade dos produtos de produção, mas no próprio sistema de produção. Assim, a padronização não visa apenas racionalizar a produção, mas também aumentar a qualidade da produção, inclusive em termos de desenvolvimento sustentável ou considerações ambientais. Além disso, esse tipo de cooperação técnica só pode ser alcançada se os especialistas que desenvolvem os padrões usarem uma terminologia comum, razão pela qual a ISO também desenvolve os chamados "*fundamental standards*" em áreas como unidades e medição, um domínio também coberto por outras OIs, em especial a OIML.[325]

Como consequência, a expansão do escopo material da normalização aproxima a técnica de redação e o campo temático dos *standards* do modelo de regulação da ordem jurídica estatal. Ao esfumaçar distinções que até então pareciam nítidas, a expansão traz novos elementos para se repensar a divisão entre *standards* e normas jurídicas ou mesmo a afirmação da

[325] OECD/ISO. *International Regulatory Co-operation and International Organisations*: The Case of the International Organization for Standardization (ISO). Geneva: OECD/ISO, 2016. p. 14.

necessidade de mecanismos de incorporação/remissão pelo direito do Estado como condição para que esse tipo de norma alcance juridicidade.

Um exemplo de *standard* representativo dessa aproximação é o SA8000 da *Social Accountability International* (SAI). Trata-se de *standard* internacional sobre avaliação da responsabilidade social no local de trabalho. Sob o ponto de vista do escopo material, abrange temas intimamente relacionados com a regulação do Estado: trabalho infantil, trabalho forçado, saúde e segurança do trabalho, liberdade de associação e direito à negociação coletiva, discriminação, práticas disciplinares, horário de trabalho e remuneração. O *standard* reflete, inclusive, as disposições contidas na Declaração Universal dos Direitos Humanos e nas convenções da Organização Internacional do Trabalho (OIT). Outro exemplo que se pode destacar é o da ISO 26000, padrão que versa sobre responsabilidade social e desenvolvimento sustentável, temas que também são tradicionalmente regulados pela ordem jurídica estatal. No caso da ISO 26000, a elaboração do *standard* foi permeada de discussões em razão das incertezas acerca da possibilidade de que viesse a servir de base para regulações técnicas da OMC, impondo obrigações e criando barreiras técnicas que poderiam colocar os países em desenvolvimento em suposta condição de desvantagem.[326-327]

[326] BIJLMAKERS, Stephanie; VAN CALSTER, Geert. You'd be surprised how much it costs to look this cheap! A case study of ISO 26000 on social responsibility. *In*: DELIMATSIS, Panagiotis (ed.). *The law, economics and politics of international standardisation*. Cambridge: Cambridge University Press, 2015. p. 299-300. WARD, Halina. The ISO 26000 international guidance standard on social responsibility: Implications for public policy and transnational democracy. *Theoretical Inquiries in Law*, v. 12, n. 2, p. 700-701, 2011. DILLER, Janelle M. Private standardization in public international lawmaking. *Michigan Journal of International* Law, v. 33, 2011. p. 517.

[327] Em razão de toda discussão, a ISO destaca no escopo da norma que ela não se destina a regulamentar acordos de comércio. *In verbis*: "Esta Norma visa orientar as organizações no tema responsabilidade social e pode ser usada como parte de atividades de políticas públicas. Todavia, para fins do Acordo de Marrakesh, que criou a Organização Mundial do Comércio (OMC), ela não tem a intenção de ser interpretada como uma 'norma internacional', 'diretriz' ou 'recomendação', nem pretende fornecer uma base para qualquer suposição ou conclusão de que uma medida está em conformidade com as obrigações perante a OMC. Além disso, esta Norma não visa fornecer uma base para ações legais, reclamações, defesas ou outras demandas em qualquer processo internacional, nacional

Essa aproximação de escopos entre os *standards* e a ordem jurídica do Estado tem também estimulado o debate acerca da possibilidade de utilização de padrões como ferramentas úteis para a implementação de políticas públicas, aplicação defendida pela ISO, segundo a qual: "os *standards* da ISO baseiam-se em expertise e experiência internacional e são, portanto, um recurso vital para os governos no desenvolvimento de políticas públicas".[328]

Em nosso entendimento, a relevância e o caráter inovador do campo teórico do DAG se acentuam justamente na percepção desse fenômeno e, mais do que isso, no desenvolvimento de estudos que procuram categorizar fenômenos normativos dessa natureza e oferecer parâmetros para normatizá-los. O elemento-chave para compreender a incidência do DAG sobre os *standards*, como já mencionado, é o critério da "*publicness*", que possibilita a esse campo teórico reconhecer a juridicidade de normas de fonte não estatal. Vale dizer: para o DAG, importam menos as formalidades e mais a natureza substantiva de uma norma,[329] de modo que, se a regulação reflete e impacta o interesse público em âmbito global, merecerá a incidência da sua proposta normativa.[330]

A proposta normativa do DAG traz princípios subjacentes à noção de "*publicness*" e que refletem no âmbito global as experiências alcançadas com os mecanismos de controle das autoridades nacionais por meio do direito administrativo, o que inclui diretrizes para: i) limitação de poder da entidade, ii) exigência de justificação e proporcionalidade, iii) mecanismo processual para a tomada de decisões e iv) proteção dos direitos humanos.[331]

ou de outra natureza, nem tampouco pretende ser citada como evidência da evolução do direito internacional consuetudinário" (ABNT NBR ISO 26000:2010, p. 1).

[328] ISO. *The main benefits of ISO standards.* Disponível em: www.iso.org/iso/home/standards/benefitsofstandards.htm. Acesso em: 21 jan. 2018.

[329] KINGSBURY, Benedict. The concept of "law" in global administrative law. *European Journal of International Law*, v. 20, n. 1, p. 31, 2009.

[330] KUO, Ming-Sung. Inter-public legality or post-public legitimacy? Global governance and the curious case of global administrative law as a new paradigm of law. *International Journal of Constitutional Law*, v. 10, n. 4, p. 1062, 2012.

[331] KUO, Ming-Sung. Inter-public legality or post-public legitimacy? Global governance

Verifica-se, portanto, uma fundamental diferença em relação à concepção estatalista do Direito e o seu modelo de regulação. A concepção estatalista do Direito não percebe juridicidade nos *standards*, uma vez que para essa concepção os padrões fugiriam aos processos convencionais de produção do Direito pelo Estado, ainda que por delegação. Uma leitura da *standardization* como atividade puramente privada que não justifica, *a priori*, a incidência de um regime normatizador. De acordo com essa concepção, para que o *standard* se "juridifique" é necessário que seja incorporado ou que a ordem jurídica estatal a ele faça remissão. Por essa razão, as análises influenciadas pela perspectiva estatalista enfocam os mecanismos de incorporação, uma vez que Direito e a norma técnica representariam dois "mundos" distintos, bem como as repercussões que a incorporação de *standards* ao "puro direito" traz ao princípio da legalidade, conforme as análises que fizemos com apoio em escritos de Marc Tarrés Vives, no tópico 3.2.2.

Por sua vez, para o referencial teórico do DAG, com o protagonismo das formulações da Escola da NYU, se o *standard* gozar de "*publicness*",[332] deve recair a normatização já na atividade de *standardization*. Essa postura normativa do DAG em relação aos *standards* tem relevância prática, considerando-se o processo de expansão do escopo material da *standardization* e o fato de que Estados e organizações internacionais, por exemplo, a OMC[333] e a Unesco,[334] têm realizado remissões a padrões dessa natureza.

and the curious case of global administrative law as a new paradigm of law. *International Journal of Constitutional Law*, v. 10, n. 4, p. 1062, 2012.

332 Embora evidenciada inicialmente nos textos de Benedict Kingsbury, um dos fundadores da Escola da NYU, a operacionalização do critério da "*publicness*" é encontrada em estudos de autores integrantes de outras escolas. Lorenzo Casini, administrativista italiano que integra a Escola de Viterbo, faz exercício semelhante ao analisar a atuação da WADA, sob o prisma do DAG. O autor procura evidenciar o grau de "*publicness*" da atividade da organização ao destacar que o Código da WADA se trata de fonte formalmente privada de normas que mostram um alto grau de "*publicness*". CASINI, Lorenzo. Global hybrid public-private bodies: The World Anti-Doping Agency (WADA). *Draft paper for the Global Administrative Law Conference on "Practical Legal Problems of International Organizations"*, Geneva, March 20-21, p. 18, 2009.

333 Cf.: TAKITANI, Marina Yoshimi; BADIN, Michelle Ratton Sanchez. Um estranho no ninho? Padrões privados no Acordo de Barreiras Técnicas ao Comércio da OMC. *Revista de Direito Internacional*, v. 13, n. 3, 2016.

334 Cf.: CASINI, Lorenzo. Global hybrid public-private bodies: The World Anti-Doping

Ademais, em um contexto de transnacionalização das relações jurídicas, evidenciado nos processos de integração comunitária, por exemplo, o da UE, e de integração econômica, cabe indagar se a atuação de organizações não governamentais de *standardization* não vem desempenhando também a função de mecanismo de convergência de diferentes regulações estatais,[335] o que corroboraria a pertinência e a relevância da sua normatização, como propõe o DAG, por meio da aplicação de princípios espelhados no controle das autoridades públicas pelo direito administrativo. A literatura sobre "convergência regulatória" já ofereceu algumas reflexões acerca da atuação de organizações não governamentais. As análises refletem o papel dos *standards* na convergência de normas no contexto da globalização jurídica, à luz da influência das instituições domésticas na difusão de regimes não governamentais, bem como dos níveis de imersão dos atores em redes transnacionais de organizações governamentais e não governamentais, canais pelos quais podem fluir pressões para convergência regulatória.[336-337]

3.4 *A International Organization for Standardization* (ISO)

Nos tópicos anteriores, analisamos os *standards* como fenômenos normativos de fonte não estatal, bem como as implicações da sua relação com o Direito produzido pelo Estado. Neste tópico, iremos investigar a natu-

Agency (WADA). *Draft paper for the Global Administrative Law Conference on "Practical Legal Problems of International Organizations"*, Geneva, March 20-21, p. 18, 2009.

335 CASINI, Lorenzo. Global hybrid public-private bodies: The World Anti-Doping Agency (WADA). *Draft paper for the Global Administrative Law Conference on "Practical Legal Problems of International Organizations"*, Geneva, March 20-21, p. 21, 2009.

336 Exemplo dessa abordagem é o estudo de Matthew Potoski e Aseem Prakash sobre a adoção transnacional da certificação ISO 14001. POTOSKI, Matthew; PRAKASH, Aseem. Regulatory convergence in nongovernmental regimes? Cross-national adoption of ISO 14001 certifications. *The Journal of Politics*, v. 66, n. 3, p. 886 e 889-892, 2004.

337 Coincidência ou não, a sigla "ISO", acrônimo da International Organization for Standardization, mostra-se sugestiva ao campo da convergência, ao remeter ao vocábulo grego "*isos*", que, por sua vez, significa igual. A referência é apresentada pela própria ISO, em descrição no *site* da organização: "ISO é derivado do grego *isos*, significando igual. Seja qual for o país, seja qual for a língua, somos sempre ISO". Disponível em: . Acesso em: 19 jun. 2020.

reza jurídica e o funcionamento do processo decisório da ISO, entidade que produz *standards*. Pela proposta temática do livro, que tem como fio condutor os desafios colocados à estatalidade do Direito, busca-se investigar a "não estatalidade" da ISO, do que se faz necessário perquirir o que a diferencia de uma organização internacional (OI) oriunda de instrumentos convencionais do direito internacional público (DIP).

A escolha da ISO, em especial, deve-se à necessidade de ganhos conceituais e analíticos específicos para o estudo empírico, realizado no Capítulo 4, sobre a produção e o ingresso do *standard* ISO 37001 no ordenamento jurídico brasileiro, razão pela qual também se empreende uma brevíssima análise descritiva da ABNT.

Entretanto, cumpre mencionar que existem outras pessoas coletivas privadas, dotadas de características próprias, com funções de *standardization* similares às da ISO ou mesmo funções diferentes de natureza regulatória, mas com a finalidade de estabelecer a autorregulação de atividades econômicas de dimensão global. A título de exemplificação, pode-se mencionar: i) a WADA, pessoa coletiva privada com a função de promover e coordenar no âmbito internacional a luta contra o *doping* no esporte,[338] constituída sob a legislação da Suíça, com sede no seu território e financiada pelo Movimento Olímpico, pelos governos nacionais e por diversas pessoas coletivas privadas,[339] e ii) a *Internet Corporation for*

[338] De acordo com Lorenzo Casini, "a atividade mais importante da WADA, em termos de sua função 'pública', é o seu papel como *global standard setter*. Em particular, está encarregada de executar três tarefas principais: 1) estabelecer, adaptar, modificar e atualizar, pelo menos anualmente, para todos os órgãos públicos e privados envolvidos, a lista de substâncias e métodos proibidos na prática do esporte; 2) desenvolver, harmonizar e unificar *standards* e procedimentos científicos, de amostragem e técnicos com relação a análises e equipamentos, incluindo a homologação de laboratórios, e criar um laboratório de referência; 3) promover regras harmonizadas, procedimentos disciplinares, sanções e outros meios de combater a dopagem no esporte e contribuir para a sua unificação, tendo em conta os direitos dos atletas". CASINI, Lorenzo. Global hybrid public-private bodies: The World Anti-Doping Agency (WADA). *Draft paper for the Global Administrative Law Conference on "Practical Legal Problems of International Organizations"*, Geneva, March 20-21, p. 11, 2009.

[339] Cf.: CASINI, Lorenzo. Global hybrid public-private bodies: The World Anti-Doping Agency (WADA). *Draft paper for the Global Administrative Law Conference on "Practical Legal Problems of International Organizations"*, Geneva, March 20-21, 2009.

Assigned Names and Numbers (ICANN), pessoa coletiva privada, constituída de acordo com a legislação do Estado da Califórnia e encarregada da gestão do acesso e da utilização de normas de domínio (DNSs) e códigos identificadores dos países onde operam os servidores (ccTLD's).[340] Essas organizações e funções merecem, por si sós, estudos próprios.

3.4.1 Natureza jurídica e estrutura da governança: organização não governamental

A ISO apresenta uma definição de si mesma como "organização internacional não governamental que conta com uma adesão de cento e sessenta e três organismos nacionais de normalização".[341-342] A ISO foi criada em 23 de fevereiro de 1947, na Suíça, depois da Segunda Guerra Mundial e no contexto da extinção da *International Standardization Association* (ISA). Uma primeira conferência realizada em Londres em outubro de 1946 para constituição da ISO contou com a participação de 25 organismos nacionais de *standardization*, ocasião em que também se esboçou o primeiro estatuto e as regras de governança. O primeiro estatuto obteve a ratificação de quinze dos 25 organismos nacionais de normalização presentes na conferência.[343]

No que concerne à qualificação jurídica, a ISO é definida em seu estatuto como uma organização sem fins lucrativos e não governamental. Trata-se de uma associação com personalidade jurídica de direito privado, constituída nos termos dos arts. 60 e seguintes do Código Civil Suíço. A Entidade está sediada em Genebra, e as disputas entre membros e diretores que requeiram ações judiciais estão sujeitas às

[340] ROQUE, Miguel Prata. *A dimensão transnacional do direito administrativo*: uma visão cosmopolita das situações jurídico-administrativas. Lisboa: AAFDL, 2014. p. 868-869.

[341] KUERT, Willy. The founding of ISO. *In*: *Friendship among equals*: Recollections from ISO's first fifty years, Genebra, Suíça, ed. Jack Katimer 1997. p. 15-22.

[342] A OECD classifica a ISO como "international private standard-setting organisation". OECD/ISO. *International Regulatory Co-operation and International Organisations*: The Case of the International Organization for Standardization (ISO). Geneva: OECD/ISO, 2016. p. 10.

[343] ISO. *ISO Statutes*. p. 3. Disponível em: https://www.iso.org/publication/PUB100322.html. Acesso em: 13 fev. 2019.

leis da Suíça, sob a jurisdição dos Tribunais da República e Cantão de Genebra.[344] Em suma, essas são características que indicam que a ISO não se alinha à concepção tradicional de uma OI, mormente porque se origina de um estatuto constitutivo de pessoa jurídica de direito privado, e não de um instrumento convencional do direito internacional público (DIP), como as convenções e os tratados, que se consubstanciam na manifestação de vontade de Estados soberanos.

No que se refere à sua atividade, como o próprio nome sugere, a função essencial da ISO é a *standardization* (ou normalização). Em um primeiro olhar, não há muita novidade nesse tipo de atividade. A *standardization* ou normalização moderna surgiu no século XIX com a industrialização, quando a padronização se tornou uma necessidade internacional. A *International Electrotechnical Commission* (IEC), criada em 1906, foi a primeira OI inteiramente dedicada à padronização, ao passo que a *International Standardization Association* (ISA), fundada em 1930 e dissolvida depois da Segunda Guerra Mundial, o primeiro órgão internacional de normalização com competência geral.

Mudanças no plano internacional, como a abertura dos mercados nacionais e a necessidade de *standards* internacionais para facilitar o comércio, levaram a uma evolução na forma como os padrões eram até então desenvolvidos. A *standardization* consistia precipuamente na harmonização dos padrões nacionais existentes, de modo que a ISO se assemelhava a uma espécie de federação de órgãos nacionais. Todavia, com o desenvolvimento de *standards* em nível internacional e o envolvimento direto da organização com a comunidade internacional, a ISO passou a ser compreendida como uma agência internacional. Essa evolução implicou, inclusive, a alteração do vocabulário empregado. O resultado do trabalho técnico da Entidade, inicialmente chamado de "*recommendation*", tomou no ano de 1971 o seu nome atual: "*international standard*".[345]

[344] ISO. *ISO Statutes*. Art. 22. Disponível em: https://www.iso.org/publication/PUB100322.html. Acesso em: 13 fev. 2019.

[345] OECD/ISO. *International Regulatory Co-operation and International Organisations*: The Case of the International Organization for Standardization (ISO). Geneva: OECD/ISO, 2016. p. 11.

No que concerne à estrutura e governança, à primeira vista, a ISO possui uma estrutura de governança clássica bastante semelhante à existente em OIs, isto é, com a presença de um órgão plenário supremo (Assembleia Geral[346]), um órgão executivo (o Conselho da ISO[347]) e uma Secretaria Central,[348] conforme se observa da Figura 1, a seguir.[349]

[346] Nos termos do Estatuto da ISO, "a Assembleia Geral é o órgão deliberativo abrangente e a autoridade final da Organização. Deve ser composta pelos member bodies da ISO" (art. 6º). Na Assembleia Geral, cada membro tem um voto, ao passo que correspondentes e subscritores atuam como observadores sem direito a voto. A Assembleia se reúne uma vez ao ano com a finalidade de definir parâmetros financeiros e morais da organização, eleger ou apontar o Presidente, o Vice-Presidente, os membros do Conselho e os auditores das contas da organização. O órgão também aprova os valores devidos e os critérios de *ranking* para os seus membros. De todas as suas atribuições, a competência mais relevante, no entanto, é a capacidade de emendar o Estatuto e os seus próprios procedimentos.

[347] Por sua vez, o Conselho é definido como "órgão central de governança da Organização e que reporta à Assembleia Geral" (art. 7º). É composto pelos *ISO Officers*, vinte *member bodies* nomeados ou eleitos de acordo com as *Rules of Procedure, and the Chairs of the Policy Development Committees.* O Conselho decide sobre a estratégia da organização e como essa estratégia será implementada.

[348] De acordo com o art. 5º do Estatuto da ISO: "os principais órgãos da Organização devem ser uma Assembleia Geral, um Conselho, um Conselho de Administração Técnica, Comitês Técnicos e uma Secretaria Central".

[349] O organograma foi inspirado em figura definida pela própria ISO. Cf.: ISO. *Structure and governance.* Disponível em: www.iso.org/iso/home/about/about_governance.htm. Acesso em: 26 jan. 2017.

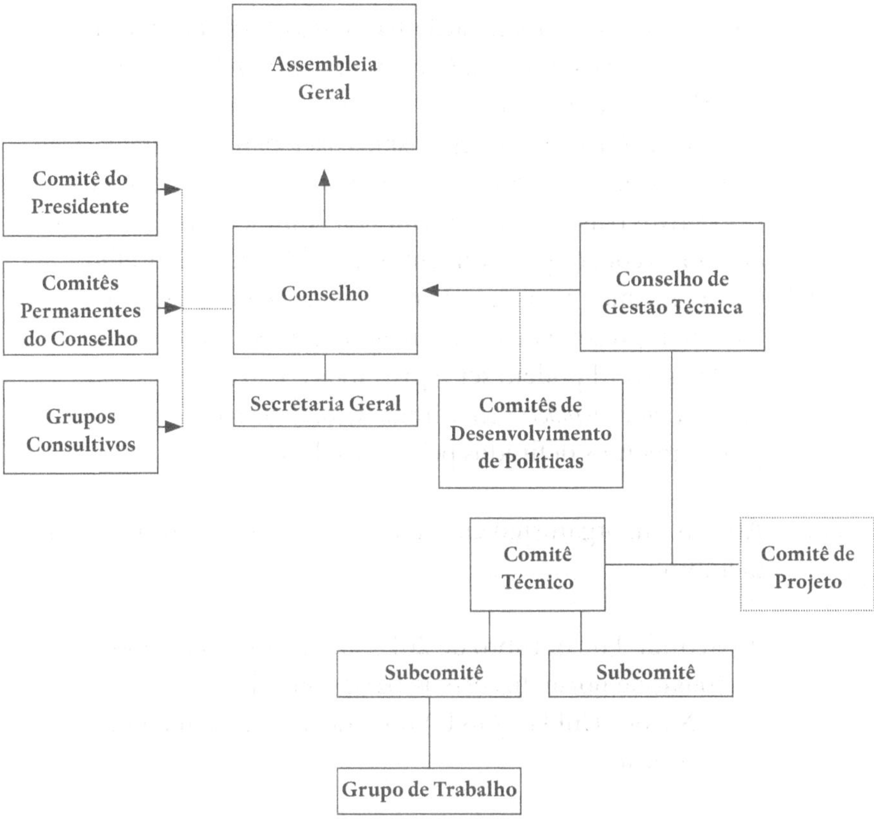

Figura 1 – Estrutura de Governança da ISO

Porém, em que pese a aparente semelhança com a estrutura de OIs, com Assembleia Geral e Conselho no topo, a governança da ISO possui características bastante próprias, notadamente: i) composição, ii) flexibilidade e iii) descentralização.

No que se refere à composição, a ISO é uma organização de colaboração público-privada, uma associação composta por órgãos nacionais de normalização. Admite-se a representação por um órgão de cada Estado como membro, que pode ser entidade pública ou privada, a depender da estrutura de padronização do respectivo Estado. Além disso, o modelo de composição da ISO expressa um escalonamento de membros, com definição de categorias conforme o poder de voto. A estratificação está definida no art. 3 do Estatuto da Organização:

3.1 Os membros da Organização são os *member bodies* definidos no Artigo 3.1.1 e os *correspondent* e *subscriber members*, conforme definido no Artigo 3.1.2.

3.1.1. Os *memb er bodies* são os organismos nacionais de normalização mais amplamente representativos da padronização em seus respectivos países e que tenham sido admitidos na Organização, de acordo com os procedimentos definidos pelo Conselho.

3.1.2 Os organismos nacionais de normalização em países que não são representados por um *member bodies* nos termos do Artigo 3.1.1 podem ser registrados como *correspondent* ou *subscriber members* sem direito a voto, de acordo com procedimentos definidos pelo Conselho.

3.2 Apenas um organismo em cada país pode ser admitido como membro.

3.3 A partir de 1 de outubro de 2012, apenas os organismos nacionais de normalização de países oficialmente reconhecidos pelas Nações Unidas (ONU) poderão tornar-se membros da Organização.

3.4 A qualidade de membro da ISO cessa:
a) por notificação escrita de um membro da Organização ao Conselho pelo menos seis meses antes do final do ano civil;
b) pelo não pagamento dos valores devidos, conforme previsto nas *Rules of Procedure*; um *member body* pode ser suspenso antes de ter sua filiação retirada;
c) por exclusão por justa causa, decidida pelo Conselho.

3.5 Quando sua filiação é suspensa de acordo com o Artigo 3.4 b), um *member body* não tem direito a votar ou a ocupar um assento na Assembleia Geral ou em qualquer outro órgão da Organização. Além disso, é negado o direito de receber gratuitamente publicações ou documentos da Organização.[350]

[350] ISO. *ISO Statutes*. Art. 6. Disponível em: https://www.iso.org/publication/PUB100322.

Conforme se observa da norma transcrita, para tornar-se membro da Organização (*member body*), o órgão nacional de normalização deverá comprovar a sua condição de mais amplamente representativo da padronização em seu respectivo país, bem como obter aprovação da Organização, de acordo com os procedimentos definidos pelo Conselho. Admite-se apenas um organismo por país e, a partir de 2012, passou-se a exigir que os países fossem oficialmente reconhecidos pela ONU.[351] No caso do Brasil, o órgão nacional de normalização que compõe a ISO é a ABNT.

A composição da Organização por órgãos nacionais de normalização traz algumas discussões de ordem doutrinária acerca da sua natureza jurídica. Estudo conduzido pela OCDE, por exemplo, refere-se à ISO como uma organização "híbrida" ou "quase governamental".[352]

A Organização também coopera com centenas de atores internacionais,[353] o que inclui a ONU e suas agências especializadas, que dependem do sistema ISO para desenvolver *standards* e soluções técnicas para desafios globais.[354] A cooperação com atores internacionais, em especial outros organismos de normalização, visa evitar a duplicação de trabalho ou o conflito de *standards* internacionais,[355] levando em conta a experiência de seus parceiros internacionais.

html. Acesso em: 13 fev. 2019.

351 ISO. *ISO Statutes*. Art. 3. Disponível em: https://www.iso.org/publication/PUB100322.html. Acesso em: 13.02.2019. Cf.: TAKITANI, Marina Yoshimi; BADIN, Michelle Ratton Sanchez. Um estranho no ninho? Padrões privados no Acordo de Barreiras Técnicas ao Comércio da OMC. *Revista de Direito Internacional*, v. 13, n. 3, p. 200, 2016.

352 OECD/ISO. *International Regulatory Co-operation and International Organisations*: The Case of the International Organization for Standardization (ISO). Geneva: OECD/ISO, 2016. p. 9.

353 A lista dos atores está disponível em: https://www.iso.org/organizations-in-cooperation-with-iso.html?f=FULL. Acesso em: 13 fev. 2019.

354 OECD/ISO. *International Regulatory Co-operation and International Organisations*: The Case of the International Organization for Standardization (ISO). Geneva: OECD/ISO, 2016. p. 10 e 17.

355 OECD/ISO. *International Regulatory Co-operation and International Organisations*: The Case of the International Organization for Standardization (ISO). Geneva: OECD/ISO, 2016. p. 18.

Uma questão que pode ser levantada acerca desse modelo de governança é se a integração por órgãos nacionais de normalização e a relação com organizações internacionais conferem maior legitimidade à ISO, em face, sobretudo, da competitividade que marca o campo da *standardization* e da expansão do seu escopo material para domínios que se relacionam com o interesse público e parecem desafiar a estatalidade do Direito.

Embora a Organização seja a maior *standard-setting organisation* no cenário internacional, não é a única organização de definição de *standards*. Pelo contrário, a padronização internacional é um campo bastante disputado. Já na década de 1970, em lista não exaustiva, apontou-se a existência de quarenta organismos envolvidos na padronização internacional.[356] Nos últimos anos, assistiu-se ao surgimento de novos atores responsáveis pelo desenvolvimento de *private international standards*. O número e a diversidade dessas organizações privadas dificultam qualquer generalização ou definição de uma compreensão abrangente do seu impacto. Ademais, há padrões desenvolvidos pela própria indústria, *players* precursores ou dominantes em determinado setor ou mesmo por um consórcio da indústria.[357] Diante desse campo plural, fragmentado e competitivo da normalização, não é tarefa simples a uma *standard-setting organisation* alcançar posição de destaque. No caso da ISO, acreditamos que o seu reconhecimento encontra arrimo no processo de elaboração de *standards*, que se legitima com a composição por órgãos nacionais de normalização (entidades públicas ou privadas), e na rede de cooperação estabelecida com outras organizações.

Para além da composição, a segunda característica que distingue a governança da ISO da governança das OIs constituídas por meio dos instrumentos do direito internacional público (DIP) é a flexibilidade, isso porque o seu estatuto pode ser alterado por decisão da Assembleia Geral com maior facilidade se comparado com o processo de alteração

356 ISO. *Directory of international standardizing bodies*. Geneva: ISO, 1977.

357 OECD/ISO. *International Regulatory Co-operation and International Organisations*: The Case of the International Organization for Standardization (ISO). Geneva: OECD/ISO, 2016. p. 17.

de um tratado internacional.[358] Em suma, emendas ao Estatuto da ISO podem ser propostas pela Assembleia Geral, pelo Conselho ou por pelo menos cinco *member bodies*, e exigem para sua adoção quórum de dois terços e votação afirmativa de três quartos dos *member bodies* presentes em reunião da Assembleia Geral.[359]

Por fim, a terceira característica que a diferencia é a descentralização, uma vez que a sua estrutura de governança é voltada aos membros – por exemplo, a Secretaria Central possui uma estrutura simplificada, e o trabalho técnico não ocorre na ISO/SC em Genebra, mas sim nos Comitês Técnicos, com as secretarias dos comitês fornecidas pelos membros da ISO. Dados o propósito técnico da Organização e a complexidade das questões que a ISO aborda, dá-se especial atenção à composição dos órgãos de governança, a fim de assegurar um equilíbrio entre representatividade e eficiência.

3.4.2 Processo decisório para elaboração de *standards*: descentralização decisória e princípio procedimental do consenso

Conforme destacado no tópico 3.4.1, a ISO apresenta distinções fundamentais em relação às OIs oriundas da manifestação de vontade de Estados soberanos por meio de instrumentos convencionais do direito internacional público (DIP). Essas diferenças dizem respeito à natureza jurídica e à estrutura de governança. Neste tópico, vamos analisar as peculiaridades do seu processo decisório para elaboração de *standards*, orientado por duas diretrizes fundamentais: i) descentralização decisória e ii) princípio procedimental do consenso.

Em relação à descentralização decisória, embora a ISO possua uma estrutura com formato semelhante ao das organizações internacionais clássicas, todo o processo de elaboração e aprovação dos *standards* ocorre à parte dos órgãos de cúpula (Assembleia Geral e Conselho). Os Comi-

358 OECD/ISO. *International Regulatory Co-operation and International Organisations*: The Case of the International Organization for Standardization (ISO). Geneva: OECD/ISO, 2016. p. 21.

359 ISO. *ISO Statutes*. Art. 25. Disponível em: https://www.iso.org/publication/PUB100322.html. Acesso em: 13 fev. 2019.

tês Técnicos (CTs)[360] e Comitês de Projeto (CPs)[361] são os órgãos responsáveis pelo desenvolvimento dos *standards* dentro de um campo de assunto predefinido (delimitado por seu escopo).

Os CTs são estabelecidos pelo Conselho de Gestão Técnica (CGT), desde que: i) uma maioria de dois terços dos membros votantes da ISO (organismos nacionais de *standardization – member bodies*) seja a favor e ii) pelo menos cinco deles se comprometam a participar ativamente do CT.[362] O processo decisório e a condução dos trabalhos técnicos no âmbito dos CTs possibilitam o escalonamento de atribuições, de modo que os CTs podem estabelecer subcomitês (SCs) com escopo específico, mediante decisão de dois terços dos seus membros ativos (*P-member*) e ratificação do CGT. Para atividades específicas, os CTs e os SCs podem ainda estabelecer Grupos de Trabalho (GTs).

Os CPs, por sua vez, também são estabelecidos pelo CGT, entretanto sua atuação se destina a preparar *individual standards* que não se enquadram no âmbito de um CT existente. A diferença é que a atividade do CP se limita a desenvolver um *standard*, após o que ele é dissolvido ou transformado em um CT, se houver necessidade de maior *standardization* dentro de seu escopo. Além disso, por definição, um CP não pode estabelecer SCs, a menos que seja transformado em um CT.[363]

Outra informação relevante para demonstrar o caráter descentralizado do processo de elaboração dos *standards* é que os CTs/SCs são órgãos abertos: suas reuniões ocorrem em todo o mundo e cada órgão membro da ISO interessado na matéria tratada por um CT/SC pode se tornar um membro ativo (*P-member*) ou um observador (*O-member*), a depender do grau de envolvimento do membro no trabalho do CT.

O procedimento de aprovação de um *standard* ISO requer uma

[360] Tradução que definimos para "*Technical Commitee*" (TC).

[361] Tradução que definimos para "*Project Committee*" (PC).

[362] 1.5.7 da ISO/IEC. *Directives, Part 1. Procedures for the technical work*. Disponível em: https://www.iso.org/sites/directives/current/part1/index.xhtml. Acesso em: 22 jun. 2020.

[363] ISO. *My ISO job – What delegates and experts need to know*. 2018. p. 13. Disponível em: https://www.iso.org/files/live/sites/isoorg/files/store/en/PUB100037.pdf. Acesso em: 14 fev. 2019.

"dupla camada de consenso", primeiro entre os especialistas no GT e depois entre os órgãos membros (no nível CT/SC e estágio de publicação). É fundamental que o procedimento de tomada de decisão garanta uma ampla aceitação do conteúdo da norma, o que se traduz na segunda diretriz do processo decisório da ISO: a busca pelo consenso.

Compreendido como princípio procedimental pelas *Directives* da ISO/IEC,[364] o consenso é definido pelo sistema ISO como:

> concordância geral, caracterizada pela ausência de oposição continuada a questões substanciais relativas a qualquer parte importante dos interesses envolvidos e por um processo que envolve a busca de levar-se em conta os pontos de vista de todas as partes envolvidas e conciliar quaisquer argumentos conflitantes.[365]

Uma implicação de ordem prática dessa diretriz é que não se tem uma definição muito precisa do rito de votação para aprovação de *standards* no âmbito dos CTs. O que vale, com efeito, é o alcance substantivo do consenso ao longo do processo.[366]

O Quadro 1 foi extraído das *Directives* da ISO/IEC e ilustra os estágios do processo de desenvolvimento de um *standard* internacional pela ISO:

[364] "O consenso, que requer a resolução de objeções substanciais, é um princípio procedimental essencial e uma condição necessária para a preparação de *standards* internacionais que serão aceitos e amplamente utilizados. Embora seja necessário que o trabalho técnico avance rapidamente, é necessário tempo suficiente antes da fase de aprovação para a discussão, negociação e resolução de discordâncias técnicas significativas." ISO/IEC. *Directives, Part 1. Procedures for the technical work.* 2017. p. 10. Disponível em: http://www.iec.ch/members_experts/refdocs/iec/isoiecdir-1-consolidatedIECsup%7Bed13.0%7Den.pdf. Acesso em: 18 jan. 2018.

[365] ISO/IEC. *Guide 2 – Standardization and related activities – General vocabular.* 2004. Disponível em: https://www.iso.org/standard/39976.html. Acesso em: 20 jan. 2018.

[366] Há alguns procedimentos mais definidos, mas esses em geral dizem respeito a assuntos internos da organização, por exemplo, as mudanças do Estatuto que são conduzidas pela Assembleia Geral.

Quadro 1 – Estágios do processo de desenvolvimento de *standards* ISO e documentos associados[367]

Estágio de processo	Documento associado
0 Estágio Preliminar	Item de Trabalho Preliminar
1 Estágio de Proposta	Proposta para Novo Item de Trabalho
2 Estágio Preparatório	Projeto de Trabalho
3 Estágio de Comitê	Projeto de Comitê
4 Estágio de Consulta	Projeto de *Standard* Internacional
5 Estágio de Aprovação	Projeto Final de *Standard* Internacional
6 Estágio de Publicação	*Standard* Internacional

O processo de desenvolvimento de *standards* da ISO pode iniciar-se com um "estágio preliminar", por meio da introdução pelos CTs ou SCs de "item preliminar de trabalho" (*preliminary work item*) em seus programas de trabalho. O estágio preliminar se destina a projetos que ainda não estão prontos para desenvolvimento imediato nas etapas posteriores do processo – que seguem prazos de votação predefinidos – e pode ser utilizado para a elaboração de uma "proposta para novo item de trabalho" (*new work item proposal*).

Afora projetos que requerem uma etapa preliminar, o processo de desenvolvimento de normas pela ISO inicia-se com o "estágio de proposta" de elaboração de um novo *standard* (ou de uma nova parte de *standard* já existente, ou mesmo de uma especificação técnica), o que deve ser descriminado no documento "proposta para novo item de trabalho" (*new work item proposal*), aprovado por dois terços dos *P-members* do CT ou SC responsável, excluindo-se as abstenções. A segunda etapa, "estágio preparatório", abrange propriamente a preparação de um "projeto de trabalho" (*work draft*) e termina quando o rascunho de projeto está disponível para distribuição aos membros do CT ou SC.

O "estágio de comitê", por sua vez, representa a principal etapa, quando os comentários dos organismos nacionais de normalização (*member bodies*) sobre o "projeto de trabalho" são levados em consideração, com o objetivo de chegar-se a um consenso sobre o conteúdo

[367] ABNT. *Guia para participação de delegados brasileiros em reuniões técnicas da ISO*, 2003. p. 6.

técnico do projeto. Os *member bodies* do CT ou SC devem estudar cuidadosamente os textos dos rascunhos das comissões e apresentar todos os comentários pertinentes. Nesse estágio, deve-se buscar o consenso entre os membros. É da responsabilidade do presidente do Comitê ou Subcomitê, em consulta com o secretário e, se necessário, com o líder do projeto, apurar se há suporte suficiente para atender ao requisito da "concordância geral", evidenciada na ISO/IEC *Guide* 2.

O consenso, entretanto, não implica unanimidade. Em caso de dúvida quanto ao consenso, a aprovação por uma maioria de dois terços dos *P-members* do CT ou da votação do SC pode ser considerada suficiente para que o "projeto do comitê" (*committee draft*) seja aceito para registro como um "projeto de *standard*" para consulta (*enquiry draft*). No entanto, todas as tentativas devem ser realizadas para resolver os votos negativos. O secretariado do CT ou SC deve assegurar que o "projeto de *standard*" submetido a consulta incorpore plenamente as decisões tomadas nas reuniões ou por correspondência. A etapa do comitê termina quando todas as questões técnicas são sanadas e um "projeto do comitê" é aceito para consulta como um "projeto de *standard*" e registrado pela Secretaria Geral (SG).

No "estágio de consulta", o "projeto de *standard*" deve ser distribuído pela Secretaria Central a todos os organismos nacionais de *standardization* para uma votação em doze semanas. Os votos apresentados pelos organismos nacionais devem ser explícitos: positivo, negativo ou abstenção. O "projeto de *standard*" é aprovado se: i) uma maioria de dois terços dos votos emitidos pelos *P-members* do CT ou SC for favorável, e ii) não mais de um quarto do número total de votos emitidos for negativo. Abstenções são excluídas quando os votos são contados, bem como votos negativos não acompanhados de razões técnicas.[368] Depois da votação, se os critérios de aprovação forem cumpridos e nenhuma alteração técnica for incluída, o *standard* seguirá diretamente à publicação. A fase de consulta pode terminar, portanto, com a publicação do *standard*, no caso de aprovação do "projeto de *standard*" nos termos colocados anteriormente, ou, na hipótese em que não se atinja o quórum indicado, com

[368] MURPHY, Craig N.; YATES, JoAnne. *The International Organization for Standardization (ISO)*: Global governance through voluntary consensus. Abingdon: Routledge, 2009. p. 38.

a formação e consulta de um novo documento: o "projeto final de *standard* internacional", com as revisões sugeridas. Esse novo documento seguirá para a etapa de aprovação.

No "estágio de aprovação", por sua vez, exigir-se-á o mesmo quórum para aprovação do "projeto final de *standard* internacional", que, se aprovado, seguirá para publicação. A fase de aprovação termina com a circulação do relatório de votação indicando que o projeto final foi aprovado para publicação como "*standard* internacional", ou, na hipótese de não se alcançar o quórum, com a devolução do documento ao CT.

Por tudo o que foi exposto, verifica-se que a ISO possui um modelo de deliberação e aprovação de *standards* internacionais bastante descentralizado, com foco na atuação dos CTs e, portanto, apartado das funções dos órgãos de cúpula (Assembleia Geral e Conselho). Além disso, o princípio procedimental do consenso confere flexibilidade aos ritos de votação, especialmente na etapa do comitê, uma vez que o que se valoriza é o alcance substantivo do consenso.

3.4.3 A Associação Brasileira de Normas Técnicas (ABNT)

O órgão nacional de normalização brasileiro que compõe a ISO é a ABNT. O órgão foi fundado em 28 de setembro de 1940, sob a forma de associação privada e sem fins lucrativos, com o protagonismo de núcleo de engenheiros e professores brasileiros em seu quadro social.[369]

Até então no Brasil, não havia participação direta da estrutura estatal na atividade de *standardization*. A presença do Estado brasileiro de forma planejada sobre a normalização se deu em 1973, quando foi publicado o Plano Básico de Desenvolvimento Científico e Tecnológico (PBDCT). O aspecto principal do Plano foi instituir um novo quadro legal para a metrologia e a normalização no Brasil. Nesse mesmo ano, foi criado o Sistema Nacional de Metrologia, Normalização e Qualidade Industrial (Sinmetro), por meio da Lei n. 5.966/1973, atribuindo-lhe a "finalidade de formular e executar a política nacional de metrologia, normalização industrial e certificação de qualidade de produtos industriais".

Na cúpula do Sinmetro está o Conselho Nacional de Metrologia, Nor-

[369] ABNT. *História da normalização brasileira*. Rio de Janeiro: ABNT, 2011. Disponível em: http://www.abnt.org.br/images/pdf/historia-abnt.pdff. Acesso em: 20 dez. 2017. p. 49.

malização e Qualidade Industrial (Conmetro), órgão responsável pela "elaboração da política nacional para a metrologia, pelo estímulo à normalização voluntária e pela fixação de critérios e procedimentos para a certificação da qualidade de materiais e produtos".[370] O órgão assumia a forma de um grande colegiado misto, com a participação de ministros do Estado e representantes do empresariado, cujo trabalho técnico era conduzido por meio de câmaras setoriais.[371] Além do Conmetro, criou-se o Instituto Nacional de Metrologia, Normalização e Qualidade Industrial (Inmetro) para a "execução das políticas, com funções bem mais extensas do que o Instituto Nacional de Pesos e Medidas (INPM), que seria extinto depois da instalação oficial do novo órgão".[372-373]

Em síntese, é possível afirmar que a configuração desse sistema acarretou o predomínio estatal na atividade de *standardization* com a consequente diminuição do papel da ABNT. Em verdade, esta só foi alçada à condição de entidade de normalização por meio da Resolução n. 9/1980, uma vez que o seu texto autorizava o Inmetro a credenciá-la como "o foro nacional na área de normalização industrial", e estabelecia que o Inmetro e a ABNT formulassem um Plano Quadrienal de Normalização.[374]

Atualmente, a norma que organiza o Sistema de Normalização do Sinmetro e define o *status* da ABNT é a Resolução n. 07 do Conmetro, de 24 de agosto de 1992. No que se refere ao Sistema de Normalização, ele se compõe dos seguintes órgãos:

[370] ABNT. *História da normalização brasileira*. Rio de Janeiro: ABNT, 2011. Disponível em: http://www.abnt.org.br/images/pdf/historia-abnt.pdff. Acesso em: 26 jan. 2018. p. 68.

[371] ABNT. *História da normalização brasileira*. Rio de Janeiro: ABNT, 2011. Disponível em: http://www.abnt.org.br/images/pdf/historia-abnt.pdff. Acesso em: 26 jan. 2018. p. 68.

[372] ABNT. *História da normalização brasileira*. Rio de Janeiro: ABNT, 2011. Disponível em: http://www.abnt.org.br/images/pdf/historia-abnt.pdff. Acesso em: 26 jan. 2018. p. 68.

[373] Fundado em 1961, o INPM foi fundamental para a implantação da Rede Brasileira de Metrologia Legal e Qualidade. Suas atividades foram incorporadas pelo Inmetro e atribuídas à Diretoria de Metrologia Legal. INMETRO. *A Metrologia Legal no Brasil*. Disponível em: http://www.inmetro.gov.br/metlegal/metBrasil.asp. Acesso em: 20 dez. 2017. SILVA NETO, João Cirilo da. *Metrologia e controle dimensional*: conceitos, normas e aplicação. 2. ed. Rio de Janeiro: Elsevier, 2019. p. 25.

[374] ABNT. *História da normalização brasileira*. Rio de Janeiro: ABNT, 2011. Disponível em: http://www.abnt.org.br/images/pdf/historia-abnt.pdff. Acesso em: 26 jan. 2017. p. 75.

i) Conselho Nacional de Metrologia, Normalização e Qualidade Industrial (Conmetro);
ii) Comitê Nacional de Normalização (CNN);
iii) Instituto Nacional de Metrologia, Normalização e Qualidade Industrial (Inmetro);
iv) Foro Nacional de Normalização – Associação Brasileira de Normas Técnicas (ABNT); e
v) Organismos de Normalização Setorial (ONS).[375]

A Resolução n. 07/92 reconhece a ABNT como único Foro Nacional de Normalização. Essa condição confere obrigações à ABNT perante a sociedade, especialmente:

i) coordenar, orientar e supervisionar o processo de elaboração de Normas Brasileiras, bem como elaborar e editar as referidas Normas;
ii) numerar as Normas Brasileiras, em que se utiliza o sistema de numeração sequencial, precedido da sigla NBR (NBR- n. sequencial);
iii) credenciar Organismos de Normalização Setorial (ONS), segundo critérios, procedimentos e regulamentos aprovados pelo Conmetro e fazer o respectivo acompanhamento; e
iv) representar o Brasil nos Foros internacionais e Regionais de Normalização Voluntária (ISO, IEC, Comissão Panamericana de Normas Técnicas [COPANT], Mercado Comum do Sul [Mercosul] e outros), exceto naqueles de âmbito governamental, devendo para tanto exercer uma participação planejada e ativa nesses Foros de Normalização.

Do reconhecimento da ABNT pelo Governo como seu representante nacional nos Organismos Internacionais e Regionais de Normaliza-

[375] São definidos nos termos da Resolução n. 06, de 24 de agosto de 1992, do Conmetro como "organismo público, privado ou misto, sem fins lucrativos, que entre outras, tem atividade reconhecida no campo da Normalização em um dado domínio setorial, e que tenha sido credenciado pela ABNT, segundo critérios aprovados pelo CONMETRO".

ção (Resolução n. 07/92 do Conmetro) decorre a participação da entidade em organismos como a ISO e *Internacional Electrotechnical Comission* (IEC), além dos regionais, como a Associação Mercosul de Normalização (AMN) e a Copant.

Em relação ao modelo de custeio da ABNT, trata-se de uma associação sem fins lucrativos que conta com a previsão de alocação recursos financeiros federais, existente no Termo de Compromisso anexo à Resolução n. 07/92 do Conmetro. A alocação de recursos públicos na entidade dá ensejo, por si só, à incidência do regime jurídico de direito público em relação ao controle da gestão desses recursos. Entretanto, além dessa incidência de caráter geral, o termo de compromisso entre o governo brasileiro e a ABNT impõe deveres à associação com reflexos no seu processo decisório de elaboração de *standards*:

> Cláusula 6ª: A ABNT deve cuidar para que a elaboração das Normas Brasileiras feitas nos ONS, ou na própria ABNT, envolva a participação voluntária e tenha por princípio o consenso.
>
> Cláusula 7ª: A ABNT se compromete a atender aos interesses da Sociedade Brasileira nos trabalhos de elaboração ou revisão de Normas Brasileiras.

Trata-se de uma regulação viabilizada pelo direito administrativo nacional por meio de cláusulas contratuais. Em verdade, a postura do Direito brasileiro segue os moldes de uma leitura estatalista, que diferencia os "mundos" da normatização técnica e do ordenamento jurídico, esse último monopólio do Estado. Conforme se extrai das regulamentações do Conmetro, o enfoque são os mecanismos de incorporação e remissão aos *standards* pelo direito estatal, não se atribuindo juridicidade aos padrões a não ser pela via da incorporação ao campo jurídico monopolizado pelos organismos estatais (Resolução n. 06/2002 do Conmetro). Ao fazer a regulação estatal sobre o processo decisório da ABNT constar de cláusulas contratuais, com incidência condicionada a repasse de recursos públicos, verifica-se que a atuação do direito público brasileiro dá-se em sentido oposto à proposta do DAG, que se pauta por um critério substantivo de "*publicness*" e dispensa a incorporação dos *standards* ao direito estatal mediante procedimentos formais.

Por fim, vale registrar que a ABNT é também a única autorizada pela ISO para comercializar suas normas no Brasil, detendo total e irrestrita capacidade estrutural e tecnológica de oferecer – devidamente atualizadas – as NBR.[376]

3.5 Conclusões parciais

Neste capítulo, que teve por escopo a análise da relação do DAG com os *standards*, identificamos na regra de reconhecimento pautada pelo critério "*publicness*" o fator que possibilita a atribuição do caráter jurídico e a incidência da proposta normatizadora do DAG a normas de fonte não estatal. Isso é possível porque no critério da "*publicness*" desenvolvido por autores do DAG verifica-se menos uma preocupação formalista, acerca de qual o processo de integração do *standard* ao "puro" direito do Estado, e mais um enfoque sobre a natureza substantiva da norma.

A atribuição de juridicidade aos *standards* permite a incidência da proposta normativa do DAG já no processo da sua elaboração por entidades não estatais. Tem-se aí, ao menos no plano teórico, uma significativa mudança em relação à leitura do estatalismo jurídico, de acordo com a qual, para que o *standard* adquira significação jurídica, é necessário que ingresse na ordem jurídica estatal por meio de mecanismos de "incorporação" ou "remissão". Uma interpretação, portanto, que considera Direito e *standard* dois "mundos" distintos. Essa percepção estatalista está presente no enfoque do controle da Administração Pública brasileira sobre a ABNT, que se define a partir das cláusulas do termo de fomento celebrado para alocação de recursos federais e dos mecanismos de incorporação e remissão aos *standards* pelo direito estatal.

Todavia, as compreensões alcançadas mediante a análise teórica da proposta normativa do DAG em relação aos *standards* e a descrição da ISO, embora relevantes, não fornecem, por si sós, elementos suficientes para que se possa testar a capacidade analítica do DAG e problematizar os supostos desafios colocados à estatalidade do Direito. Afinal, os

[376] No entanto, em recente de decisão do STJ, quando do julgamento do REsp 1.643.007 em novembro de 2017, negou-se a pretensão da ABNT de proibir empresa de consultoria de utilizar suas marcas nominativa e figurativa – nome e logo – na comercialização das normas.

standards podem servir de complemento ou sucedâneo à ordem jurídica estatal? As características do processo de desenvolvimento de *standards* pela ISO são adequadas às funções de "*publicness*" que às suas normas se pretende conferir? A quem cumpre o *enforcement* da proposta normativa do DAG em relação às entidades não governamentais responsáveis pelo desenvolvimento dos *standards*, como a ISO? Diante desses questionamentos exemplificativamente levantados, passamos à descrição da experiência brasileira com a ISO 37001, tanto na produção do *standard* quanto no seu ingresso no ordenamento jurídico estatal, mediante atuação de instituições públicas, no intuito de trazer elementos para verificação do campo teórico.

4

Situação-Problema: Produção e Ingresso da ISO 37001 no Ordenamento Jurídico Brasileiro

A descrição da situação-problema da produção e do ingresso da ISO 37001 no ordenamento jurídico brasileiro se destina a servir de campo de verificação do direito administrativo global (DAG), no intuito de aprofundar a análise da sua capacidade analítica para categorizar e normatizar os fenômenos normativos de fonte não estatal. Busca-se problematizar, à luz da descrição e da proposta normativa do DAG: i) as razões e consequências da expansão do escopo material da *standardization* para domínios temáticos tradicionalmente regulados pela ordem jurídica estatal, como o tema do combate à corrupção, o qual a ISO 37001 tangencia; ii) o ambiente de fragmentação e competição entre as organizações que produzem *standards*; iii) o processo de aprovação de *standards*; e iv) as formas pelas quais os *standards* se relacionam com o ordenamento jurídico do Estado.

Não se tem a pretensão de realizar um estudo de caso, mas apenas fornecer uma descrição da experiência brasileira com a ISO 37001, sob um recorte que procura apresentar elementos desafiadores da estatalidade do Direito. A descrição da situação-problema foi realizada com apoio em: i) análise de estatutos e normas que regem as atividades das entidades de normalização (ABNT e ISO); ii) análise documental referente ao processo de elaboração da ISO 37001, notadamente os documentos divulgados pela ISO, ABNT e outros órgãos de normalização que também participaram do processo; e iii) análise documental dos acordos de leniência celebrados pelo MPF e CGU/AGU que trouxeram a exigência de adequação às ISOs 19600 e 37001, bem como do trâmite do Projeto de Lei (PL) n. 8/2018 do Estado do Tocantins, que estabeleceu a exigência de certificação da ISO 37001 como requisito para entidades que pretendam celebrar contratos com aquela Administração Pública.

A escolha da ISO 37001 para a presente descrição foi motivada, em linhas gerais, por duas razões: i) a natureza jurídica e as especificidades da organização responsável pela sua elaboração e ii) o tema objeto do *standard*. Natureza jurídica da organização, pois, como procuramos apresentar no Capítulo 3, a ISO se enquadra na definição entidade internacional não governamental, não oriunda, portanto, de tratado ou instrumentos convencionais do direito internacional público (DIP), que dependem, em última análise, da manifestação de vontade de Estados soberanos. Objeto da normalização, pois combate à corrupção é assunto que possui inegável relevância jurídica e forte presença das instituições estatais, o que parece atender ao critério de "*publicness*", que, conforme análise teórica realizada no capítulo anterior, justifica a incidência da normatização do DAG.

Em que pese não decorrer de nenhum tratado ou instrumento convencional do direito internacional público (DIP), a ISO 37001 vem obtendo reconhecimento por institutos previstos no nosso ordenamento jurídico, sem a intermediação prévia dos mecanismos legislativos convencionais de incorporação. Exemplo desse reconhecimento por institutos previstos no nosso ordenamento sem processo legislativo de intermediação é a exigência de adoção das ISOs 19600 e 37001 nos acordos de leniência celebrados pelo MPF, sob o crivo de homologação do Poder Judiciário, e pelos órgãos CGU e AGU. Outro exemplo é o PL 8/2018 do estado de Tocantins, que estabeleceu exigência à certificação ISO 37001. São situações que nos permitem extrair reflexões acerca dos fundamentos do estatalismo jurídico, bem como do campo operacional da relação dos *standards* com o ordenamento jurídico do Estado, por meio da atuação das instituições públicas e das consequências jurídicas que se evidenciam no âmbito dessa relação.

4.1 A *standardization* do tema de corrupção e a ISO 37001

A partir da entrada em vigor do FCPA – lei norte-americana anticorrupção para atos cometidos no exterior – em 1977, iniciou-se um movimento de escala internacional para que outros países adotassem legislação semelhante,[377] conduzido por intermédio da atuação de organizações internacionais e das suas convenções.[378]

Inúmeros esforços foram realizados para a constituição de um conjunto de instituições e normas capazes de estabelecer a transnacionalização do combate à corrupção. No Brasil, nossa Lei Anticorrupção (Lei n. 12.846/2012), impulsionada pelas manifestações públicas contra a corrupção de 2013, tem origem na Convenção de Combate à Corrupção de Agentes Públicos em Transações Comerciais da OCDE,[379] da qual o País é signatário.[380] O conteúdo da norma também revela a influência do FCPA,[381] e as autoridades brasileiras possuem instrumentos de cooperação com as

[377] De acordo com Kevin Davis, "o Governo dos EUA e as empresas sujeitas ao FCPA compartilharam interesse em ver outros países adotarem legislação semelhante à FCPA para nivelar o campo de ação, em outras palavras, para assegurar que as restrições do FCPA não colocariam as empresas americanas em desvantagem competitiva". DAVIS, Kevin E. Does the globalization of anti-corruption law help developing countries? *In*: FAUNDEZ, Julio; TAN, Celine (ed.). *International law, economic globalization and development*. E. Elgar, p. 286, 2010.

[378] Notadamente: Convenção da OCDE sobre o Combate da Corrupção de Funcionários Públicos Estrangeiros em Transações Comerciais Internacionais (1997), Convenção Interamericana contra a Corrupção (1996) e Convenção das Nações Unidas contra a Corrupção (2003).

[379] Vale ressaltar que o Brasil também é signatário de outros tratados, como o *Global Pact*, da ONU, e outros firmados no âmbito da Organização dos Estados Americanos (OEA).

[380] O art. 2º da Convenção prevê que cada país signatário deve adotar as medidas necessárias, de acordo com seus princípios legais, para responsabilizar pessoas jurídicas por atos de corrupção de agentes públicos estrangeiros.

[381] A influência é notada, sobretudo, no instituto do acordo de leniência, no modelo de responsabilização objetiva e na definição de programa de integridade. Cf.: VENTURINI, Otavio; CARVALHO, André Castro; MORELAND, Allen. Aspectos gerais do U.S. Foreign Corrupt Practices Act (FCPA). *In*: CARVALHO, André Castro; BERTOCCELLI, Rodrigo de Pinho; ALVIM, Tiago Cripa; VENTURINI, Otavio. *Manual de* compliance. São Paulo: Forense, 2019.

autoridades norte-americanas responsáveis pelo *enforcement* do FCPA.[382]

É nesse contexto de transnacionalização do combate à corrupção que a ISO inicia os trabalhos de produção de *standards* sobre *compliance*, por meio do seu Comitê Técnico 309, que aborda os temas de governança das organizações. O primeiro *standard* da ISO a tangenciar o tema foi a ISO 19600 de 2014 (*Preview Compliance Management Systems – Guidelines*). A finalidade da ISO 19600 é fornecer orientação para estabelecer, desenvolver, implementar, avaliar, manter e melhorar um sistema de gerenciamento de conformidade eficaz e responsivo dentro de uma organização, com base nos princípios de boa governança, proporcionalidade, transparência e sustentabilidade. O *standard* é definido como *guidelines*, ou seja, uma norma de orientação que não enseja certificação, servindo de guia para empresas que queiram se adequar aos parâmetros indicados pela ISO.

Em 2016, a entidade aprovou a ISO 37001 *Anti-Bribery Management Systems – Requirements with Guidance for Use*, que apresenta duas diferenças importantes em relação à ISO 19600. Diferentemente da ISO 19600, que versa de modo geral sobre sistema de *compliance*, a ISO 37001 possui um escopo mais reduzido, limitado ao aspecto de *anti-bribery management*. Ademais, enquanto a ISO 19600 é norma de orientação, a ISO 37001 se destina à certificação acreditada. Trata-se de uma norma de requisitos (*requirements with guidance for use*), isto é, ela possibilita a certificação da empresa aderente, desde que verificado o cumprimento de todos os seus requisitos.

A certificação se destina a empresas de diferentes portes, entidades dos setores público e privado, bem como ONGs; e o cumprimento dos requisitos é avaliado por meio do processo de certificação conduzido por outra entidade que deve ser acreditada por autoridade competente. No Brasil, o órgão responsável pela acreditação das entidades certifica-

[382] Exemplo de instrumento de cooperação é o Acordo de Assistência Judiciária em Matéria Penal entre o Governo da República Federativa do Brasil e o Governo dos Estados Unidos da América, também conhecido como Mutual Legal Assistance Treaty (MLAT), celebrado em Brasília, em 14 de outubro de 1997, e promulgado por meio do Decreto n. 3.810/2001.

doras das normas ISO é o Inmetro.[383] Conforme descrito no Capítulo 3, a configuração do nosso Sinmetro estabelece que a ABNT é o "Foro Nacional de Normalização" com a atribuição de representar o Brasil na ISO; entretanto, o Inmetro é o organismo responsável pela acreditação de entidades que irão certificar o cumprimento dos requisitos do *standard*. Outro ponto importante é que as certificações ISO possuem validade, de modo que as organizações deverão submeter-se a processos avaliativos periódicos de renovação se quiserem manter a certificação.

4.1.1 Expansão da *standardization* e técnica de redação da ISO 37001

A ISO 37001 versa sobre sistemas de gestão antissuborno,[384] assunto intrinsecamente relacionado ao combate à corrupção e sobre o qual incide forte regulação da ordem jurídica estatal e atuação das instituições públicas, bem como mobilização das organizações internacionais. Características, portanto, que sugerem a expansão do escopo temático da *standardization* para domínios da "*publicness*", o que justifica, conforme abordagens teóricas do DAG apresentadas no Capítulo 3, a incidência normativa do DAG.

Mesmo sem pretensão de promover uma análise ontológica e aprofundada acerca da natureza dos *standards* e das normas jurídicas estatais, entendemos ser válido proceder neste tópico ao exercício de comparação do *standard* ISO 37001 com a legislação brasileira anticorrupção, confrontando, ainda que perfunctoriamente, alguns elementos presentes tanto em uma quanto na outra, no desiderato de extrair subsídios para problematizar a expansão do escopo material da *standardization*.

Com relação ao conteúdo, uma comparação da ISO 37001 com a legislação brasileira de combate à corrupção, notadamente a Lei Anticor-

383 O Inmetro, por meio da Coordenação-Geral de Acreditação (CGCRE), concede o Certificado de Acreditação a Organismos de Certificação de Sistemas de Gestão Antissuborno.

384 O documento é delimitado a políticas antissuborno, não abordando, por exemplo, temas de fraude, cartéis e outros delitos antitruste/anticoncorrencial, lavagem de dinheiro ou outras atividades que podem guardar relação com atos ilícitos de corrupção.

rupção (Lei n. 12.846/2013) e o seu Decreto regulamentador (Decreto n. 8.420/2015), parece ao menos indicar convergência temática entre o *standard* e a regulação estatal. Como já destacado, a ISO 37001 versa sobre "sistemas de gestão antissuborno", o que, nos termos da norma técnica, representa "conjunto de elementos inter-relacionados ou interativos de uma organização, para estabelecer medidas concebidas"[385] "para identificar e avaliar o risco, bem como prevenir, detectar e responder ao suborno".[386] A legislação brasileira anticorrupção, por sua vez, para além dos temas relativos à responsabilização jurídica e aos acordos de leniência, traz a definição legal de "programa de integridade",[387] que consiste em:

> conjunto de mecanismos e procedimentos internos de integridade, auditoria e incentivo à denúncia de irregularidades e na aplicação efetiva de códigos de ética e de conduta, políticas e diretrizes com objetivo de detectar e sanar desvios, fraudes, irregularidades e atos ilícitos praticados contra a administração pública, nacional ou estrangeira.[388]

Nesses termos, "sistema antissuborno" e "programa de integridade" são noções que se assemelham às dos programas de *compliance* que ganharam destaque no cenário internacional a partir do FCPA em 1977, quando se definiu um modelo de responsabilização jurídica que, distanciando-se da concepção tradicional de responsabilidade subjetiva, passou a exigir para o seu afastamento a adoção de sistema de políticas e controles internos por parte das organizações, apto a impedir violações à lei e a demonstrar

[385] ABNT NBR ISO 37001:2017, 3.5.

[386] ABNT NBR ISO 37001:2017, 4.4.

[387] Dentre outras normas, destacamos: i) a Lei n. 12.846/2013, que, no seu art. 7º, inciso VIII, utiliza a expressão "mecanismos e procedimentos internos de integridade"; ii) a Lei n. 13.303/2016, que, no seu art. 9º, § 4º, menciona o termo "área de *compliance*"; e iii) o Decreto n. 8.420/2015, que, no seu art. 41, emprega a locução "programa de integridade".

[388] Art. 41 do Decreto n. 8.420/2015.

às autoridades externas de controle a efetividade de tais medidas.[389-390]

A despeito da aproximação temática entre a normalização técnica e a normatização jurídica, um traço que poderia distinguir esses dois campos é a técnica de redação. Entretanto, essa distinção também sofreu mitigações com a evolução dos *standards* para domínios de qualidade e o fortalecimento da lógica de requisitos para certificação, fatores responsáveis por atribuir aos padrões elementos comuns à redação de normas jurídicas. A ISO 37001 é uma norma técnica de requisito (*requirements with guidance for use*), utilizando-se das seguintes formas verbais para fins de certificação:

i) **"Deve", que indica um requisito:**
A organização *deve*[391] implementar procedimentos que sejam concebidos para prevenir a oferta, fornecimento ou aceitação de presentes, doações e benefícios similares onde a oferta, fornecimento ou aceitação são ou poderiam ser razoavelmente percebidos como suborno.[392]

ii) **"Convém que", que indica uma recomendação:**
Convém[393] que os resultados da investigação sejam reportados à Alta Direção ou à função de *compliance*, como apropriado. Se os

[389] VENTURINI, Otavio; CARVALHO, André Castro; MORELAND, Allen. Aspectos gerais do U.S. Foreign Corrupt Practices Act (FCPA). *In*: CARVALHO, André Castro; BERTOCCELLI, Rodrigo de Pinho; ALVIM, Tiago Cripa; VENTURINI, Otavio. *Manual de* compliance. São Paulo: Forense, 2019, p. 322.

[390] A decisão de 1963 da *Delaware Supreme Court* é ilustrativa da mudança que representou o FCPA no modelo de responsabilidade cível e criminal de empresas e seus diretores no contexto norte-americano por atos de corrupção exterior. Essa decisão rejeitou a noção de que os diretores de uma empresa fossem responsáveis pela implementação de uma estrutura que garantisse o cumprimento da lei: "*[A]bsent cause for suspicion* não há obrigação de os diretores instalarem e operarem um sistema corporativo de espionagem para investigar irregularidades que eles não têm motivo para suspeitar que exista". Cf.: Graham v. Allis-Chalmers Mfg. Co., 188 A.2d 125, 130 (Del. 1963).

[391] Grifo nosso.

[392] ABNT NBR ISO 37001:2017. 8.7 Presentes, hospitalidade, doações e benefícios similares. p. 19.

[393] Grifo nosso.

resultados forem reportados à Alta Direção, *convém*[394] que eles também sejam reportados à função *compliance* antissuborno.[395]

iii) "Pode", que indica uma permissão, possibilidade ou capacidade:
A *due diligence* realizada pela organização em seus parceiros de negócio *pode*[396] incluir, por exemplo: 1) questionário enviado aos parceiros de negócio em que seja solicitado que responda a questões relacionadas a A.10.3 a); [...].[397]

Em termos comparativos, o parágrafo único do art. 41 do Decreto n. 8.420/2015, que regulamenta a Lei Anticorrupção, preceitua que:

> o programa de integridade *deve*[398] ser estruturado, aplicado e atualizado de acordo com as características e riscos atuais das atividades de cada pessoa jurídica, a qual por sua vez deve garantir o constante aprimoramento e adaptação do referido programa, visando garantir sua efetividade.

Uma norma, portanto, que estabelece um dever, abordando conteúdo que guarda similitudes com o da ISO 37001. Outro aspecto interessante é que a ISO 37001 emprega termos e definições bastante próximas das verificadas na legislação anticorrupção. Exemplo disso é a definição que o *standard* promove de "agente público":

> 3.27 agente público – pessoa detentora de cargo legislativo, administrativo ou judicial, seja por nomeação, eleição ou sucessão, ou qualquer pessoa que exerça uma função pública, inclusive para um órgão público ou uma empresa pública, ou qualquer agente ou oficial de uma

[394] Grifo nosso.

[395] ABNT NBR ISO 37001:2017. A.18 Investigando e lidando com suborno. A.18.7. p. 48.

[396] Grifo nosso.

[397] ABNT NBR ISO 37001:2017. A.10 Due diligence. A.10.3. p. 37.

[398] Grifo nosso.

organização pública nacional ou internacional, ou qualquer candidato a cargo público.

Se comparada com a definição de agente público estabelecida, por exemplo, na Lei de Improbidade Administrativa (Lei n. 8.429/1992), podemos verificar, mais uma vez, a proximidade conceitual e de técnica de redação:

> Art. 2° Reputa-se agente público, para os efeitos desta lei, todo aquele que exerce, ainda que transitoriamente ou sem remuneração, por eleição, nomeação, designação, contratação ou qualquer outra forma de investidura ou vínculo, mandato, cargo, emprego ou função nas entidades mencionadas no artigo anterior.

Observa-se que, apesar das distinções que se pode traçar *a priori* entre o *standard* e a ordem jurídica estatal, é possível notar ao menos um movimento de aproximação entre esses dois campos em termos de tema abordado e até mesmo de técnica de redação. A própria introdução da ISO 37001 indica essa relação ao registrar que governos têm feito progresso ao abordar o suborno por meio de acordos internacionais e das suas leis nacionais, afirmando expressamente que "apenas a lei não é suficiente para resolver o problema"[399] e que "as organizações têm, portanto, uma responsabilidade de contribuir proativamente para o combate do suborno",[400] o que, para a ISO, "pode ser alcançado por um sistema de gestão antissuborno".[401] Nesse sentido, a ISO não ignora o fato de tratar-se de um tema objeto de diversas legislações e expressamente evidencia a intenção de trazer o seu contributo, como organização não governamental (ONG) internacional, às políticas antissuborno.

Contudo, em que pesem as aproximações traçadas, as consequências de partida do descumprimento de um *standard* são supostamente distintas das do descumprimento de uma norma estatal, pois apenas

[399] ABNT NBR ISO 37001:2017. p. VIII.

[400] ABNT NBR ISO 37001:2017. p. VIII.

[401] ABNT NBR ISO 37001:2017. p. VIII.

o Estado, na consagrada definição weberiana, possui o "monopólio do uso legítimo da força física, dentro de um determinado território".[402] Em termos práticos, a desconformidade em relação a requisitos da ISO 37001 implica a não certificação de uma organização que queira se submeter ao processo de auditoria realizado por certificadora acreditada, ao passo que o descumprimento de um dispositivo legal, da Lei de Improbidade Administrativa ou da Lei Anticorrupção, por exemplo, tem por consequência a aplicação de sanções previstas nesses diplomas. Com relação propriamente ao "programa de integridade" previsto na legislação anticorrupção brasileira, a sua avaliação pelo Poder Público de acordo com critérios definidos em lei, em caso de cometimento de algum ilícito, tem a finalidade específica de apurar o fator atenuante na dosimetria da sanção administrativa de multa.[403]

Por outro lado, não se pode ignorar que os *standards* e as suas certificações muitas vezes são adotados como condição para celebração de negócios, concessão de crédito ou incorporados à própria legislação, o que traz nítidas consequências àqueles que não conseguem se adequar ou mesmo manter a certificação. São consequências, sobretudo de natureza econômica, que não deixam de representar "sanções indiretas" e que podem eventualmente acarretar repercussão mais grave do que a própria sanção legal.

4.1.2 Competição com outros *standards*

Diferentemente do que ocorre no processo comum de produção de normas pelos Estados ou Organizações Internacionais – em que a tendência é o monopólio e a concentração –, o campo da *standardization* é marcado pela fragmentação e competição. A despeito do seu reconhecimento internacional, a ISO 37001 não é o único *standard* sobre políticas antissuborno. Se considerarmos apenas os padrões criados por organizações brasileiras, encontraremos outros *standards* e mais dois formatos

[402] WEBER, Max. *Ensaios de sociologia*. 5. ed. Rio de Janeiro: Zahar, 1982. p. 98.

[403] Os critérios para avaliação de programa de integridade pelo Poder Público estão especificados: no art. 42 do Decreto n. 8.420/2015; na Portaria CGU n. 909/2015; e no *Manual Prático de Avaliação de Programa de Integridade em PAR* da CGU, publicado em setembro de 2018.

distintos de premiação/certificação, um guiado pelo Poder Público e o outro por entidade privada.

Desde a entrada em vigor da Lei Anticorrupção (Lei n. 12.846/2013) e da sua regulamentação (Decreto n. 8.420/2015 e Portaria CGU n. 909/2015), a CGU tem elaborado e dado publicidade a variados formatos de *standards* relativos a programas de integridade.[404] A despeito das diferentes nomenclaturas ("Guia", "Manual", "Diretrizes" e "Cartilha"), os *standards* da CGU vêm indicar melhores práticas para obtenção de grau ótimo na implementação ou no aprimoramento de programa de integridade na iniciativa privada ou no setor público.

Vale ressaltar que a elaboração de *standards* pela própria Administração Pública e sobre a temática do combate à corrupção não é prática exclusiva do Brasil, sendo adotada por outros países que nos serviram de parâmetro. Esse é o caso dos EUA, onde a *Criminal Division* do *Department of Justice* (DOJ) e a *Enforcement Division* da *Securities and Exchange Commission* (SEC) produziram o *Resource Guide to the US Foreign Corrupt Practices Act.* Trata-se de uma compilação detalhada de informações sobre o FCPA, suas disposições e *enforcement.* Um guia para fornecer informações úteis sobre *US Foreign Corrupt Practices Act* a empresas prestadoras de diferentes tipos de serviços e com diversas estruturas de governança e tamanhos.[405]

[404] São eles: i) *Guia Prático de Gestão de Riscos para a Integridade* – publicado em outubro de 2018; ii) *Manual Prático de Avaliação de Programa de Integridade em PAR* – publicado em setembro de 2018; iii) *Guia Prático de Implementação de Programa de Integridade Pública para órgãos e entidade da Administração Pública Federal* – publicado em abril de 2018; iv) *Manual para Implementação de Programas de Integridade no Setor Público* – publicado em agosto de 2017; v) *Guia de Integridade Pública* – publicado em dezembro de 2015; vi) *Guia de Implantação de Programa de Integridade em Empresas Estatais* – publicado em dezembro de 2015; vii) *Programa de Integridade*: Diretrizes para Empresas Privada – publicado em novembro de 2015; viii) *Cartilha – Integridade Para Pequenos Negócios* – edição atualizada e publicada em agosto de 2017; ix) *Cartilha – Proteja a sua Empresa contra a Corrupção* – publicada no *site* em agosto de 2016; x) *Cartilha – Empresas Brasileiras no Exterior* – publicada em julho de 2015. A coleção dos padrões está disponível no *site* da CGU: https://www.gov.br/cgu/pt-br/centrais-de-conteudo/publicacoes/integridade/colecao-programa-de-integridade. Acesso em: 22 jun. 2020.

[405] Cf. UNITED STATES OF AMERICA. Criminal Division of the U.S. Department of Justice; Enforcement Division of the U.S. Securities and Exchange Commission. *FCPA*: A

No Reino Unido, por sua vez, o *Ministry of Justice* publicou o *Bribery Act 2010: Guidance to help commercial organisations prevent bribery* no intuito de ajudar organizações empresariais a entenderem que tipo de procedimentos podem implementar para se adequarem à legislação (*Bribery Act 2010*) e evitarem a ocorrência do suborno.[406]

No caso brasileiro, a CGU parece ter incorporado essa metodologia com equivalente técnica e intensidade. Além dos *standards* que se destinam a orientar a implementação de programa de integridade em empresas e no setor público, o órgão deu publicidade, à semelhança do *Guidance Evaluation of Corporate Compliance Programs*, divulgado pelo *U.S. Department of Justice* (DOJ),[407] ao *Manual Prático de Avaliação de Programa de Integridade em Processo Administrativo de Responsabilização* – PAR, que se destina a:

> orientar os servidores do Poder Executivo federal, especialmente os que compõem, ou irão compor, as Comissões de Processo Administrativo de Responsabilização – CPAR, a realizarem a avaliação de Programa de Integridade apresentado pela pessoa jurídica processada para fins de redução do montante da multa aplicada.[408]

A finalidade do destacado *Manual* demonstra que os *standards*, produzidos por órgãos do Estado, embora não carreguem a chancela de uma lei ou de um regulamento, podem servir de baliza à atuação discricionária da Administração Pública. No caso específico, embora a Lei Anticorrupção e a sua regulamentação atribuam competências às autoridades para avaliarem programas de integridade, não o fazem com a

Resource Guide to the US Foreign Corrupt Practices Act. 2012. Disponível em: https://www.justice.gov/sites/default/files/criminal-fraud/legacy/2015/01/16/guide.pdf. Acesso em: 22 abr. 2018.

406 Cf. UNITED KIGDOM. Ministry of Justice. *Bribery Act 2010*: Guidance to help commercial organisations prevent Bribery. 2010. Disponível em: https://www.gov.uk/government/publications/bribery-act-2010-guidance. Acesso em: 22 abr. 2018.

407 A última versão do *Guidance* da autoridade estadunidense é de abril de 2019. UNITED STATES OF AMERICA. Criminal Division of the U.S. Department of Justice. *Evaluation of Corporate Compliance Programs*. 2019.

408 BRASIL. Ministério da Transparência e Controladoria-Geral da União. *Manual Prático de Avaliação de Programa de Integridade em PAR*. 2018. p. 6.

necessária densidade normativa, consoante se observa na redação de apresentação do *Manual* da CGU:

> Com efeito, apesar de o Decreto n. 8.420/2015 estabelecer os parâmetros para avaliação do Programa de Integridade, é possível afirmar que não se trata de uma tarefa simples: primeiro porque o tema é inovador, distante da realidade da maior parte dos servidores que serão responsáveis por essa atividade; segundo porque os parâmetros estabelecidos pelo Decreto são pouco detalhados, o que dificulta a avaliação; por fim, porque o resultado da avaliação vai impactar diretamente no valor da multa a ser aplicada, o que aumenta a possibilidade de questionamentos por parte da pessoa jurídica processada e dos órgãos de controle.[409]

Para além dos *standards*, a CGU desenvolveu um programa de fomento à adoção voluntária de programas de integridade pelas empresas brasileiras: Empresa Pró-Ética. O programa consiste no reconhecimento de boas práticas de promoção da integridade e de prevenção da corrupção, por meio da avaliação e divulgação de lista de empresas aprovadas que adotam voluntariamente um programa de integridade. Diferentemente da ISO 37001, o Pró-Ética caracteriza-se como formato de premiação com finalidades que transcendem a certificação, induzindo comportamentos e fomentando a replicação de boas práticas por outras empresas nos diversos segmentos econômicos. Por essa razão, a lógica de aferição apresenta diferenças comparativamente à certificação da ISO 37001. Não se exige o cumprimento integral para a validação, sendo necessário que a empresa alcance 70% da pontuação e comprove documentalmente o cumprimento dos requisitos a serem avaliados pela Secretaria-Executiva do Comitê Gestor do Pró-Ética, sob pena de ser desconsiderada para fins de avaliação. Por outro lado, o nível de exigência em relação às empresas já premiadas sobe a cada avaliação, e as suas melhores práticas são divulgadas por meio da CGU.[410]

[409] BRASIL. Ministério da Transparência e Controladoria-Geral da União. *Manual Prático de Avaliação de Programa de Integridade em PAR*. 2018. p. 5-6.

[410] Nos termos do art. 2º do regulamento do Pró-Ética 2018/2019, o programa tem por

Essas diferenças abrem margem para reflexão acerca de como a formulação de *standards* e a definição mecanismos de premiação por órgãos governamentais podem servir para incentivar mudanças positivas na relação do mercado com o setor público e com a própria sociedade.

Por fim, outro *standard* antissuborno brasileiro que traz em si a possibilidade de certificação é o DSC 10.000 – Diretrizes para o Sistema de Compliance. O DSC 10.000 não contou com a participação estatal em sua elaboração, ainda que indiretamente. Como a própria descrição da norma expõe, "um grupo de amigos, elaborou a DSC 10.000 – Diretrizes para o Sistema de Compliance, em pouco mais de 1 ano de trabalho".[411] O *standard* se destina à certificação, e a acreditadora dos organismos certificadores da norma também é uma entidade privada: a Empresa Brasileira Acreditadora da Norma de Compliance (EBANC), criada exclusivamente para esses fins. Trata-se de um modelo exclusivamente privado, sem nenhuma participação ou intermediação do Estado, quer na elaboração da norma, quer nos procedimentos de acreditação ou certificação da norma, em que o mesmo grupo que produz a norma acredita os organismos certificadores. O Quadro 2, a seguir, sintetiza a distinção entre os três padrões.

objetivos: "I – conscientizar empresas sobre seu relevante papel no enfrentamento da corrupção, ao se posicionarem afirmativamente pela prevenção e pelo combate de práticas ilegais e antiéticas e em defesa de relações socialmente responsáveis; II – reconhecer as boas práticas de promoção da integridade e de prevenção da corrupção em empresas que adotam medidas para criação de um ambiente mais íntegro, ético e transparente no setor privado e em suas relações com o setor público; e III – reduzir os riscos de ocorrência de fraude e corrupção nas relações entre o setor público e o setor privado". BRASIL. Ministério da Transparência e Controladoria-Geral da União – CGU. *Regulamento Empresa Pró Ética 2018/2019*. 2018. p. 2.

[411] EBANC. *Quem somos*. Disponível em: http://www.ebanc.com.br/. Acesso em: 20 jan. 2018.

Quadro 2 – Quadro comparativo entre *standards*

	ISO 37001	Pró-Ética	DSC 10.000
Quem elaborou o *standard*?	ISO, com a participação do Brasil por meio da ABNT	Ministério da Transparência e CGU, com a participação da sociedade civil	Profissionais oriundos de diversos segmentos
Modelo de conferência	Certificação, desde que cumprido 100% dos seus requisitos	Premiação com divulgação de lista anual de Empresas Pró-Ética, desde que cumprido 70% dos seus requisitos	Certificação, desde que cumprido 100% dos seus requisitos
Quem acredita?	Inmetro	O Pró-Ética não se destina à certificação	EBANC
Quem faz a conferência?	Entidade acreditada pelo Inmetro realiza a certificação	Ministério da Transparência e CGU realizam a inclusão na lista Pró-Ética	Entidade acreditada pela EBANC
Escopo	Programa antissuborno	Programa de integridade	Programa de integridade

O quadro evidencia que o contexto de pluralidade e competição também existe na *standardization* antissuborno no Brasil. Ainda que as normas ISO 37001, o Regulamento Empresa Pró-Ética e as DSC 10.000 possuam escopos distintos, eles tangenciam temas similares e se tornam opções alternativas a empresas interessadas em obter algum reconhecimento em relação aos seus programas de integridade.[412]

[412] O cenário de competição entre *standards* enseja o questionamento acerca de quais fatores podem conferir atratividade à ISO 37001. Com apoio nos aportes parcialmente obtidos até aqui e sem pretensão de apresentar respostas definitivas, uma vez que o questionamento decorre do, mas também perpassa, o objeto do livro, parece-nos que: i) a estrutura de governança e o processo decisório, com a integração de organismos nacionais de *standardization*; ii) a rede de cooperação internacional, inclusive com a participação de OIs; e iii) o modelo de procedimento de certificação, que, no caso do Brasil, conta com a acreditação de entidades certificadoras pelo Inmetro, são fatores que merecem ser refletidos à luz da busca por legitimação e reconhecimento do mercado.

4.2 Processo de elaboração da ISO 37001

Neste tópico, busca-se reconstituir, ainda que de modo sucinto, o processo decisório por meio do qual a ISO 37001 foi elaborada, enfocando a participação do organismo brasileiro de *standardization*, a ABNT. A descrição foi realizada a partir de um esforço de extração e conexão de informações de documentos e boletins divulgados esparsamente pela ISO, ABNT e por outros organismos de normalização que também participaram do processo,[413] uma vez que não há publicização do conteúdo das atas das reuniões que precederam a elaboração do *standard*.

O processo decisório da ISO para elaboração de *standards* foi esquematicamente descrito no tópico 3.4.2, e a compreensão das suas fases e instâncias é pressuposto para a descrição que se segue.

4.2.1 Composição do Comitê de Projeto 278

A ideia da ISO 37001 nasceu de uma reunião realizada em Londres, em junho de 2013, e teve o seu escopo e título validados pelo CGT em setembro de 2013 na cidade de Moscou, quando e onde foi instalado o Comitê de Projeto 278 – *Anti-bribery management* (CP 278). Do CP 278 participaram aproximadamente oitenta *experts*, 37 *P-members*[414] e 22 *O-members*.[415] Como *external liasions*, participaram: *European Construction*

[413] As principais referências que utilizamos para descrição do processo de votação foram: i) o Boletim da ABNT de Jul/Ago de 2016 (http://www.abnt.org.br/boletins/790-boletins-2016/4849-jul-ago-2016); ii) a apresentação divulgada pelo organismo de *standardization* da Malásia que integrou o processo de votação da ISO 37001 (https://www.jsm.gov.my/documents/10180/2691417/MS+ISO+37001+-+Oct+27_DR_LKM.pdf/64037173-47ec-48d1-a371-20e27842bc73); e iii) uma apresentação fornecida por *e-mail* após solicitação formal à ABNT denominada "A ABNT NBR ISO 37001 e seu processo de elaboração". Na comparação de informações entre os documentos e as apresentações a que tivemos acesso, pudemos verificar contradições relativas ao número de membros que participaram do PC 278. Em face dessas limitações e da impossibilidade de acesso às atas das reuniões da PC 278, a nossa descrição representa um esboço de reconstituição do processo, não pautado por documentos oficiais.

[414] Dentre os 37 *P-members* (membros participantes), constavam: Brasil, Alemanha, Arábia Saudita, Austrália, Áustria, Brasil, Camarões, Canadá, China, Colômbia, Dinamarca, Equador, Egito, Espanha, Estados Unidos, França, Guatemala, Hungria, Ilhas Maurício, Índia, Iraque, Israel, Quênia, Líbano, Malásia, México, Marrocos, Nigéria, Noruega, Paquistão, Reino Unido, República Tcheca, Sérvia, Singapura, Suécia, Suíça, Tunísia e Zâmbia.

[415] Os 22 *O-members* (membros observadores) foram: Argentina, Armênia, Bulgária, Chile,

Industry Federation (FIEC), *International Certification Network* (IQNet), *Independent International Organization for Certification* (IIOC), *International Federation of Consulting Engineers* (FIDIC), Organização para a Cooperação e Desenvolvimento Económico (OCDE), *Working Group on Bribery in International Business Transactions*, *Transparency International* (TI) e *World Federation of Engineering Organizations* (WFEO).

4.2.2 As reuniões do Comitê de Projeto 278 e a participação da ABNT no processo decisório

Ao todo, foram realizadas seis reuniões em diversas localidades do mundo: 1ª em Londres (junho de 2013), 2ª em Madri (março de 2014), 3ª em Miami (setembro de 2014), 4ª em Paris (março de 2015), 5ª em Kuala Lumpur (setembro de 2015) e 6ª na Cidade do México (junho de 2016). A participação brasileira não se deu em todo o processo. Por alguma razão, a ABNT só se inscreveu como *P-member* a tempo de participar da última reunião, realizada em junho de 2016 na Cidade do México. Nessa fase, etapa de aprovação, já havia um *Draft International Standard* (DIS) com voto positivo de 91% dos *P-members*, o que limitou a capacidade de atuação da delegação da ABNT.

A ABNT enviou delegação com três representantes (Ariosto Faria Jr., Carlos Henrique da Silva Ayres e Rosemary França Vianna).[416] Os debates e votação ocorreram na reunião da Cidade do México de 30 de maio a 3 de junho de 2016. Apenas nos cinco dias do último encontro, foram colocados em debate seiscentos comentários/sugestões de alterações do texto do DIS, o que representou uma média de 120 por dia. A delegação brasileira apresentou 47 comentários à norma, que foram discutidos previamente em reuniões na ABNT no Brasil, sendo onze "*not accepted*" e 36 abertos para a discussão.

Chipre, Coreia do Sul, Costa do Marfim, Finlândia, Holanda, Hong Kong, Itália, Japão, Lituânia, Macau, Mongólia, Nova Zelândia, Polônia, Portugal, Rússia, Tailândia e Uruguai.

[416] Conforme informações fornecidas pela ABNT acerca da qualificação de seus representantes à época: "Rosemary Vianna, da Best Solutions Coaching, Training & Compliance (BST), Carlos Ayres, da Trench Rossi e Watanabe Advogados, e Ariosto Farias, Consultor de Sistemas de Gestão das normas ISO (CQSI)". ABNT. *Boletim ABNT*. Jul/Ago. 2016. p. 6.

A grande quantidade de sugestões e comentários em relação aos quais se deve alcançar o consenso ilustra o quão crítico é o gerenciamento das reuniões no âmbito dos CTs e CPs. Em razão disso, ganha relevância a flexibilidade da definição do rito de votação. O método e o rito de resolução de comentários utilizados na reunião da Cidade do México foram alcançados, com apoio em lógica de *making progress*, por meio de tentativas e erros experienciados até a reunião que a precedeu, em Kuala Lumpur. As votações se deram por meio do gesto de levantar a mão e buscou-se resolver os comentários no grupo de trabalho. Depois da sua aprovação, a ISO 37001 foi publicada em 14 de outubro de 2016.

Além de participar como *P-member* no CP 278, com o objetivo integrar o processo de aprovação do *standard* internacional ISO 37001, a ABNT, em 5 de setembro de 2016, instalou a Comissão de Estudo Especial Antissuborno (ABNT/CEE-278) para adoção da ISO 37001 como *standard* brasileiro. A aprovação do "Projeto de Norma – ABNT NBR ISO 37001, Sistemas de Gestão Antissuborno – Requisitos", com orientações para uso, ocorreu em 23 de novembro de 2016. Seguindo os trâmites da ABNT, o projeto foi submetido a Consulta Nacional durante os meses de janeiro e fevereiro de 2017, e o *standard* foi publicado em 15 de março de 2017.[417]

4.2.3 Circulação de standards: adoção do standard britânico BS 10500 como ponto de partida para elaboração da ISO 37001

Na primeira reunião oficial do CP 278, ocorrida no mês de março de 2014, em Madri, depois da sua validação pelo CGT, foi tomada a decisão de utilizar o *standard* Britânico "BS 10500:2011 – *Specification for an anti-bribery management system* (ABMS)" como parâmetro para o desenvolvimento da ISO 37001.[418]

A adoção de um *standard* estrangeiro como referência demonstra que o trabalho do CP 278 não partiu do "zero". A elaboração do primeiro esboço da ISO 37001 foi espelhada em *standard* desenvolvido pela *British Standards Institution* (BSI), uma entidade privada de *standardization*

[417] ABNT. *Boletim ABNT*. Jul/Ago. 2016. p. 36.

[418] ABNT. *Boletim ABNT*. Jul/Ago. 2016. p. 6.

que atende ao contexto do Reino Unido e que também integra a ISO. O BS 10500 foi desenvolvido para fins de certificar empresas britânicas como forma de demonstrar ao mercado e às autoridades desse país o emprego de um sistema de gerenciamento antissuborno adequado ao *UK Bribery Act 2010*.

A utilização de *standard* estrangeiro como base pode ser problematizada sob o ponto de vista da imparcialidade da instituição e isonomia entre os participantes do processo de elaboração da norma. Um argumento utilizado, entretanto, para contrapor-se a essa objeção é de que se trata apenas de uma primeira referência e que os debates a partir do "estágio de comitê" dariam conta de neutralizar esse viés.[419]

4.3 Ingresso da ISO 37001 no ordenamento jurídico brasileiro

A postura estatalista que orienta a Resolução n. 06/2002 do Conmetro revela, conforme análise realizada no tópico 3.2, que o Direito brasileiro opera uma nítida distinção entre os *standards* e a ordem jurídica estatal. Nos termos da legislação nacional, os *standards* não possuem a mesma natureza de um regulamento, tampouco se confundem com as atividades de poder de polícia e regulação, enfatizando-se que os padrões possuem caráter voluntário, em contraste com a ordem jurídica estatal, dotada de caráter obrigatório.

O mecanismo de assimilação dos *standards* pelo ordenamento jurídico definido na legislação brasileira, além da lei aprovada mediante processo legislativo, é o denominado "regulamento técnico", isto é, regulamento que estabelece requisitos técnicos, seja diretamente, seja pela referência ou incorporação do conteúdo de um *standard*. Desse modo, nos termos da legislação pátria, o caminho convencional para o "ingresso" da ISO

[419] As noções de "circulação de normas" e "*policy transfer*" têm merecido profundos debates acadêmicos. Um dos projetos de pesquisa que produziram estudos densos sobre esse tema foi o "Circulex", que aborda a circulação transnacional de normas no âmbito da governança ambiental. O projeto, finalizado em 2016, contou com a liderança da professora Sandrine Maljean-Dubois da Universidade Aix Marseille e com a participação de pesquisadores brasileiros da UniCEUB e UnB. Os volumes 13, n. 3, de 2016 (Direito Transnacional), e 14, n. 3, de 2017 (Direito Ambiental Global), da *Revista de Direito Internacional* da UniCEUB trazem valiosas abordagens sobre o tema, com os editoriais da professora e pesquisadora da UniCEUB Priscila Pereira de Andrade.

37001 no ordenamento jurídico estatal seria a referência ou incorporação do seu conteúdo por algum regulamento ou lei, o que evidenciaria uma intermediação explícita do Estado.

4.3.1 Os acordos de leniência celebrados pelo MPF e pela CGU/AGU

A forma como a ISO 37001 vem sendo "assimilada" pelo nosso ordenamento apresenta algumas peculiaridades. O *standard* tem sido referenciado em acordos de leniência celebrados pelo MPF, bem como pela CGU e AGU com empresas envolvidas na Lava Jato.

No acordo celebrado pelo MPF com a empresa J&F Investimentos S.A. em 5 de junho de 2017, a cláusula 15, XII, determina que:

> Cláusula 15. A COLABORADORA compromete-se, a partir da homologação do presente Acordo, a: [...] XII – A partir da homologação do presente Acordo, a envidar seus melhores esforços para implantar as demais ações e medidas condizentes com as normas do padrão ISO 19600, e ISO 37001 (sistema de gestão antissuborno), quando disponível, executando tais ações e medidas em todas as empresas controladas pela holding J&F Investimentos S.A.;[420]

Em 12 de abril de 2016, o MPF já havia exigido no acordo de leniência celebrado com Andrade Gutierrez Investimentos em Engenharia a implantação de programa de *compliance* segundo os padrões internacionais da Norma ISO 19600:2014:

> Cláusula 7ª. A COLABORADORA compromete-se a: [...] j) implantar programa de compliance segundo os padrões internacionais da Norma ISO 19600:2014, a ser iniciado no prazo de 90 (noventa) dias da homologação do presente Acordo de Leniência, cabendo à COLABORADORA apresentar o cronograma de implantação do programa no prazo de 120 dias.[421]

[420] MPF. *Acordo de leniência*. Disponível em: http://www.mpf.mp.br/df/sala-de-imprensa/docs/acordo-leniencia. Acesso em: 10 dez. 2017.

[421] MPF. *Termo de leniência*. Disponível em: http://www.valor.com.br/sites/default/files/infograficos/pdf/termos_da_leniencia_AG_912_OUT7_09052016.pdf. Acesso em: 10 dez. 2017.

Essa metodologia de assimilação do *standard* evidencia alguns elementos problematizáveis. Sob o prisma da interpretação gramatical do § 10 do art. 16 da Lei n. 12.846/2013 (Lei Anticorrupção), compete à CGU celebrar acordos de leniência no âmbito do Poder Executivo federal.[422] Entretanto, o MPF apoiou-se em interpretação sistemática de dispositivos de diversos diplomas normativos nacionais e internacionais para definir a base jurídica da sua competência.[423]

Ademais, não há assimilação do *standard* ISO 37001 por lei ou regulamento do País; e à época da celebração do acordo com a empresa J&F Investimentos S.A. (5 de junho de 2017) não havia também definição por parte do Inmetro de como e quando se daria o processo de acreditação de empresa certificadora.

Em relação à necessidade de certificação, a redação do acordo deixa margem de dúvida ao estabelecer que a empresa deve "envidar seus melhores esforços para *implantar*[424] as demais ações e medidas condizentes com as normas do padrão ISO 19600, e ISO 37001 (sistema de gestão antissuborno), *quando disponível*,[425] executando tais ações e medidas em todas as empresas controladas pela *holding* J&F Investimentos S.A." Implementar não implica a necessidade de buscar a certificação; no entanto, o acordo emprega esse mesmo verbo para as ISOs 19600 (não certificável) e 37001 (certificável), e, no caso da segunda, vale-se também da locução "quando disponível". Naquele momento já haviam sido publicadas tanto a versão internacional da ISO 37001 (14 de outubro de 2016) quanto a ABNT NBR

[422] "CGU é o órgão competente para celebrar os acordos de leniência no âmbito do Poder Executivo federal, bem como no caso de atos lesivos praticados contra a administração pública estrangeira."

[423] O MPF apresentou interpretação sistemática dos seguintes dispositivos: art. 129, incisos I, III e IX, da Constituição Federal; arts. 13 a 15 da Lei n. 9.807/99; art. 1º, § 5º, da Lei n. 9.613/98; art. 5º, § 6º, da Lei n. 7.347/85; art. 26 da Convenção de Palermo; art. 37 da Convenção de Mérida; arts. 4º a 8º da Lei n. 12.850/2013; arts. 3º, §§ 2º e 3º, 485, VI, e 487, III, "b" e "c", do Código de Processo Civil; arts. 840 e 932, inciso III, do Código Civil; arts. 16 a 21 da Lei n. 12.846/2013 e de seu decreto regulamentador; Lei n. 8.429/92; arts. 86 e 87 da Lei n. 12.529/2011; e os princípios de composição consensual previstos no art. 2º da Lei n. 13.140/2015.

[424] Grifo nosso.

[425] Grifo nosso.

ISO 37001 (15 de março de 2017), de modo que o único elemento não disponível era o procedimento de acreditação pelo Inmetro e, por conseguinte, de certificação por organizações acreditadas.[426]

Em síntese, o acordo de leniência do MPF com a J&F Investimentos S.A. é indicativo de uma hipótese em que a certificação da ISO 37001 ganhou *status* de obrigação jurídica, sem a adoção da via convencional de incorporação por meio de lei ou de "regulamento técnico", em razão de acordo de leniência celebrado com o MPF e em um contexto no qual o processo de acreditação das entidades certificadoras nem sequer havia sido iniciado pelo Inmetro. O acordo celebrado pelo MPF, em procedimento semelhante ao da colaboração premiada da Lei n. 12.850/2013, exige ainda o crivo e a homologação pelo Poder Judiciário, o que foi realizado no dia 8 de setembro de 2017:

> Não encontro, no momento, nenhum óbice ou qualquer indício de que tal acordo atente contra o ordenamento jurídico e os princípios processuais penais e constitucionais, havendo razoabilidade e viabilidade jurídica das cláusulas ali insertas. Ademais, nos termos da referida "Cláusula 36", o presente Acordo de Leniência poderá ser rescindido caso o Acordo de Colaboração Premiada firmado por executivos/dirigentes da supramencionada empresa junto ao Supremo Tribunal Federal seja anulado pela referida Corte Suprema.[427]

Todavia, a homologação foi suspensa pelo mesmo juízo três dias depois, em 11 de setembro de 2017, em razão da prisão temporária de dois dos colaboradores pelo STF, a pedido do próprio MPF (PGR).[428]

[426] O Inmetro, por meio da Coordenação-Geral de Acreditação (CGCRE), iniciou o oferecimento do serviço de acreditação de organismos de certificação de sistemas de gestão (ABNT NBR ISO/IEC 17021) que avaliam a conformidade de sistemas de gestão antissuborno (ABNT NBR ISO 37001:2017) na data de 18 de setembro de 2017, e concedeu a primeira acreditação OGA-0001 na data de 28 de fevereiro de 2018. INMETRO. *Apresentação*. Disponível em: http://www.inmetro.gov.br/organismos/detalhe.asp. Acesso em: 10 jul. 2018.

[427] Disponível: https://www.conjur.com.br/dl/homologacao-leniencia-jf.pdf. Acesso em: 10 jul. 2018.

[428] Nos termos da decisão: "Considero que esses fatos supervenientes possuem repercussão imediata no presente Acordo de Leniência, em razão da insegurança jurídica que

Com relação aos acordos de leniência firmados conjuntamente pela CGU e AGU com empresas responsáveis por atos lesivos à Administração Pública, nos termos dos arts. 16 e 17 da Lei n. 12.846/2013 (Lei Anticorrupção), também se constata a existência de cláusulas que estabelecem a obrigação da empresa de obter a certificação ISO 37001.

Da análise das minutas de acordos de leniência divulgadas pelos órgãos,[429] verifica-se que, em 9 de julho de 2018, a CGU e a AGU firmaram acordo de leniência com o grupo econômico da Odebrecht prevendo expressamente, na cláusula 9.6, o dever de a responsável colaboradora obter a certificação ISO 37001 no prazo de até três anos a contar da data em que houvesse, no Brasil, ao menos duas empresas legalmente acreditadas pelo Inmetro,[430] especificando ainda que não seria reconhecida a certificação ISO 37001 obtida por empresa sem a acreditação do Inmetro. O acordo estabeleceu também a necessidade de a certificação abranger todas as empresas do Grupo Odebrecht sediadas no Brasil, bem como o dever de manutenção da certificação ISO 37001 por, pelo menos, três anos a partir da sua obtenção, devendo a CGU ser informada da manutenção da referida certificação.[431]

pode gerar caso inicie a produção de efeitos, em especial dos prazos estipulados, pelo fato de que, ao pedir medidas constritivas que atingem alguns dos principais colaboradores, o MPF sinaliza com a iminente ruptura, desestrutura ou Invalidade (ainda que parcial) do Acordo de Colaboração Premiada que sustenta o presente Acordo de Leniência [...] Diante disso, por cautela e em atenção à segurança jurídica, SUSPENDO os efeitos do presente acordo de leniência homologado, no âmbito da competência deste Juízo Federal, até ulterior deliberação deste Juízo após a decisão a ser proferida pelo Supremo Tribunal Federal sobre mudança e validade (ou não) do Acordo de Colaboração Premiada dos presidentes e diretores do Grupo J&F". Disponível: https://www.conjur.com.br/dl/homologacao-leniencia-jf.pdf. Acesso em: 10 jul. 2018.

[429] Disponível em: https://www.gov.br/cgu/pt-br/assuntos/responsabilizacao-de-empresas/lei-anticorrupcao/acordo-leniencia. Acesso em: 23 jun. 2020.

[430] Disponível em: https://www.gov.br/cgu/pt-br/assuntos/responsabilizacao-de-empresas/lei-anticorrupcao/acordo-leniencia. Acesso em: 23 jun. 2020.

[431] Nos termos do acordo: "9.6. Em razão da necessidade de certificação independente reconhecida para se buscar o alcance de padrões internacionais de conformidade e integridade, a RESPONSÁVEL COLABORADORA obterá a certificação ISO 37001 no prazo de até 3 (três) anos a contar da data em que houver, no Brasil, ao menos duas empresas legalmente certificadas pelo INSTITUTO NACIONAL DE METROLOGIA,

A exigência de certificação foi mantida em acordos celebrados posteriormente, conforme se constata no acordo firmado entre CGU/AGU e BRASKEM S.A. na data de 31 de maio de 2019.[432] Nota-se uma adequação na redação da minuta do acordo quanto à definição do prazo de até dois anos para a empresa colaboradora obter a certificação ISO 37001, necessariamente por organismo acreditado pelo Inmetro.[433] O mesmo padrão de redação foi observado no acordo firmado pelos órgãos (CGU e AGU) com empresas do grupo Camargo Corrêa na data de 31 de julho de 2019,[434] bem como com o antigo Grupo Engevix (Nova Participações S.A.) na data de 12 de novembro de 2019.[435] Nos acordos firmados pela CGU e AGU com empresas do grupo Andrade Gutierrez Engenharia, na data de 18 de dezembro de 2018,[436] e com a Technip

QUALIDADE E TECNOLOGIA – INMETRO e habilitada perante as demais entidades competentes para a condução do processo de habilitação. 9.6.1. A certificação prevista na cláusula 9.6 deverá abranger todas as empresas do Grupo Odebrecht que sejam sediadas no Brasil e mantenham regularmente contratos com a Administração Pública. [...] 9.6.5. Não será reconhecida a certificação ISO 37001 obtida por empresa sem a certificação do INMETRO. 9.6.6. A RESPONSÁVEL COLABORADORA deverá diligenciar com vistas a manter a certificação ISO 37001 por, pelo menos, 3 (três) anos a partir da sua obtenção, devendo a CGU ser informada da manutenção da referida certificação".

[432] Disponível em: http://www.cgu.gov.br/assuntos/responsabilizacao-de-empresas/lei-anticorrupcao/acordo-leniencia/acordos-firmados/braskem.pdf. Acesso em: 23 jun. 2020.

[433] Nos termos do acordo: "9.5. A contar da data de celebração do presente ACORDO, as RESPONSÁVEIS COLABORADORAS terão um prazo de até 2 (dois) anos para obter a certificação ISO 37001, obtida necessariamente por organismo acreditado pelo Instituto Nacional de Metrologia, Qualidade e Tecnologia – Inmetro. 9.5.1. Não será reconhecida a certificação ISO 37001 obtida por organismo sem a acreditação do Inmetro. [...] 9.5.5. O prazo de obtenção da ISO 37.001 não poderá ultrapassar o prazo de vigência deste Acordo".

[434] Disponível em: http://www.cgu.gov.br/assuntos/responsabilizacao-de-empresas/lei-anticorrupcao/acordo-leniencia/acordos-firmados/camargo-correa.pdf. Acesso em: 23 jun. 2020.

[435] Disponível em: http://www.cgu.gov.br/assuntos/responsabilizacao-de-empresas/lei-anticorrupcao/acordo-leniencia/acordos-firmados/acordo-engevix.pdf. Acesso em: 23 jun. 2020.

[436] Disponível em: http://www.cgu.gov.br/assuntos/responsabilizacao-de-empresas/lei-anticorrupcao/acordo-leniencia/acordos-firmados/andrade-gutierrez.pdf. Acesso em: 23 jun. 2020.

Brasil e Flexibras, na data de 25 de junho de 2019,[437] não há, todavia, menção expressa ao dever de obtenção de certificação, ficando os termos dos acordos restritos à previsão de plano de aperfeiçoamento do programa de integridade.

Em face das exigências de certificação ISO 37001 nas minutas analisadas, é necessário pontuar que, tratando-se de uma modalidade de "acordo de colaboração", ainda que se questione a competência do órgão celebrante, ele envolve, ao menos no plano teórico, liberalidades de negociação entre as partes, o que lhe confere margem para acordar obrigações que não necessitam decorrer diretamente da legislação. Esse tipo de acordo revela uma crescente tendência de inserção dos valores da consensualidade e do utilitarismo/pragmatismo em nosso ordenamento jurídico, uma vez que evidencia a possibilidade de transação e carrega em si o incentivo à colaboração em troca de algum benefício.[438] No caso dos acordos de leniência, a lógica de incentivo ao comportamento colaborativo pode ser sintetizada na conhecida metáfora "da cenoura e do porrete" (*carrot-and-stick approach*): garante-se tratamento leniente ou brando (cenoura) àquele que decide de modo voluntário cessar e delatar a conduta ilícita às autoridades, a fim de que não sofra a incidência de sanções severas (porrete) previstas na legislação.[439] Por essa razão, ainda que se trate de um acordo, parece estar justificada uma maior delimitação da liberalidade das partes envolvidas em com-

[437] Disponível em: http://www.cgu.gov.br/assuntos/responsabilizacao-de-empresas/lei-anticorrupcao/acordo-leniencia/acordos-firmados/TechnipBrasil.pdf. Acesso em: 23 jun. 2020.

[438] A tendência se confirma, a despeito das especificidades de cada um (regime jurídico próprio com procedimentos, atores e benefícios próprios), nas outras espécies de "acordos de colaboração" presentes no ordenamento jurídico brasileiro: colaborações premiadas, diferentes modalidades de acordo de leniência (CADE, CGU e Bacen), termos de ajustamento de conduta, termos de compromisso de cessação, acordos de controle de concentrações e termos de compromisso.

[439] Ao analisar a eficácia do *carrot-and-stick approach*, Richard A. Posner expõe os limites da honra e indiferença a sanções, sobretudo de natureza pecuniária, estimulada em um *honor-based vengeance system*, em face do receio do encarceramento. POSNER, Richard A. Social norms and the law: An economic approach. *The American Economic Review*, v. 87, n. 2, p. 367, 1997.

paração àquela existente em um acordo envolvendo apenas particulares, uma vez que o Estado, por meio de seus órgãos, transaciona sobre a punição de uma empresa em troca da cessação de condutas ilegais e contribuição com as investigações.[440]

Essas ponderações nos fazem indagar acerca dos limites do que pode ser transacionado nos acordos de leniência em relação à referência a *standards* produzidos por entidades não governamentais. Ao não integrar conteúdo de lei ou de regulamento técnico e se tratar de um *standard* de requisitos de conteúdo abrangente, evidenciam-se questionamentos sobre a relação direta da ISO 37001 com a ordem jurídica estatal e a exigência de certificação por uma instituição pública brasileira: caberia ao órgão público avaliar e motivar a adequação do *standard* à ordem jurídica estatal? Sob o prisma de uma leitura estatalista, a resposta mais adequada parece ser no sentido afirmativo, inclusive externando o motivo da escolha da ISO 37001, dentre outros *standards* existentes, e justificando a sua adoção como condição necessária para alcançar-se a efetividade da colaboração.

Além disso, sob uma leitura influenciada pela proposta normativa do DAG, evidenciam-se outras preocupações que não se limitam à conferência de adequação de conteúdo do *standard* ao ordenamento jurídico estatal, mormente: como se deu o processo de aprovação, quem foram os responsáveis e qual o conteúdo do *standard*? Sob os influxos do DAG,

[440] Nos termos do art. 16 e seus §§ 1º e 4º da Lei Anticorrupção (Lei n. 12.846/2013): "Art. 16. A autoridade máxima de cada órgão ou entidade pública poderá celebrar acordo de leniência com as pessoas jurídicas responsáveis pela prática dos atos previstos nesta Lei que colaborem efetivamente com as investigações e o processo administrativo, sendo que dessa colaboração resulte: I – a identificação dos demais envolvidos na infração, quando couber; e II – a obtenção célere de informações e documentos que comprovem o ilícito sob apuração. § 1º O acordo de que trata o *caput* somente poderá ser celebrado se preenchidos, cumulativamente, os seguintes requisitos: I – a pessoa jurídica seja a primeira a se manifestar sobre seu interesse em cooperar para a apuração do ato ilícito; II – a pessoa jurídica cesse completamente seu envolvimento na infração investigada a partir da data de propositura do acordo; III – a pessoa jurídica admita sua participação no ilícito e coopere plena e permanentemente com as investigações e o processo administrativo, comparecendo, sob suas expensas, sempre que solicitada, a todos os atos processuais, até seu encerramento. [...] § 4º O acordo de leniência estipulará as condições necessárias para assegurar a efetividade da colaboração e o resultado útil do processo".

o foco se insere já no âmbito da atividade de *standardization*, com diretrizes que buscam suprir o déficit democrático e conferir máxima transparência ao processo decisório de produção dos *standards* dotados de "*publicness*" e que ganham grau de exigibilidade a partir da atuação de instituições públicas por meio de institutos previstos no direito estatal.

4.3.2 O Projeto de Lei 8/2018 do estado de Tocantins

Outra via de contato da ISO 37001 com o nosso ordenamento que merece atenção é o PL 8/2018 do estado de Tocantins. Em resumo, referido PL estabeleceu a exigência de implantação do Programa de Integridade para empresas que celebrarem contrato, consórcio ou convênio com o Estado do Tocantins e suas entidades, em contratos que ultrapassem o valor de R$ 1.500.000,00. Para contratos que ultrapassem o valor de R$ 3.000.000,00, o PL estabeleceu a exigência adicional de certificação do Sistema de Gestão Antissuborno, em conformidade com a norma ABNT ISO 37001 Sistema de Gestão Antissuborno – Requisitos, emitido por organismos de certificação acreditados pelo Inmetro.

A incorporação do conteúdo da ISO 37001 em uma lei, aprovada mediante processo legislativo constitucionalmente definido, é a via que o próprio direito positivo estabelece para interação entre normas técnicas e jurídicas. Por meio desse processo, o Poder Legislativo, como representante do povo e órgão do Estado, decide sobre a conveniência ou não de conferir juridicidade ao conteúdo de um *standard* elaborado por uma OI não governamental. Em última análise, tem-se o evidente predomínio da manifestação de vontade do Estado-Nação.[441]

[441] No ordenamento jurídico brasileiro, há exemplos de remissão por leis a *standards*. Consoante mencionado anteriormente, um exemplo é o inciso VIII do art. 39 do Código de Defesa do Consumidor (Lei n. 8.078/90): "É vedado ao fornecedor de produtos ou serviços, dentre outras práticas abusivas: [...] VIII – colocar, no mercado de consumo, qualquer produto ou serviço em desacordo com as normas expedidas pelos órgãos oficiais competentes *ou, se normas específicas não existirem, pela Associação Brasileira de Normas Técnicas ou outra entidade credenciada pelo Conselho Nacional de Metrologia, Normalização e Qualidade Industrial (Conmetro)*". Pode-se citar também o inciso X do art. 6º da Lei Geral de Licitações e Contratos Administrativos (Lei n. 8.666/93): "Para os fins desta Lei, considera-se: [...] X – Projeto Executivo – *o conjunto dos elementos necessários e suficientes à execução completa da obra, de acordo com as normas pertinentes da Associação Brasileira de Normas Técnicas – ABNT*" (grifos nossos).

No caso do PL 8/2018 do estado de Tocantins, ele não incorpora propriamente o conteúdo da ISO 37001, seja por citação direta ao número de identificação, seja por compilação do conteúdo do *standard*, mas estabelece a exigência da certificação. Na sua justificativa, o PL realiza um esforço argumentativo de defesa da legitimidade da exigência da certificação pautado nas ideias de participação do Estado brasileiro em processo de elaboração e atuação do Inmetro (autarquia qualificada como agência executiva) na acreditação dos organismos certificadores:

> Trata-se de mecanismo harmonizado internacionalmente por meio de etapas de consulta pública com duração de três anos em comitê com mais de 30 países, incluindo o Brasil, assegurando sua legitimidade.
>
> No Brasil, o Inmetro já possui um programa para acreditar organismos de certificação e autorizá-los a emitir certificados de conformidade com o ISO 37001.

No que se refere à argumentação, evidencia-se, portanto, um esforço da parlamentar propositora em demonstrar a participação do Estado tanto na elaboração quanto no processo de certificação, ainda que a norma advenha da ISO.

No que toca à tramitação, o PL foi proposto em 1º de fevereiro de 2018. Em 28 de março de 2018, o PL recebeu o parecer jurídico n. 59/2018 da Procuradoria Jurídica da Assembleia Legislativa, que concluiu pela constitucionalidade da matéria, fazendo menção expressa à certificação ISO 37001.[442]

[442] O Parecer da Procuradoria da Assembleia Legislativa pontua que: "Especificamente, no que diz respeito às Organizações sujeitas ao direito brasileiro, a critério das autoridades públicas, a certificação do Sistema de Gestão Antissuborno conforme ISO 37001 pode contribuir para demonstrar a implementação (total ou em parte) de um 'Programa de Integridade' de acordo com o Decreto 8.420/2015, que regulamenta a Lei 12.846/2013 (conhecida como 'lei anticorrupção'). A certificação ISO 37001 é uma ferramenta útil tanto para cumprir com as obrigações legais no combate ao suborno como para certificar as iniciativas voluntárias que são aplicáveis às suas atividades. A certificação não demonstra a ausência de atos de suborno, mas assegura que a organização tenha aplicado os requisitos estabelecidos pela norma ao seu sistema de gestão, que se implementadas corretamente, permitem reduzir o risco de atos de suborno".

O PL também obteve parecer favorável das comissões necessárias, sendo, na data de 4 de julho de 2018, aprovado em 2ª fase de discussão e votação, e remitido à Secretaria para extração de autógrafo. Entretanto, ao ser encaminhado ao Governador do Estado, o PL (convertido no Autógrafo de Lei 33/2018) foi vetado integralmente, por considerar-se a existência de vício de iniciativa, além de ameaça ao interesse público. Não se encontra, todavia, na mensagem do veto nenhuma alusão direta à ISO 37001, nem sequer em relação à compatibilidade com o ordenamento jurídico.[443]

4.4 Conclusões parciais

Ao longo deste capítulo, procuramos descrever o processo de produção da ISO e de incorporação ao ordenamento jurídico brasileiro. Entre elementos descritos e sob o recorte que procura evidenciar os elemen-

[443] Mensagem n. 29/2018: "[...] Contudo, apesar do decurso de tempo em que o Tocantins deveria ter adotado providências nesse sentido e considerando a louvável proposição da matéria, esta padece de vício de iniciativa, além de ameaçar o interesse público, tendo em vista as razões que passo a consignar. Em primeiro ponto, desde a implantação até a fase de avaliação do Programa, a dicção de seus dispositivos conduz à construção de um regramento subjacente, por meio do qual algumas atribuições, obrigações e rotinas deverão se instalar junto aos órgãos e entidades da Administração direta e indireta do Poder Executivo, de modo a cobrar providências como, por exemplo, a de remanejamento ou de alocação de pessoal em demandas relativas ao pleno atendimento de cada um de seus comandos. Note-se que, além de pressupor tal mobilização por parte dos órgãos e entidades, há comandos expressos às Pastas do Executivo Estadual como o de aplicação de multa, constante de seu art. 7. Significa dizer que, nesses termos, a Proposição revela-se inconstitucional, pois afronta o disposto no art. 27, § 1, inciso ii, alínea b, da constituição do Estado, já que a iniciativa de leis que disponham sobre serviços públicos e organização administrativa é privativa do chefe do Poder Executivo. De outro lado, sopesando os reflexos da quase imediata entrada em vigor da norma, após 30 dias a contar da publicação, não é possível mensurar completamente os efeitos da imposição da nova conduta à realidade tocantinense de procedimentos contratuais, se levarmos em consideração, por exemplo, a capacidade de implantação do Programa de integridade no âmbito da pessoa jurídica em até 180 dias da celebração de contrato, o que poderia contrariar o interesse público, mesmo que em relação a esse curto prazo, em que seria necessário implementar as novas rotinas de contratação, nesses termos, considerando que a aposição de veto parcial provocaria um esvaziamento do propósito originário da matéria, vejo-me compelido a VETAR INTEGRALMENTE o Autógrafo de Lei 33/2018".

tos desafiadores da estatalidade do Direito, a hipótese da expansão da *standardazation* para domínios da "*publicness*" pôde ser confirmada no caso da ISO 37001, em que se verifica, inclusive, proximidade temática entre o *standard* e a legislação brasileira de combate à corrupção.

Todavia, o processo de elaboração e aprovação da ISO 37001, embora dotado de formalidades e integrado por organismos de *standardization* de diversos países, sugere a relativização de princípios que orientam a tomada de decisões pelo Poder Público, no âmbito da ordem jurídica estatal e em temas relacionados ao interesse público, entre os quais: i) *accountability*, ii) transparência e iii) participação.

A análise da situação-problema também indica que, por ser produzida por organização não estatal, não dispondo, portanto, de coercibilidade, a ISO 37001 afirma-se pela legitimidade alcançada em ambiente de competição com outros *standards*, na adequação voluntária por parte de particulares e na integração à ordem jurídica estatal por meio da atuação dos órgãos públicos.

Por fim, o exame da situação-problema sugere que a forma como a ISO 37001 vem sendo "assimilada" pelo ordenamento jurídico brasileiro, por meio dos acordos de leniência celebrados pelo MPF e pela CGU/AGU ou mesmo do PL 8/2018 do estado de Tocantins, expressa pouca deferência das autoridades públicas aos postulados normativos do DAG, ainda que a integração à ordem jurídica estatal atribua exigibilidade ao *standard*, inclusive com obrigação de certificação.

Essas características parecem ensejar ao menos uma atualização na compreensão dos fundamentos da estatalidade do Direito, bem como sugerir a necessidade de formatação de um "novo" campo teórico com potencial analítico adequado para lidar com fenômenos normativos dessa natureza, não mais restrito às manifestações normativas estadocêntricas, o que procuraremos abordar nas conclusões finais.

5
Conclusões

Ao longo do desenvolvimento do livro, foi possível observar como um dos atributos mais inovadores do campo teórico do direito administrativo global (DAG) a sua capacidade analítica para descrever e normatizar fenômenos normativos de fonte não estatal dotados de "*publicness*". Esse traço marca com mais evidência a distinção do DAG de outros campos teóricos restritos às manifestações normativas de viés estadocêntrico, que se destinam a regular a relação entre Estados soberanos,[444] por meio de organismos institucionalizados de natureza pública. Ao descrever e normatizar fenômenos em que a gênese do poder normativo é de proveniência não estatal, mas de objeto tipicamente público, o DAG revela uma maior preocupação com a dimensão material das situações jurídico-administrativas do que com a "carga genética" da norma, que se reflete no *status a priori* da fonte normativa.[445]

[444] Rafael Domingo procura distinguir sem hesitação esses dois campos, cf.: "Pensa-se que o Direito Global é um Direito Internacional maquilado sem perceber que o Direito Internacional, como o seu próprio nome indica, é um Direito entre Estados independentes, enquanto que o Direito Global é por essência e natureza independente". DOMINGO, Rafael. La pirámide del derecho global. *Persona y Derecho*, n. 60, p. 30, 2009.

[445] Para uma alusão crítica à postura teórica no campo do direito administrativo predominantemente circunscrita à "dimensão genética" da norma (ou fonte normativa), cf.: ROQUE, Miguel Prata. *A dimensão transnacional do direito administrativo*: uma visão

Nas conclusões que se seguem, buscamos verificar como as análises realizadas até aqui e a descrição da situação-problema relativa ao Brasil nos ajudam a compreender os desafios colocados pelos fenômenos normativos de fonte não estatal aos fundamentos da compreensão estatalista do Direito, bem como o papel analítico do DAG nesse cenário.

5.1 Do território nacional à procura do espaço jurídico global

Em contraposição à proposta metodológica do DAG, o processo histórico de monopolização do Direito pelo Estado, que procuramos apresentar no Capítulo 1, trouxe como consequência, no plano dogmático, a negação do caráter jurídico a qualquer outro tipo de "norma" que não aquelas produzidas pelos órgãos estatais. Essa compreensão estadocêntrica fundamenta-se em duas noções basilares, definidas a partir de um processo histórico, mas que assumiram *status* de "dogma": territorialidade e soberania,[446] sintetizadas na conhecida definição weberiana de Estado que enfatiza o "monopólio do uso legítimo da força física, dentro de um determinado território".[447]

A concepção de soberania territorial e a sua tradução jurídica no princípio da territorialidade do Direito englobam todas as manifestações da autoridade pública estatal, o que inclui o exercício do poder legislativo, da função jurisdicional e da função administrativa. Desse modo, além da produção normativa, soberania e território são categorias conceituais, consolidadas com a afirmação do Estado Moderno, que também orientam a aplicação do Direito, notadamente mediante a operacionalização das categorias jurídicas da sentença judicial e dos atos administrativos.[448] Em última análise, portanto, soberania e território

cosmopolita das situações jurídico-administrativas. Lisboa: AAFDL, 2014. p. 502.

[446] Como bem pontua Rafael Domingo: "Não há Direito Internacional sem Estado, soberania e território". DOMINGO, Rafael. *The new global law*. Cambridge: Cambridge University Press, 2010. p. 73.

[447] "O Estado é uma comunidade humana que pretende, com êxito, o monopólio do uso legítimo da força física, dentro de um determinado território". Cf.: WEBER, Max. *Ensaios de sociologia*. 5. ed. Rio de Janeiro: Zahar, 1982. p. 98.

[448] Muito embora, consoante se pôde verificar no tópico 1.2.1, existam variações entre os sistemas de matriz europeia e estadunidense, esse último relevando uma aptidão para

são os fundamentos do Estado Moderno que desafiam e são desafiados pela defesa da juridicidade de fenômenos normativos de fonte não estatal, o que é corroborado pela circunstância de não existir propriamente um Estado, governo ou constituição global.

Diante do fato de os *standards* serem, usualmente, produzidos por entidades de natureza privada, resta indagar: "onde", "por quem" e "como" são aplicados? Uma hipótese para essas perguntas pode ser a descrição de um modelo de intercooperação em que há autoprodução e aplicação dos *standards* pelas próprias organizações privadas, o que pode ser verificado no movimento de desregulação ou recuo normativo dos Estados em relação às atividades econômicas prosseguidas pelos sujeitos privados, iniciado com as reformas neoliberais operadas na década de 1980 e responsável pela abertura das economias nacionais a empresas estrangeiras.[449]

Todavia, no que toca à imposição soberana dos Estados nacionais no seu território em relação aos organismos privados, é ainda possível sustentar, ao menos no plano teórico, que a ampliação do escopo material dos *standards* em face do fenômeno da desregulação estatal não coloca em xeque, por si só, o monopólio da ordem jurídica pelo Estado, uma vez que, em última análise, é o próprio Estado que está optando por não regular o tema ou permitir a já mencionada "autorregulação regulada".[450-451]

extraterritorialidade de sua jurisdição, com incidência sobre fatos ocorridos fora do território norte-americano, em razão da nacionalidade ou mesmo sem que esteja presente essa característica. Isso, todavia, não altera a manutenção do protagonismo da ordem jurídica estatal em qualquer dos sistemas.

449 SASSEN, Saskia. The global city: Introducing a concept. *Brown Journal of World Affairs*, v. 11, p. 34, 2004.

450 Conferir tópico 1.2.1.

451 É bem verdade que essa análise não deve ser realizada em um plano puramente teórico-abstrato, como o da concepção teórica da soberania, desconsiderando o poder econômico e a capacidade de interferência que essas organizações possuem em relação às atividades mais sensíveis do Estado. Em uma economia globalizada, as grandes corporações tendem a optar por desenvolver sua produção ou atividades centrais em localidades reguladas por normas que as favoreçam, sem o que podem abandonar determinado território sem dificuldades, gerando sérias consequências econômicas à sua população. Os desafios de

A abordagem, entretanto, torna-se mais complexa quando se verifica similaridade do escopo dos *standards* com algumas das funções essenciais do Estado, em temas com intensa regulação da ordem jurídica estatal e atuação das instituições públicas, por exemplo, o tema do combate à corrupção, o qual a ISO 37001 tangencia. Nesses casos, tem-se uma equivalência entre a *standardization* e o Direito produzido pelo Estado, de modo que as questões sobre "onde", "por quem" e "como" os *standards* são aplicados ganham ainda mais relevo.

A começar pelo "onde", se existe efetivamente um "Direito" em âmbito global, também deve existir, reproduzindo-se a terminologia adotada por alguns teóricos do DAG, um "espaço jurídico global",[452] que, por sua vez, deve diferenciar-se do "espaço jurídico nacional". Entretanto, os teóricos do DAG que utilizam essa expressão nos deixam poucas respostas assertivas capazes de confrontar verdadeiramente o estatalismo jurídico no que se refere à soberania territorial. Afinal, em que consiste esse "espaço" e onde ele se insere, a justificar o emprego do qualificativo "global"?

A primeira constatação é que os "espaços físicos"[453] do globo terres-

imposição dos Estados em relação às grandes corporações se dão inclusive no âmbito das políticas de proteção da indústria nacional. A evolução tecnológica, a acelerar brutalmente os seus ciclos, e a globalização dos padrões de consumo são obstáculos às políticas nacionais de cunho protecionista. Paradigmático desse contexto foi o lançamento do Windows 95, em 24 de agosto de 1995. Na ocasião foram vendidas mais de 7 milhões de cópias em todo mundo apenas nas cinco primeiras semanas.

452 Cf.: CASSESE, Sabino. El espacio jurídico global. *Revista de Administración Pública*, n. 157 p. 11-26, 2002.

453 A socióloga holandesa Saskia Sassen, que tem se dedicado ao tema da territorialidade no âmbito da globalização, opera uma diferenciação entre "espaços eletrônicos" e "espaços não eletrônicos", a qual nos baseamos para distinguir "espaços físicos" de "espaços cibernéticos", e que evidencia problematizações relevantes ao campo teórico do DAG. Entendemos que a inserção do espaço jurídico global em "espaços cibernéticos", em razão da novidade do tema, não enfrenta os mesmos desafios impostos pelos "dogmas" do estatalismo jurídico, ainda que os Estados tenham avançado recentemente na regulação jurídica desses espaços, inclusive. Entretanto, as atividades das organizações privadas não se limitam aos espaços cibernéticos, e limitar o global a esse campo seria restringir demasiadamente a sua efetividade, mesmo porque é difícil constatar a existência de alguma atividade totalmente desmaterializada ou isenta de qualquer repercussão no

tre são divididos em territórios que, por sua vez, integram a definição dos seus respectivos Estados-nações, nos moldes da tradição erigida com o Estado Moderno. Por mais óbvia que possa parecer, essa constatação nos faz perceber que, se existente, o "espaço jurídico global" deverá manifestar-se também em territórios nacionais, evidenciando-se a inserção do global dentro do nacional.[454]

Se o "espaço jurídico global" se manifesta nos territórios nacionais, resta indagar de que forma essa manifestação se dá, uma vez que, de acordo com formulações da soberania territorial, dentro dos territórios estatais prevalece a vontade dos seus respectivos Estados. Essa é a tensão que se revela na situação-problema descrita no Capítulo 4. Em que pese a ISO 37001 tratar-se de norma de fonte não estatal e ter ganhado *status* de obrigação jurídica sem a adoção da via convencional de incorporação, isto é, processo legislativo ou regulamento técnico, contou com a atuação direta de autoridades públicas integrantes de órgãos estatais (MPF, CGU, AGU e Poder Judiciário), que estabeleceram a exigência por meio do instituto do acordo de leniência.

Nesse sentido, a situação-problema ilustra uma relação de interdependência entre o *standard* e as instituições do Estado, em que uma entidade não governamental produz a norma e autoridades públicas lhe conferem grau de "cogência". A análise da situação-problema nos possibilita, em vez de precipitar conclusões generalizantes acerca de um suposto fim ou reafirmação dos "dogmas" do Estado Moderno no

mundo material. SASSEN, Saskia. The global city: Strategic site/new frontier. *American Studies*, v. 41, n. 2/3, p. 79-95, 2000.

[454] Outras ciências, como a Sociologia e a Geografia, têm oferecido aportes relevantes para enfrentar essas questões e a necessária problematização das categorias clássicas a partir das quais os estudiosos de direito público pensam a operacionalização espacial do jurídico. Não possuímos aprofundamento teórico necessário para dialogar diretamente com essas ciências, o que também fugiria ao escopo do presente livro, mas destacamos que a abordagem da socióloga holandesa Saskia Sassen nos influenciou no que diz respeito à sua compreensão da inserção do global no nacional. Cf.: SASSEN, Saskia. The global inside the national: A research agenda for sociology. *Sociopedia. isa*, v. 1, p. 3-10, 2010. SASSEN, Saskia. The global city: Introducing a concept. *Brown Journal of World Affairs*, v. 11, p. 27, 2004. SASSEN, Saskia. Globalization or denationalization? *Review of International Political Economy*, v. 1, n. 6, p. 14-15, 2003.

âmbito da globalização jurídica, notar na situação específica uma releitura da estatalidade, bastante próxima à formulação conceitual proposta por Schmidt-Aßmann de estatalidade aberta (*open statehood*) e às ponderações de Sabino Cassese acerca da relevância do papel do Estado no espaço global, conforme indicamos nos tópicos 2.3.1 e 2.3.2.[455]

5.2 Do monopólio e coerção à competição e legitimidade

Na análise da historicidade do estatalismo jurídico que realizamos no Capítulo 1, verificou-se que as formulações teóricas da indivisibilidade da soberania e da compreensão do Estado como pessoa fictícia lançaram os alicerces para a monopolização do Direito pelo Estado e a atribuição da tutela das questões coletivas (interesse público) às suas estruturas administrativas. A célebre afirmação da indivisibilidade da soberania significou que os altos poderes do governo (notadamente, o poder de "fazer leis") não poderiam ser compartilhados por agentes separados ou distribuídos entre eles, mas sim que todos eles deveriam estar inteiramente concentrados em um único indivíduo ou grupo, representando a criação de um tipo de autoridade pública do Estado. Esse foi o ideal que fundamentou a construção do Estado unitário de tradição europeia.

[455] Para mais aprofundamentos e problematizações, em diálogo multidisciplinar, registramos que a socióloga Saskia Sassen tem evidenciado em suas análises alguns elementos relevantes para teorização das espacialidades e temporalidades do global e de sua inserção no mundo institucional esmagadoramente nacionalizado, o que a autora conceitua como uma "desnacionalização" parcial e incipiente. A socióloga defende que o processo de desnacionalização não deve ser reduzido a uma concepção geográfica, como o era nas guerras pela nacionalização de território nos séculos anteriores, tratando-se de, em verdade, de um processo de desnacionalização de arenas institucionais específicas altamente especializado e estratégico. Em termos exemplificativos expostos pela própria autora: "Manhattan e Londres são o equivalente a zonas de livre comércio quando se trata de finanças. Mas não é Manhattan como uma entidade geográfica, com todas as suas camadas de atividade, e funções e regulamentos, que é uma zona de livre comércio. É um domínio funcional ou institucional altamente especializado que se torna desnacionalizado". SASSEN, Saskia. The global city: The de-nationalizing of time and space. *Thesis, Wissenschaftliche Zeitschrift der Bauhaus-Universität Weimar.* Heft 4'5. 2000. p. 27. Cf.: SASSEN, Saskia. spatialities and temporalities of the global: Elements for a theorization. *Public Culture,* v. 12, n. 1, p. 215-232, 2000. SASSEN, Saskia. The global city: The de-nationalizing of time and space. *Thesis, Wissenschaftliche Zeitschrift der Bauhaus-Universität Weimar.* Heft 4'5. 2000. p. 27.

Entretanto, também se pôde verificar no Capítulo 1 que o signo do federalismo na experiência de formação do sistema jurídico estadunidense trouxe relativizações ao princípio bodiniano, com defesas teóricas da divisibilidade da soberania no âmbito doméstico para preservar o futuro da União.[456] Como consequência prática, alcançou-se um modelo regulatório aberto à competição normativa entre Estados da Federação e à multiplicidade de administrações, que irá servir, inclusive, de referência para a construção da UE, onde se revelou uma tensão entre o "novo" direito comunitário e os direitos administrativos dos Estados-membros, constituídos sob a tradição estadocêntrica.

O elemento problematizante é que a competição normativa se afirma em contexto de fragmentação da ordem jurídica, o que, por sua vez, enseja uma preocupação com a harmonização e o reconhecimento mútuo de leis entre as múltiplas administrações para que o sistema jurídico se viabilize como um todo. Na experiência estadunidense, essa preocupação levou ao desenvolvimento de modelos de harmonização normativa, apresentados no tópico 1.2.1, ao passo que no contexto europeu, verifica-se o surgimento do campo teórico do direito administrativo transnacional (DAT), que tem por objeto analítico as relações jurídicas transnacionais entre os Estados-membros soberanos da UE e se operacionaliza na cooperação e na convergência regulatória, por meio da mútua incorporação do conteúdo de diretrizes e reconhecimento de atos administrativos, conforme descrição no tópico 1.2.2.

Daí emergem os desafios evidenciados na globalização jurídica, sobretudo a tarefa de harmonizar diferentes normas jurídicas e estabelecer cooperação entre múltiplas administrações na tensão do confronto entre diferentes Estados federados ("globalização-americanização") ou Estados soberanos ("globalização-europeização"). Um ambiente de disputa que exige esforço comum para alcançar-se o necessário consenso e a convergência regulatória.

Nesse contexto, situa-se e ganha relevância a ampliação do escopo material dos *standards* que possuem equivalência temática em relação a esses domínios de disputa. O *standard* que versa sobre assunto inten-

456 DOMINGO, Rafael. *The new global law*. Cambridge: Cambridge University Press, 2010. p. 68.

samente regulado não deve se contrapor às ordens jurídicas estatais, sob pena de inviabilizar sua incorporação pelo direito dos Estados ou mesmo aceitação pelo mercado. Evidencia-se aí uma intencionalidade harmonizadora no processo decisório de elaboração dos *standards*. Na situação-problema descrita no tópico 4.2.3, registramos a ocorrência do fenômeno da circulação transnacional de padrões, quando da utilização do *standard* britânico BS 10500 como ponto de partida para a elaboração da ISO 37001, e que o processo decisório no âmbito do CP 278 revelou a intenção de neutralizar o viés por meio da deliberação de organismos nacionais de *standardization* de diferentes Estados que compuseram o CP. Ademais, descreveu-se a equivalência de definições presentes na ABNT NBR ISO 37001 com conceitos da legislação brasileira, por exemplo, a noção de "agente público".

A aptidão da *standardization* para harmonizar conteúdos normativos, extraindo deles denominadores comuns, e o seu processo decisório, composto por organismos técnicos de normalização, que, em um primeiro olhar, ainda que deveras problematizável, sugere uma atenuação da intensa presença do elemento da disputa política, parecem conferir atratividade aos *standards* como um caminho para que os Estados soberanos possam viabilizar a convergência regulatória, inclusive no contexto da globalização jurídica,[457] sobretudo na regulação de assuntos técnicos por meio de mecanismos de integração dos *standards* à ordem jurídica estatal.

[457] A recente aprovação da ISO 37001 (2016) e os elementos analisados na situação-problema não nos permitem extrair conclusões acerca da relevância da ISO 37001 para convergência regulatória sobre combate à corrupção no âmbito da globalização jurídica. Outros estudos, entretanto, apresentam abordagens indicativas da adoção transnacional de *standards* ou do reconhecimento por organizações internacionais. O já mencionado estudo de Matthew Potoski e Aseem Prakash, por exemplo, aborda a adoção transnacional da certificação ISO 14001, ao passo que a análise de Marina Takitani e Michelle Ratton aborda o reconhecimento de regras da ISO e da IEC pela OMC no Acordo TBT. POTOSKI, Matthew; PRAKASH, Aseem. Regulatory convergence in nongovernmental regimes? Cross-national adoption of ISO 14001 certifications. *The Journal of Politics*, v. 66, n. 3, p. 885-905, 2004. TAKITANI, Marina Yoshimi; BADIN, Michelle Ratton Sanchez. Um estranho no ninho? Padrões privados no Acordo de Barreiras Técnicas ao Comércio da OMC. *Revista de Direito Internacional*, v. 13, n. 3, 2016.

Para além da necessidade de convergência, outro aspecto da fragmentação da ordem jurídica é que ela estimula a busca pela legitimação na competição entre normas. Eis um tópico que desafia a ênfase no elemento da coerção ou monopólio do uso da força, presente na clássica definição weberiana de Estado Moderno, incentivando uma mudança de ênfase para a legitimidade.[458] No caso dos *standards*, a descrição sobre a competição da ISO 37001 com outros padrões, realizada no tópico 4.1.2, ilustra como a competição e a busca por legitimação na *standardization* são evidentes na medida em que os organismos não governamentais não têm o domínio de instrumentos de coerção, e suas normas são observadas na medida em que se legitimam perante os particulares e organismos estatais que decidem integrá-las à sua ordem jurídica.

5.3 A função normativa do direito administrativo global

As análises dos fenômenos normativos de fonte não estatal que realizamos, sob o fio condutor dos desafios à estatalidade e com enfoque na categoria dos *standards*, apontam para uma mudança no escopo e na relevância desses fenômenos, o que, inclusive, parece se confirmar na situação-problema da produção e do ingresso da ISO 37001 no ordenamento jurídico estatal brasileiro.

Atento a essas circunstâncias, o DAG reconhece juridicidade ou *status* de "*law*" às categorias de normas de fonte não estatal, a depender da relação que estabelecem com instituições públicas, o que é sintetizado na regra de reconhecimento pautada pelo critério da "*publicness*", descrito no tópico 3.1. A atribuição de juridicidade pelo DAG a normas de fonte não estatal é um fator que vai permitir a incidência da sua normatização sobre categorias normativas até então ignoradas pelos campos teóricos existentes, com destaque ao direito internacional público (DIP) e ao direito administrativo, que centram suas capacidades analíticas em fenômenos que decorrem diretamente da manifestação de

[458] Essa percepção é compartilhada e exposta por Christopher W. Morris, que denuncia uma "ênfase exagerada no papel da coerção e da força nas discussões contemporâneas do Estado", propondo investigar o que legitima e confere autoridade aos Estados. MORRIS, Christopher W. The Modern State. *In*: GAUS, Gerald F.; KUKATHAS, Chandran (ed.). *Handbook of political theory*. London: Sage, 2004. p. 202-203.

vontade dos Estados soberanos. Como consequência prática, dispensa-se a necessidade de incorporação e remissão a *standards* pela ordem jurídica estatal para incidência da proposta normativa, devendo a organização não governamental adequar a sua atividade de *standardization* a princípios subjacentes à noção de "*publicness*", o que inclui diretrizes para suprir o déficit democrático e conferir maior transparência à produção dessas normas.

Na situação-problema descrita no Capítulo 4, pôde-se verificar a relevância assumida pelo *standard* ISO 37001, seja nos acordos de leniência celebrados com MPF ou CGU/AGU, que trouxe a exigência de adequação ao padrão, seja no trâmite do PL 8/2018 do estado de Tocantins, que pretendia estabelecer a obrigação de certificação da ISO 37001 como requisito para entidades que celebrassem contratos com aquela Administração Pública. Ao tangenciar temas relacionados com o interesse público e alcançar exigibilidade, inclusive por meio da atuação de instituições públicas, essas normas de fonte não estatal parecem se descolar de um suposto âmbito particular e opcional, passando a afetar a coletividade. Essa transição sugere juridicidade e evidencia algumas preocupações relativas a direitos alcançados pelos indivíduos em relação à atuação de autoridades dotadas de poderes públicos, sobretudo: forma como os *standards* são votados, publicidade e transparência em relação às atividades de *standardization* dessas organizações.

E a quem cabe fazer esse controle? Se por um lado os órgãos do Estado não são responsáveis por produzir esses *standards*, por outro lado conferem-lhes "cogência" ao exigir adequação a eles, por meio de instrumentos da ordem jurídica estatal. Em situações como essas, o controle pode ser feito pelas próprias autoridades estatais que definem a exigência de adequação à norma, evidenciando-se um papel do Estado de "irritar"[459] processos de construção dos *standards* na conjuntura da globalização jurídica. Para tanto, os elementos da proposta normativa do DAG representam um instrumento condizente com a proteção dos interesses da coletividade.

[459] A expressão, já aludida no tópico 2.3.2, é utilizada por Karl-Heinz Lauder em referência ao papel do direito público estatal nos processos transnacionais de construção de normas. LADEUR, Karl-Heinz. The emergence of global administrative law and transnational regulation. *Transnational Legal Theory*, v. 3, n. 3, p. 259, 2012.

REFERÊNCIAS

ABNT. *História da normalização brasileira*. Rio de Janeiro: ABNT, 2011. Disponível em: http://www.abnt.org.br/images/pdf/historia-abnt.pdf. Acesso em: 20 dez. 2017. p. 49.

ABNT. *Normalização*. Disponível em: http://www.abnt.org.br/normalizacao/o-que-e/o-que-e. Acesso em: 21 jan. 2018.

ALFONSO, Luciano Parejo. Los principios de la Gobernanza Europea. *Revista de Derecho de la Unión Europea*, v. 1, n. 6, p. 27-56, 2004.

ALL about Panalpina. FCPA Professor. 30 dez. 2010. Disponível em: http://fcpaprofessor.com/all-about-panalpina/. Acesso em: 7 fev. 2018.

ANDRADE, José Carlos Vieira de. Algumas reflexões a propósito da sobrevivência do conceito de "acto administrativo" no nosso tempo. *In*: *Estudos em homenagem ao Professor Doutor Rogério Soares*, Stvdia Ivridica, 61, p. 1189-1220, 2001.

ANDRADE, José Carlos Vieira de. *Lições de direito administrativo*. 5. ed. Coimbra: Imprensa da Universidade de Coimbra, 2017.

ANTHONY, Gordon; AUBY, Jean-Bernard; MORISON, John; ZWART, Tom. *Values in global administrative law*. London: Bloomsbury Publishing, 2011.

ANTUNES, Luís Filipe Colaço. *O direito administrativo sem estado*: crise ou fim de um paradigma? Coimbra: Coimbra Editora, 2008.

ARROYO JIMÉNEZ, Luis. Introducción a la autorregulación. *In*: ARROYO JIMÉNEZ, Luis; NIETO MARTÍN, Adán. *Autorregulación y sanciones*. Valladolid: Lex Nova, 2008.

AUBY, Jean-Bernard. Is legal globalization regulated-memling and the business of baking camels. *Utrecht Law Review*, v. 4, p. 210-217, 2008.

AUBY, Jean-Bernard. *La globalisation, le droit et l'État*. Paris: Montchrestien, 2003.

AUBY, Jean-Bernard. La théorie du droit administratif global: Brève présentation critique. *In*: *Science Po*: Troisième session du Séminaire – "Droit Administratif Comparé, Européen et Global". 2007.

BADIN, Michelle Ratton Sanchez. El proyecto derecho administrativo global: una reseña desde Brasil. *Revista de Derecho Público*, v. 24, 2010.

BALLBÉ, Manuel. El futuro del derecho administrativo en la globalización: entre la americanización y la europeización. *Revista de Administración Pública*, n. 174, p. 215-276, 2007.

BATTINI, Stefano. *Amministrazioni senza Stato*: profili di diritto amministrativo internazionale. Milano: Giuffrè, 2003.

BEAULAC, Stéphane. *The power of language in the making of international law*: The word sovereignty in Bodin and Vattel and the myth of Westphalia. Leiden: Martinus Nijhoff Publishers, 2004.

BECK, Joachim. Cross-Border Cooperation and the European Administrative Space – Prospects from the principle of mutual recognition. *International Public Administration Review*, v. 13, n. 2, p. 9-36, 2015.

BIJLMAKERS, Stephanie; VAN CALSTER, Geert. You'd be surprised how much it costs to look this cheap! A case study of ISO 26000 on social responsibility. *In*: DELIMATSIS, Panagiotis (ed.). *The law, economics and politics of international standardisation*. Cambridge: Cambridge University Press, 2015. p. 275-310.

BODIN, Jean. *Los seis libros de La República*. Selección, traducción y estudio preliminar de Pedro Bravo Gala. 3. ed. Madrid: Tecnos, 1997.

BOUCHER, David. Resurrecting Pufendorf and capturing the Westphalian moment. *Review of International Studies*, v. 27, n. 4, p. 557-577, 2001.

BRAITHWAITE, John; COGLIANESE, Cary; LEVI-FAUR, David. Can regulation and governance make a difference? *Regulation & Governance*, v. 1, n. 1, p. 1-7, 2007.

BRASIL. Ministério da Transparência e Controladoria-Geral da União. *Manual Prático de Avaliação de Programa de Integridade em PAR*. 2018.

BRATTON, William; MCCAHERY, Joseph A.; PICCIOTTO, Sol; SCOTT, Colin. *International Regulatory Competition and Coordination*: Perspectives on economic regulation in Europe and the United States. Oxford: Clarendon Press, 1996.

BUCCI, Maria Paula Dallari. *Direito administrativo e políticas públicas*. São Paulo: Saraiva, 2002.

BUCCI, Maria Paula Dallari. A teoria do Estado entre o jurídico e o político. *In*: BUCCI, Maria Paula Dallari; GASPARDO, Murilo (org.). *Teoria do Estado*: sentidos contemporâneos. São Paulo: Saraiva, 2018.

BUSCH, Per-Olof; JÖRGENS, Helge. The international sources of policy convergence: Explaining the spread of environmental policy innovations. *Journal of European Public Policy*, v. 12, n. 5, p. 860-884, 2005.

CÂMARA DOS DEPUTADOS. PL 6.038/2019. Altera a Lei n. 8.078, de 1990, Código de Defesa do Consumidor para dispor sobre normas expedidas pelos órgãos oficiais. Disponível em:

CAMPOS, Anna Maria. Accountability: quando poderemos traduzi-la para o português? *Revista de Administração Pública*, v. 24, n. 2, p. 30-50, 1990.

CASINI, Lorenzo. Global hybrid public-private bodies: The World Anti-Doping Agency (WADA). *Draft paper for the Global Administrative Law Conference on "Practical Legal Problems of International Organizations"*, Geneva, March 20-21, p. 1-24, 2009.

CASSESE, Sabino. Administrative law without the State – The Challenge of Global Regulation. *New York University Journal of International Law and Politics*, v. 37, p. 663-694, 2004.

CASSESE, Sabino. El espacio jurídico global. *Revista de Administración Pública*, n. 157, p. 11-26, 2002.

CASSESE, Sabino. Global administrative law: The state of the art. *International*

Journal of Constitutional Law, v. 13, n. 2, p. 465-468, 2015.

CASSESE, Sabino. Is there a global administrative law? *In*: BOGDANDY, Armin von *et al.* (ed.). *The exercise of public authority by international institutions*. Heidelberg: Springer, 2010.

CASSESE, Sabino. What is global administrative law and why study it. Global administrative law: An Italian perspective. *RSCAS Policy Paper*, v. 4, p. 1-10, 2012.

CHIMNI, Bhupinder S. Cooptação e resistência: duas faces do direito administrativo global. *In*: BADIN, Michelle Ratton Sanchez (org.). *Ensaios sobre o direito administrativo global e sua aplicação no Brasil*. São Paulo: Academica Livre, 2016. v. 1. p. 117-156.

CHITI, Edoardo. EU and Global Administrative Organizations. *In*: CHITI, Edoardo; MATTARELLA, Bernardo Giorgio (ed.). *Global administrative law and EU administrative law*: Relationships, legal issues and comparison. Springer Science & Business Media, 2011.

CHITI, Edoardo. GAL and EU administrative law. A research agenda. Global administrative law: An Italian perspective. *RSCAS Policy Paper*, v. 4, p. 1-10, 2012.

CRAIG, Paul. *UK, EU and global administrative law*: Foundations and challenges. Cambridge: Cambridge University Press, 2015.

DAHL, Robert A. *La poliarquía*: participación y oposición. Madrid: Tecnos, 1971.

DAVIS, Kevin E. Does the globalization of anti-corruption law help developing countries? *In*: FAUNDEZ, Julio; TAN, Celine (ed.). *International law, economic globalization and development*. E. Elgar, 2010. p. 283-306.

DAVIS, Kevin E.; KINGSBURY, Benedict; MERRY, Sally Engle. Indicators as a technology of global governance. *Law & Society Review*, v. 46, n. 1, p. 71-104, 2012.

DEL VECCHIO, Giorgio. Sulla statualità del diritto. *Rivista Internazionale di Filosofia del Diritto*, 1929.

DIAS, José Luciano. *História da normalização brasileira*. Rio de Janeiro: ABNT, 2011.

DILLER, Janelle M. Private standardization in public international lawmaking. *Michigan Journal of International Law*, v. 33, p. 481-536, 2011.

DJELIC, Marie-Laure. Does Europe mean Americanization? The case of competition. *Competition and Change*, v. 6, n. 3, p. 233-250, 2002.

DOMINGO, Rafael. La pirámide del derecho global. *Persona y Derecho*, n. 60, 2009.

DOMINGO, Rafael. *The new global law*. Cambridge: Cambridge University Press, 2010.

DOUGLASS, Robin. The Body Politic "is a fictitious body": Hobbes on Imagination and Fiction. *Hobbes Studies*, v. 27, n. 2, p. 126-147, 2014.

DREZNER, Daniel W. Globalization, harmonization, and competition: The different pathways to policy convergence. *Journal of European Public Policy*, v. 12, n. 5, p. 841-859, 2005.

EBANC. *Quem somos*. Disponível em: http://www.ebanc.com.br/. Acesso em: 20 jan. 2018.

ESTY, Daniel C. Regulatory competition in focus. *Journal of International Economic Law*, v. 3, p. 215, 2000.

ESTY, Daniel C.; GERADIN, Damien. Regulatory co-opetition. *Journal of International Economic Law*, v. 3, n. 2, p. 235-255, 2000.

ESTEVE PARDO, José. *Técnica, riesgo y derecho*. Barcelona: Ariel, 1999.

FRANKLIN, Julian H. Sovereignty and the mixed Constitution: Bodin and his Critics. *In*: BURNS, J. H.; GOLDIE, Mark (ed.). *The Cambridge History of Political Thought 1450-1700*. Cambridge: Cambridge University Press, 1991. p. 298-328.

GARCÍA, Juan José Pernas. The EU's Role in the progress towards the recognition and execution of foreign administrative acts: The principle of mutual recognition and the transnational nature of certain administrative acts. *In*: MUÑOZ, Jaime Rodríguez-Arana (ed.). *Recognition of foreign administrative acts*. Cham: Springer, 2016.

GATT. *Agreement on Technical Barriers to Trade*. 12 April, T/TR/A/5, 1979. Disponível em: www.wto.org/english/docs_e/legal_e/tokyo_tbt_e.pdf. Acesso em: 20 dez. 2017.

GERADIN, Damien; MCCAHERY, Joseph A. Regulatory co-opetition: Transcending the regulatory competition debate. *In*: JORDANA, Jacint; LEVI-FAUR, David (ed.). *The politics of regulation*: Institutions and regulatory reforms for the age of governance. Cheltenham: Edward Elgar Publishing, 2004.

GONÇALVES, Pedro Costa. *Entidades privadas com poderes públicos*: o exercício de poderes públicos de autoridade por entidades privadas com funções administrativas. Coimbra: Almedina, 2005. (Coleção Teses de Doutoramento).

GONÇALVES, Pedro Costa. *Reflexões sobre o estado regulador e o estado contratante*. Coimbra: Coimbra Editora, 2013.

GROSS, Leo. The peace of Westphalia, 1648-1948. *American Journal of International Law*, v. 42, n. 1, p. 20-41, 1948.

HARLOW, Carol. Global administrative law: The quest for principles and values. *European Journal of International Law*, v. 17, n. 1, p. 187-214, 2006.

HART, Herbert Lionel Adolphus. *The concept of law*. Oxford: Oxford University Press, 2012.

HARTOG, François. *Regimes de historicidade*: presentismo e experiências do tempo. Belo Horizonte: Autêntica, 2014.

HEGEL, Georg Wilhelm Fredrich. *Elements of the philosophy of right*. Cambridge: Cambridge University Press, 1991.

HINSLEY, Francis Harry. *Sovereignty*. 2. ed. Cambridge: Cambridge University Press, 1986.

HOBBES, Thomas. *Leviatã, ou, matéria, forma e poder de um estado eclesiástico e civil*. São Paulo: Abril Cultural, 1974.

HOBBES, Thomas. *The elements of law, natural and politic*: Part I, Human Nature, Part II, De Corpore Politico; with Three Lives. Oxford: Oxford University Press, USA, 1999.

INMETRO. *A Metrologia Legal no Brasil*. Disponível em: http://www.inmetro.gov.br/metlegal/metBrasil.asp. Acesso em: 20 dez. 2017.

INMETRO. *Apresentação*. Disponível em: http://www.inmetro.gov.br/organismos/detalhe.asp. Acesso em: 10 jul. 2018.

ISO. *How to write standards*. Geneva: ISO, 2013.

ISO. *ISO Statutes*. p. 3. Disponível em: https://www.iso.org/publication/PUB100322.html. Acesso em: 13 fev. 2019.

ISO. *My ISO job – What delegates and experts need to know*. 2018. p. 13. Disponível em: https://www.iso.org/files/live/sites/isoorg/files/store/en/PUB100037.pdf. Acesso em: 14 fev. 2019.

ISO. *Structure and governance*. Disponível em: www.iso.org/iso/home/about/about_governance.htm. Acesso em: 26 jan. 2017.

ISO. *The main benefits of ISO standards*. Disponível em: www.iso.org/iso/home/

standards/benefitsofstandards.htm. Acesso em: 21 jan. 2018.

ISO/IEC. Directives, *Part 1. Procedures for the technical work. 2017*. p. 10. Disponível em: http://www.icc.ch/members_experts/refdocs/iec/isoiecdir-1-consolidatedIECsup%7Bed13.0%7Den.pdf. Acesso em: 18 jan. 2018.

ISO/IEC. *Directives, Part 1. Procedures for the technical work.* Disponível em: https://www.iso.org/sites/directives/current/part1/index.xhtml. Acesso em: 22 jun. 2020.

ISO/IEC. *Directory of international standardizing bodies*. Geneva: ISO, 1977.

ISO/IEC. *Guide 2 – Standardization and related activities – General vocabular*. 2004. Disponível em: https://www.iso.org/standard/39976.html. Acesso em: 20 jan. 2018.

JASMIN, Marcelo Gantus; FERES JÚNIOR, João (org.). *História dos conceitos*: debates e perspectivas. Rio de Janeiro: Editora PUC-Rio, Edições Loyola, IUPERJ, 2006.

KALBERG, Stephen. Tocqueville and Weber on the sociological origins of citizenship: The political culture of American democracy. *Citizenship Studies*, v. 1, n. 2, p. 199-222, 1997.

KELSEN, Hans. *General theory of law & state*. New Brunswick: Transaction Publishers, 2006.

KERBER, Wolfgang. Interjurisdictional competition within the European Union. *Fordham International Law Journal S217*, v. 23, p. 216-247, 1999.

KINGSBURY, Benedict; DONALDSON, Megan. Global Administrative Law. *In*: *Max-Planck-Encyclopedia of Public International Law*. Oxford: Oxford University Press, 2012.

KINGSBURY, Benedict. Omnilateralism and partial international communities: Contributions of the emerging global administrative law. *Journal of International Law and Diplomacy*, v. 104, n. 1, p. 98-124, 2005.

KINGSBURY, Benedict. The concept of "law" in global administrative law. *European Journal of International Law*, v. 20, n. 1, p. 23-57, 2009.

KINGSBURY, Benedict; KRISCH, Nico; STEWART, Richard B. The emergence of global administrative law. *Law and Contemporary Problems*, v. 68, n. 3/4, 2005.

KINGSBURY, Benedict; KRISCH, Nico; STEWART, Richard B; WIENER, Jonathan B. Global governance as administration: National and transnational approaches to global administrative law. *Law and Contemporary Problems*, v. 68, p. 1-13, 2005.

KNILL, Christoph. Introduction: Cross-national policy convergence: concepts, approaches and explanatory factors. *Journal of European Public Policy*, v. 12, n. 5, p. 764-774, 2005.

KOSELLECK, Reinhart. Uma história dos conceitos: problemas teóricos e práticos. *Revista Estudos Históricos*, v. 5, n. 10, p. 134-146, 1992.

KRISCH, Nico. Global governance as public authority: An introduction. *International Journal of Constitutional Law*, v. 10, n. 4, p. 976-987, 2012.

KRISCH, Nico. The pluralism of global administrative law. *European Journal of International Law*, v. 17, n. 1, p. 247-278, 2006.

KUERT, Willy. The founding of ISO. *In*: *Friendship among equals*: Recollections from ISO's first fifty years, Genebra, Suíça, ed. Jack Katimer 1997.

KUO, Ming-Sung. Between fragmentation and unity: The uneasy relationship between global administrative law and global constitutionalism. *San Diego International Law Journal*, v. 10, p. 439-467, 2009.

KUO, Ming-Sung. Inter-public legality or post-public legitimacy? Global governance and the curious case of global administrative law as a new paradigm of law. *International Journal of Constitutional Law*, v. 10, n. 4, p. 1050-1075, 2012.

LADEUR, Karl-Heinz. The emergence of global administrative law and transnational regulation. *Transnational Legal Theory*, v. 3, n. 3, p. 243-267, 2012.

LADEUR, Karl-Heinz. The evolution of general administrative law and the emergence of postmodern administrative law. *Osgoode CLPE Research Paper*, n. 16, 2011.

LADEUR, Karl-Heinz. The State in International Law. *Comparative Research in Law & Political Economy Research Paper*, n. 27, 2010.

LEFORT, Claude. Sociedades "sem história" e "historicidade". *In*: LEFORT, Claude. *As formas da história*: ensaios de antropologia política. São Paulo: Brasiliense, 1979.

LEONARDI, Robert. *Convergence, cohesion and integration in the European Union*. London: Macmillan, 1995.

LEONARDI, Robert. *Cohesion policy in the European Union*. The Building of Europe. London: Macmillan, 2005.

LOCKE, John. *Segundo tratado sobre o governo civil e outros escritos*: ensaio sobre a origem, os limites e os fins verdadeiros do governo civil. [s.l.]: Vozes, 2006.

LOCKE, John. *Two Treatises of Government*. Ed. Peter Laslett. Cambridge: Cambridge University Press, 1988.

MACEY, Jonathan R. Regulatory globalization as a response to regulatory competition. *Emory LJ*, v. 52, p. 1353-1379, 2003.

MACHADO, Maíra Rocha. Faz diferença ser membro? Notas sobre os desafios descritivos do direito administrativo global. *In*: BADIN, Michelle Ratton Sanchez (org.). *Ensaios sobre o direito administrativo global e sua aplicação no Brasil*. São Paulo: Acadêmica Livre, 2016, v. 1. p. 189-211.

MACHETE, Pedro. *Estado de direito democrático e administração paritária*. Coimbra: Almedina, 2007. (Coleção Teses de Doutoramento).

MACHETE, Rui Chancellere de. A personalidade jurídica do Estado, a relação jurídica e o direito subjectivo público em Gerber, Laband e Jellinek. *In*: ATHAYDE, Augusto de; CAUPERS, João; GARCIA, Maria da Glória F. P. D. (org.). *Estudos em homenagem ao Professor Doutor Diogo Freitas do Amaral*. Coimbra: Almedina, 2010.

MADISON, James. The conformity of the plan to the republican principles. Paper no. 39. *In*: HAMILTON, Alexander; MADISON, James; JAY, John. *The federalist papers*. Oxford: Oxford University Press, 2008.

MADISON, James; HAMILTON, Alexander. The Insufficiency of the Present Confederation to Preserve the Union. Paper no. 20. *In*: HAMILTON, Alexander; MADISON, James; JAY, John. *The federalist papers*. Oxford: Oxford University Press, 2008.

MALHERBE, Michel. Liberdade e necessidade na filosofia de Hobbes. *Cadernos de História e Filosofia da Ciência*, Campinas, Série 3, v. 12, n. 1-2, p. 45-64, jan.-dez. 2002.

MANSFIELD, Harvey C. *Machiavelli's virtue*. Chicago: University of Chicago Press, 1996.

MAQUIAVEL, Nicolau. *O Príncipe*. Trad. Maria Júlia Goldwasser. 2. ed. São Paulo: Martins Fontes, 2001.

MARNOTO, Rita. Il Principe ou De principatibus de Niccolò Machiavelli. O Príncipe novo que parece antigo. *Imprensa da Universidade de Coimbra, Área de Filología Griega, Universidad de Málaga*, v. 1, p. 159-180, 2004.

MARKS, Gary; HOOGHE, Liesbet; BLANK, Kermit. European integration from the 1980s: State-centric v. multi-level governance. *JCMS: Journal of Common Market Studies*, v. 34, n. 3, p. 341-378, 1996.

MCLEAN, Janet. Divergent legal conceptions of the state: implications for global administrative law. *Law and Contemporary Problems*, v. 68, n. 3/4, p. 167-187, 2005.

MCLEAN, Janet. Government to state: Globalization, regulation, and governments as legal persons. *Ind. J. Global Legal Stud.*, v. 10, p. 173-197, 2003.

MCNOLLGAST. The political origins of the Administrative Procedure Act. *Journal of Law, Economics, & Organization*, p. 180-217, 1999.

MORGENTHAU, Hans J. The problem of sovereignty reconsidered. *Columbia Law Review*, v. 48, n. 3, p. 341-365, 1948.

MORRIS, Christopher W. The Modern State. *In*: GAUS, Gerald F.; KUKATHAS, Chandran (ed.). *Handbook of political theory*. London: Sage, 2004.

MPF. *Acordo de leniência*. Disponível em: http://www.mpf.mp.br/df/sala-de-imprensa/docs/acordo-leniencia. Acesso em: 10 dez. 2017.

MPF. *Termo de leniência*. Disponível em: http://www.valor.com.br/sites/default/files/infograficos/pdf/termos_da_leniencia_AG_912_OUT7_09052016.pdf. Acesso em: 10 dez. 2017.

MUÑOZ, Jaime Rodríguez-Arana (ed.). *Recognition of foreign administrative acts*. Cham: Springer, 2016.

MUÑOZ, Jaime Rodríguez-Arana. El derecho administrativo global: un derecho principal. *Revista Andaluza de Administración Pública*, n. 76, 2010.

MURPHY, Craig N.; YATES, JoAnne. *The International Organization for Standardization (ISO)*: global governance through voluntary consensus. Abingdon: Routledge, 2009.

NIETZSCHE, Friedrich. Fragmentos póstumos e aforismos. *In*: NIETZSCHE, Friedrich. *Escritos sobre história*. Rio de Janeiro/São Paulo: Editora PUC-Rio/Edições Loyola, 2005.

NIETZSCHE, Friedrich. *On the genealogy of morals*. Translated by Walter Kauffman and R. J. Hollingdale. New York: Vintage Books, 1989.

OECD/ISO. *International Regulatory Co-operation and International Organisations*: The Case of the International Organization for Standardization (ISO). Geneva: OECD/ISO, 2016.

OLSEN, Johan. Towards a European administrative space? *Journal of European Public Policy*, v. 10, n. 4, p. 506-531, 2003.

OST, François; KERCHOVE, Michel Van De. *De la pyramide au réseau*: Pour une théorie dialectique du droit. Bruxelles: Saint-Louis, 2002.

OSTRENSKY, Eunice. Sovereignty and representation: Hobbes, parliamentarians and levellers. *Lua Nova: Revista de Cultura e Política*, n. 80, p. 151-179, 2010.

PALLADINI, Fiammetta. Pufendorf disciple of Hobbes: The nature of man and the state of nature: The doctrine of socialitas. *History of European Ideas*, v. 34, n. 1, p. 26-60, 2008.

PARDO, José Esteve. *Autorregulación*: génesis y efectos. Navarra: Aranzadi, 2002.

PIERCE, Richard J.; SHAPIRO, Sidney A.; VERKUIL, Paul R. *Administrative law and process*. 4. ed. New York: Foundation Press, 2004.

POSNER, Richard A. Social norms and the law: An economic approach. *The American Economic Review*, v. 87, n. 2, p. 365-369, 1997.

POTOSKI, Matthew; PRAKASH, Aseem. Regulatory convergence in nongovernmental regimes? Cross-national adoption of ISO 14001 certifications. *The Journal of Politics*, v. 66, n. 3, p. 885-905, 2004.

QUINTERO, Héctor Santaella. *Normas técnicas y derecho en Colombia*: desafíos e implicaciones para el derecho en un entorno de riesgo. Bogotá: Universidad Externado de Colombia, 2014.

REALE, Miguel. *Teoria do direito e do Estado*. 5. ed. São Paulo: Saraiva, 2003.

REVESZ, Richard L. Rehabilitating interstate competition: Rethinking the race-to-the-bottom rationale for federal environmental regulation. *New York University Law Review*, v. 67, p. 1210-1254, 1992.

ROQUE, Miguel Prata. *A dimensão transnacional do direito administrativo*: uma visão cosmopolita das situações jurídico-administrativas. Lisboa: AAFDL, 2014.

SASSEN, Saskia. Globalization or denationalization? *Review of International Political Economy*, v. 10, n. 1, p. 14-15, 2003.

SASSEN, Saskia. Spatialities and temporalities of the global: Elements for a theorization. *Public Culture*, v. 12, n. 1, p. 215-232, 2000.

SASSEN, Saskia. The global city: Introducing a concept. *Brown Journal of World Affair*, v. 11, p. 27-43, 2004.

SASSEN, Saskia. The global city: Strategic site/new frontier. *American Studies*, v. 41, n. 2/3, p. 79-95, 2000.

SASSEN, Saskia. The global city: The de-nationalizing of time and space. *Thesis, Wissenschaftliche Zeitschrift der Bauhaus-Universität Weimar*. Heft 4'5. 2000.

SASSEN, Saskia. The global inside the national: A research agenda for sociology. *Sociopedia. isa*, v. 1, p. 3-10, 2010.

SAVINO, Mario. EU "Procedural" Supranationalism: On Models for Global Administrative Law. *Paper* apresentado no NYU Global Forum em 13 de dezembro de 2006.

SCHMIDT-AßMANN, Eberhard. Internationales Verwaltungsrecht: Begriffsbildung im Spiegel veränderter Staatlichkeit. *Revista Digital de Direito Administrativo*, v. 4, n. 1, p. 15-31, 2017.

SCHMIDT-AßMANN, Eberhard. The internationalization of administrative relations as a challenge for administrative law scholarship. *German Law Review*, p. 2061-2079, 2008.

SCHMIDT-AßMANN, Eberhard. The internationalization of administrative relations as a challenge for administrative law scholarship. *In*: BOGDANDY, Armin von *et al.* (ed.). *The exercise of public authority by international institutions*. Heidelberg: Springer, 2010.

SHAPIRO, Martin. A Golden Anniversary? The Administrative Procedures Act of 1946. *Regulation 3: The Cato Review of Business and Government*, 1996.

SILVA, João Nuno Calvão da. *Mercado e Estado*. Coimbra: Almedina, 2008.

SILVA, Suzana Tavares da. *Um novo direito administrativo?* Coimbra: Imprensa da Universidade de Coimbra, 2010.

SILVA, Vasco Pereira da. *Em busca do acto administrativo perdido*. Reimpressão. Coimbra: Almedina, 1998. (Coleção Teses de Doutoramento).

SILVA, Vasco Pereira da. Do direito administrativo nacional ao direito administrativo sem fronteiras (breve nota histórica). *In*: SILVA, Vasco Pereira da; SARLET, Ingo Wolfgang. *Direito público sem fronteiras*. Lisboa: ICJP, 2011. p. 211-215.

SILVA, Vasco Pereira da. O impacto do direito administrativo sem fronteiras no direito administrativo português. *In*: SILVA, Vasco Pereira da. *Direito constitucional e administrativo sem fronteiras*. Coimbra: Almedina, 2019. p. 37-66.

SILVA NETO, João Cirilo da. *Metrologia e controle dimensional*: conceitos, normas e aplicação. 2. ed. Rio de Janeiro: Elsevier, 2019.

SKINNER, Quentin. A genealogy of the modern state. *Proceedings of the British Academy*, v. 162, 325-370, 2009.

SKINNER, Quentin. *The foundations of modern political thought*. Vol. 1: The Renaissance. Cambridge: Cambridge University Press, 1978.

SKINNER, Quentin. States and the freedom of citizens. *In*: SKINNER, Quentin; STRÅTH, Bo (ed.). *States and citizens*: History, theory, prospects. Cambridge: Cambridge University Press, 2003.

STEWART, Richard B. Environmental regulation and international competitiveness. *Yale Law Journal*, v. 102, p. 2039-2106, 1992.

STEWART, Richard B. Pyramids of Sacrifice – Problems of federalism in mandating state implementations of national environmental policy. *Yale Law Journal*, v. 86, p. 1196, 1976.

STEWART, Richard B. US Administrative Law: A model for global administrative law? *Law and Contemporary Problems*, v. 68, n. 3/4, p. 63-108, 2005.

STEWART, Richard B.; BADIN, Michelle Ratton Sanchez. The World Trade Organization: Multiple dimensions of global administrative law. *International Journal of Constitutional Law*, v. 9, n. 3-4, p. 556-586, 2011.

STIRK, Peter MR. The Westphalian model and sovereign equality. *Review of International Studies*, v. 38, n. 3, p. 641-660, 2012.

TAKITANI, Marina Yoshimi; BADIN, Michelle Ratton Sanchez. Um estranho no ninho? Padrões privados no Acordo de Barreiras Técnicas ao Comércio da OMC. *Revista de Direito Internacional*, v. 13, n. 3, 2016.

TIEBOUT, Charles M. A pure theory of local expenditures. *Journal of Political Economy*, v. 64, n. 5, p. 416-424, 1956.

TOCQUEVILLE, Alexis de. *A democracia na América*. 2. ed. Belo Horizonte: Itatiaia; São Paulo: USP, 1987.

UNITED STATES OF AMERICA. Criminal Division of the U.S. Department of Justice; Enforcement Division of the U.S. Securities and Exchange Commission. *FCPA*: A Resource Guide to the US Foreign Corrupt Practices Act. 2012. Disponível em: https://www.justice.gov/sites/default/files/criminal-fraud/legacy/2015/01/16/guide.pdf. Acesso em: 22 abr. 2018.

UNITED STATES OF AMERICA. Criminal Division of the U.S. Department of Justice. *Evaluation of Corporate Compliance Programs*. 2019.

UNITED KIGDOM. Ministry of Justice. *Bribery Act 2010*: Guidance to help commercial organizations prevent Bribery. 2010. Disponível em: https://www.gov.uk/government/publications/bribery-act-2010-guidance. Acesso em: 22 abr. 2018.

VENTURINI, Otavio Augusto de Sousa. O paradigma "atocêntrico" da atividade administrativa. *Revista Brasileira de Estudos da Função Pública: RBEFP*, Belo Horizonte, v. 4, n. 11, p. 9-29, maio/ago. 2015.

VENTURINI, Otavio; CARVALHO, André Castro; MORELAND, Allen. Aspectos gerais do U.S. Foreign Corrupt Practices Act (FCPA). *In*: CARVALHO, André Castro; BERTOCCELLI, Rodrigo de Pinho; ALVIM, Tiago Cripa; VENTU-

RINI, Otavio. *Manual de Compliance*. São Paulo: Forense, 2019.

VIVES, Marc Tarrés. Las normas técnicas en el derecho administrativo. *Documentación Administrativa*, n. 265-266, 2003.

VIVES, Marc Tarrés. *Normas técnicas y ordenamiento jurídico*. Universitat de Girona, 2002.

VAN DEN BERGH, Roger. Economic criteria for applying the subsidiarity principle in the European Community: The case of competition policy. *International Review of Law and Economics*, v. 16, n. 3, p. 363-383, 1996.

VON BOGDANDY, Armin; DANN, Philipp; GOLDMANN, Matthias. Developing the publicness of public international law: Towards a legal framework for global governance activities. *In*: BOGDANDY, Armin von *et al.* (ed.). *The exercise of public authority by international institutions*. Heidelberg: Springer, 2010.

WALDRON, Jeremy. International Law: "A Relatively Small and Unimportant" Part of Jurisprudence? *NYU School of Law, Public Law Research Paper*, n. 13-56, 2013.

WARD, Halina. The ISO 26000 international guidance standard on social responsibility: Implications for public policy and transnational democracy. *Theoretical Inquiries in Law*, v. 12, n. 2, p. 665-718, 2011.

WEBER, Max. *A ética protestante e o "espírito" do capitalismo*. Edição de Antônio Flávio Pierucci. São Paulo: Companhia das Letras, 2004.

WEBER, Max. *Ensaios de sociologia*. 5. ed. Rio de Janeiro: Zahar, 1982.